全国中国特色社会主义政治经济学研究中心（福建师

U0499497

国家自然科学基金青年项目"环境规制、高管激励与绿色蜕变期企业生产—治污技术协同研发研究"（项目编号：71602035）研究成果

全国中国特色社会主义政治经济学研究中心（福建师范大学）2023年重点项目研究成果

福建省社会科学研究基地——福建师范大学竞争力研究中心2020年重大项目研究成果

多重视角下
绿色发展激励机制研究

RESEARCH ON INCENTIVE MECHANISMS
FOR GREEN DEVELOPMENT
FROM MULTIPLE PERSPECTIVES

黄新焕 ◎ 著

中国财经出版传媒集团

经济科学出版社

Economic Science Press

·北 京·

图书在版编目（CIP）数据

多重视角下绿色发展激励机制研究/黄新焕著. --
北京：经济科学出版社，2024.5
（全国中国特色社会主义政治经济学研究中心（福建
师范大学）学者文库）
ISBN 978 - 7 - 5218 - 5942 - 3

Ⅰ.①多⋯　Ⅱ.①黄⋯　Ⅲ.①中国经济 - 绿色经济 -
经济发展 - 研究　Ⅳ.①F124.5

中国国家版本馆 CIP 数据核字（2024）第 109565 号

责任编辑：撖晓宇
责任校对：隗立娜
责任印制：范　艳

多重视角下绿色发展激励机制研究

黄新焕　著

经济科学出版社出版、发行　新华书店经销
社址：北京市海淀区阜成路甲 28 号　邮编：100142
总编部电话：010 - 88191217　发行部电话：010 - 88191522
网址：www. esp. com. cn
电子邮箱：esp@ esp. com. cn
天猫网店：经济科学出版社旗舰店
网址：http://jjkxcbs. tmall. com
北京季蜂印刷有限公司印装
710 × 1000　16 开　19.5 印张　360000 字
2024 年 5 月第 1 版　2024 年 5 月第 1 次印刷
ISBN 978 - 7 - 5218 - 5942 - 3　定价：78.00 元
（图书出现印装问题，本社负责调换。电话：010 - 88191545）
（版权所有　侵权必究　打击盗版　举报热线：010 - 88191661
QQ：2242791300　营销中心电话：010 - 88191537
电子邮箱：dbts@ esp. com. cn）

总　序[*]

在 2017 年春暖花开之际，从北京传来喜讯，中共中央宣传部批准福建师范大学经济学院为重点支持建设的全国中国特色社会主义政治经济学研究中心。中心的主要任务是组织相关专家学者，坚持以马克思主义政治经济学基本原理为指导，深入分析中国经济和世界经济面临的新情况和新问题，深刻总结改革开放以来中国发展社会主义市场经济的实践经验，研究经济建设实践中所面临的重大理论和现实问题，为推动构建中国特色社会主义政治经济学理论体系提供学理基础，培养研究力量，为中央决策提供参考，更好地服务于经济社会发展大局。于是，全国中国特色社会主义政治经济学研究中心（福建师范大学）学者文库也就应运而生了。

中国特色社会主义政治经济学这一概念是习近平总书记在 2015 年 12 月 21 日中央经济工作会议上第一次提出的，随即传遍神州大地。恩格斯曾指出："一门科学提出的每一种新见解都包含这门科学的术语的革命。"① 中国特色社会主义政治经济学的产生标志着马克思主义政治经济学的发展进入了一个新阶段。我曾把马克思主义政治经济学 150 多年发展所经历的三个阶段分别称为 1.0 版、2.0 版和 3.0 版。1.0 版是马克思主义政治经济学的原生形态，是马克思在批判英国古典政治经济学的基础上创立的科学的政治经济学理论体系；2.0 版是马克思主义政治经济学的次生形态，是列宁、斯大林等人对 1.0 版的

* 总序作者：李建平，福建师范大学原校长、全国中国特色社会主义政治经济学研究中心（福建师范大学）主任。

① 马克思. 资本论（第 1 卷）［M］. 北京：人民出版社，2004：32.

坚持和发展；3.0 版的马克思主义政治经济学是当代中国马克思主义政治经济学，它发端于中华人民共和国成立后的 20 世纪 50 ~ 70 年代，形成于 1978 年党的十一届三中全会后开始的 40 年波澜壮阔的改革开放过程，特别是党的十八大后迈向新时代的雄伟进程。正如习近平所指出的："当代中国的伟大社会变革，不是简单套用马克思主义经典作家设想的模板，不是其他国家社会主义实践的再版，也不是国外现代化发展的翻版，不可能找到现成的教科书。"[①] 我国的马克思主义政治经济学"应该以我们正在做的事情为中心，从我国改革发展的实践中挖掘新材料、发现新问题、提出新观点、构建新理论"。[②] 中国特色社会主义政治经济学就是具有鲜明特色的当代中国马克思主义政治经济学。

中国特色社会主义政治经济学究竟包含哪些主要内容？近年来学术理论界进行了深入的研究，但看法并不完全一致。大体来说，包括以下 12 个方面：新中国完成社会主义革命、确定社会主义基本经济制度、推进社会主义经济建设的理论；社会主义初级阶段理论；社会主义本质理论；社会主义初级阶段基本经济制度理论；社会主义初级阶段分配制度理论；经济体制改革理论；社会主义市场经济理论；使市场在资源配置中起决定性作用和更好发挥政府作用的理论；新发展理念的理论；社会主义对外开放理论；经济全球化和人类命运共同体理论；坚持以人民为中心的根本立场和加强共产党对经济工作的集中统一领导的理论。对以上各种理论的探讨，将是本文库的主要任务。但是应该看到，中国特色社会主义政治经济学和其他事物一样，有一个产生和发展过程。所以，对中华人民共和国成立七十年来的经济发展史和马克思主义经济思想史的研究，也是本文库所关注的。从 2011 年开始，当代中国马克思主义经济学家的经济思想研究进入了我们的视野，宋涛、刘国光、卫兴华、张薰华、陈征、吴宣恭等老一辈经济学家，他们有坚定的信仰、不懈的追求、深厚的造诣、丰硕的研究成果，为中国特色社会主义政治经济学做出了不可磨灭的

---

① 李建平. 构建中国特色社会主义政治经济学的三个重要理论问题 [N]. 福建日报（理论周刊），2017 - 01 - 17.

② 习近平. 在哲学社会科学工作座谈会上的讲话 [M]. 北京：人民出版社，2016：21 - 22.

贡献，他们的经济思想也是当代和留给后人的一份宝贵的精神财富，应予阐释发扬。

全国中国特色社会主义政治经济学研究中心（福建师范大学）的成长过程几乎和改革开放同步，经历了 40 年的风雨征程：福建师范大学政教系 1979 年开始招收第一批政治经济学研究生，标志着学科建设的正式起航。以后相继获得：政治经济学硕士学位授权点（1985 年）、政治经济学博士学位授权点（1993 年），政治经济学成为福建省"211 工程"重点建设学科（1995 年）、国家经济学人才培养基地（1998 年，全国仅 13 所高校）、理论经济学博士后科研流动站（1999 年）、经济思想史博士学位授权点（2003 年）、理论经济学一级学科博士学位授权点（2005年）、全国中国特色社会主义政治经济学研究中心（2017 年，全国仅七个中心）。在这期间，1994 年政教系更名为经济法律学院，2003 年经济法律学院一分为三，经济学院是其中之一。40 载的沐雨栉风、筚路蓝缕，福建师范大学理论经济学经过几代人的艰苦拼搏，终于从无到有、从小到大、从弱到强，成为一个屹立东南、在全国有较大影响的学科，成就了一段传奇。人们试图破解其中成功的奥秘，也许能总结出许多条，但最关键的因素是，在 40 年的漫长岁月变迁中，我们不忘初心，始终如一地坚持马克思主义的正确方向，真正做到了咬定青山不放松，任尔东西南北风。因为我们深知，"在我国，不坚持以马克思主义为指导，哲学社会科学就会失去灵魂、迷失方向，最终也不能发挥应有作用。"[①] 在这里，我们要特别感谢中国人民大学经济学院等国内同行的长期关爱和大力支持！因此，必须旗帜鲜明地坚持以马克思主义为指导，使文库成为学习、研究、宣传、应用中国特色社会主义政治经济学的一个重要阵地，这就是文库的"灵魂"和"方向"，宗旨和依归！

是为序。

李建平

2019 年 3 月 11 日

---

① 习近平. 在哲学社会科学工作座谈会上的讲话［M］. 北京：人民出版社，2016：9.

前　言

    本书是国家自然科学基金青年项目"环境规制、高管激励与绿色蜕变期企业生产—治污技术协同研发研究"（项目编号：71602035）的主要研究成果之一，本研究成果同时得到全国中国特色社会主义政治经济学研究中心（福建师范大学）2023年重点项目、福建省社会科学研究基地——福建师范大学竞争力研究中心2020年重大项目的资助。

    党的十八大以来，以习近平同志为核心的党中央站在全局和战略的高度，对生态文明建设提出一系列新思想、新战略、新要求，以前所未有的力度推进生态文明建设，生态环境领域改革向纵深推进，生态环境执法力度不断加大，生态环境质量持续好转。《国务院关于加强环境保护重点工作的意见》强调要把生态文明建设纳入地方各级政府绩效考核指标体系，把生态绩效考核结果作为干部选拔任用、管理监督的重要依据，并提出要实行环境保护一票否决制。然而，由于生态环境属于一种特殊的公共物品，地方政府官员作为地方经济利益、公共利益的代言人，通常以经济发展为中心工作，努力提高辖区内经济业绩以解决当地民生和基础设施建设等问题。此外，地方政府拥有更多的地方性信息和灵活的资源配置处理能力，这使得中央政府无法完全知晓地方政府为保护环境所付出的努力。在环境考核指标的约束下，地方政府会付出努力满足中央政府环境考核的基本要求，但仍存在环境治理动力不足、本辖区环境治理资金投入不够充足、跨区域环境治理合作深度亟待加强等问题。

    企业生产活动同生态环境问题和社会经济发展密切相关，是环境治理的主体。地方政府灵活应用命令控制型和市场型环境规制，激励企业积极参与环境治理，使生态环境破坏的外部成本内部化。然而，环境治理绩效的长期性与企业短期业绩追逐存在冲突，企业要在环境治理资源分配上协调合法性追求与谋利性倾向，导致企业在环境治理过程中产生非真实性行为。在实践中，不少企业把环境治理视为经营负担，将部分环境治理资源挪用至生产业务，付出最低投入对节能减排要求做出被动应答，以减少政府对其环保责任履行不到位的惩罚。

环境治理实践中存在的这些问题说明地方政府和企业环境治理的激励机制亟须完善。为此，本书应用博弈论和数值模拟方法探讨多重视角下绿色发展激励机制问题：一是从府际关系视角，分析地方政府环境（合作）治理行为偏差的根源和影响因素，并通过优化设计央地政府间的激励机制与地方政府间合作机制，来矫正地方政府环境（合作）治理行为偏差，以提高地方政府环境治理绩效。二是从政企关系视角，分析政府奖惩组合政策对企业环境治理行为演化的影响；并将企业高管纳入分析框架，构建政府、企业和高管之间的双重委托代理模型，探讨企业对高管的最优激励强度、企业对高管的相对激励强度、政府对企业的最优激励强度。三是企业绿色发展激励机制案例研究——以面向企业绿色创新的绿色信贷补贴政策为例，探讨在无绿色信贷无政府补贴、有绿色信贷无政府补贴和有绿色信贷有政府补贴三种情境下企业最优的绿色创新行为，绿色信贷固定补贴政策和绿色信贷可变补贴政策对企业绿色创新行为的激励效应，绿色产出补贴政策与绿色信贷补贴政策对企业绿色创新行为的激励效应。

本书的完成凝聚着研究团队的智慧和辛劳，我指导的硕士研究生鲍艳珍、陈雨枫参与修改和完善，在此向他们表示衷心的感谢。本书参考了国内外许多学者的论著，吸收了同行的劳动成果，获得了很多的教益和启发，在此向各位同行和专家表示诚挚的谢意。本书引文和参考文献较多，标注时难免疏漏，还要向在标注中被疏漏的引文或参考文献的作者表示深深的歉意。经济科学出版社的编辑为本书的出版提出了很好的修改意见，付出了辛苦的劳动，在此一并向他们表示由衷的谢意。

　　百年初心历久弥坚，绿色发展任重道远。随着我国持续深入推进绿色发展，完善激励优先、系统整合、有效导向的绿色发展激励体系是一个需要持续研究和实践的重要问题。本书只能起到抛砖引玉的作用，衷心地期盼有关专家、同行及广大读者对本书批评、指正。

黄新焕

2024 年 1 月

目录
CONTENTS

第1部分　理论基础与研究现状

第4部分 企业绿色发展激励机制案例研究

第1部分

理论基础与研究现状

第1章

绪　　论

1.1　研究背景及意义

2015 年 9 月 25 日，联合国可持续发展峰会在纽约总部召开，联合国 193 个成员国在峰会上正式通过 17 个可持续发展目标。可持续发展目标旨在从 2015 年到 2030 年间以综合方式彻底解决社会、经济和环境三个维度的发展问题，转向可持续发展道路（Salvia et al.，2019）[①]。可持续发展已成为全世界关注的一个关键问题（Leal – Filho et al.，2023）[②]，对发展中国家来说是一个巨大的挑战（Biglari et al.，2022；Gyimah et al.，2021）[③④]。许多发展中国家一直在采用以环境污染为代价来追求经济增长的发展模式，这导致了经济发展和环境保护之间的潜在冲突，阻碍了可持续发展目标的实现（Tilt，2013；Yu

---

① Salvia A. L.，Leal Filho W.，Brandli L. L.，et al. Assessing research trends related to sustainable development goals：Local and global issues［J］. *Journal of Cleaner Production*，2019，208：841 – 849.

② Leal Filho W.，Trevisan L. V.，Rampasso I. S.，et al. When the alarm bells ring：Why the UN sustainable development goals may not be achieved by 2030［J］. *Journal of Cleaner Production*，2023，407，137108.

③ Biglari S.，Beiglary S.，Arthanari T. Achieving sustainable development goals：Fact or Fiction？［J］. *Journal of Cleaner Production*，2022，332，130032.

④ Gyimah P.，Appiah K. O.，Appiagyei K. Seven years of United Nations' sustainable development goals in Africa：A bibliometric and systematic methodological review［J］. *Journal of Cleaner Production*，2023，395，136422.

et al. , 2021) [1][2]。

中国是世界上最大的发展中国家，同样面临着关键挑战。改革开放以来，我国经济持续快速增长，创造了"中国奇迹"，并于 2016 年成为世界第二大经济体。但是，粗放的经济增长方式给生态环境带来了巨大压力，生态环境问题日益突出。为此，党的十八大以来，以习近平同志为核心的党中央站在全局和战略的高度，对生态文明建设提出一系列新思想、新战略、新要求，以前所未有的力度推进生态文明建设，生态环境领域改革向纵深推进，生态环境执法力度不断加大，生态环境质量持续好转。然而，在实施环境治理的过程中存在非真实性问题，导致盲目上马"两高"项目、环境基础设施建设滞后、违法排污等生态破坏事件频有发生。这些环境污染事件反映地方政府和企业在贯彻落实绿色发展政策与中央政府的预期目标还存在一定的差距（Li et al. , 2019) [3]。因此，完善环境治理激励机制，激励环境治理主体积极参与环境治理是持续改善生态环境质量的关键。

我国中央政府对地方政府具有统辖权，体现在中央政府自上而下推行其政策、统辖各地的资源和人事安排。中央政府赋予地方政府官员相当大的调配本地资源的权力，他们的决策很大程度上影响着本地区的经济发展和环境绩效。同时，中央政府控制着对地方政府官员的考核和任免，一个地区相对于其他地区的经济增长成为考核并晋升地方官员的重要指标。随着环境问题日益凸显，中央政府逐步把环境绩效指标纳入地方官员的考核指标中。2011 年 10 月 20 日公布的《国务院关于加强环境保护重点工作的意见》强调要把生态文明建设纳入地方各级政府绩效考核指标体系，把生态绩效考核结果作为干部选拔任用、管理监督的重要依据，并提出要实行环境保护一票否决制。然而，由于生态环境属于一种特殊的公共物品，地方政府官员通常以经济发展为中心工作，努力提高辖区内经济业绩以解决当地民生和基础设施建设等问题。此外，与中央政府相比，地方政府官员拥有更多的地方性信息和技术处理能力，这使得中央政府无法完全掌握地方政府为保护环境所付出的努力。在环境考核指标的约束下，地方政府官员往往付

---

① Tilt B. Industrial pollution and environmental health in rural China：Risk，uncertainty and individualization [J]. *China Quarterly*，2013，214：283 – 301.

② Yu X. ，Dong Z. ，Zhou D. ，Sang X. ，Chang C. ，Huang X. Integration of tradable green certificates trading and carbon emissions trading：How will Chinese power industry do? [J]. *Journal of Cleaner Production*，2021，279，123485.

③ Li X. ，Yang X. ，Wei Q. ，Zhang B. Authoritarian environmentalism and environmental policy implementation in China [J]. *Resources Conservation and Recycling*，2019，145：86 – 93.

出最小努力满足中央政府环境考核的基本要求，普遍存在环境治理意愿不强和动力不足的情况，既不愿多投入本辖区的环境治理资金，也不肯与其他地方政府进行深度合作等问题。

企业生产活动同生态环境问题和社会经济发展密切相关，是环境治理的主体。地方政府通过约束激励的方式与企业建立联系，灵活应用命令控制型和市场型环境规制，使生态环境破坏的外部成本内部化。然而，环境治理绩效的长期性与企业短期业绩追逐存在冲突，企业要在环境治理资源分配上协调合法性追求与谋利性倾向，导致企业在环境治理过程中产生非真实性行为。在实践中，我国企业主动承担环境治理责任的意识不强，遵守监管规定仍是我国企业实施环境治理的主要动机。在监管规定要求下，企业把环境治理视为经营负担，将部分环境治理资源挪用至生产业务，付出最低投入对节能减排要求作出被动应答，以减少政府对其环保责任履行不到位的惩罚（Buysse and Verbeke，2003；陈贵梧，2019）①②。

绿色技术创新是企业实现有效环境治理的根本。然而，企业绿色技术研发普遍存在着研发投入较大与研发周期较长的问题。目前，我国大多数企业处于资源积累阶段，规模较小、实力较弱。例如，我国中小型企业约有四千万家，占全国总企业数量的 95%。同时，超过 4/5 的这类企业存在碳排放不达标等环境问题。这些企业均陷入自有研发资金不足、无法完全进行绿色创新活动的尴尬处境。由此可见，我国大多数企业无法承担资金与时间上的双重风险，导致企业不得不向银行等金融机构申请绿色信贷，以获取有效的绿色研发资金支持。我国政府于2007 年颁布的《关于落实环保政策法规防范信贷风险的意见》就明确要求将"绿色信贷"运用在治理环境污染、推动绿色创新的问题上。绿色信贷的运用机制是将更多的资源转移到绿色企业或项目当中，从而减少面向非绿色企业或项目的资源流入，是一种对资源的重新配置。其中，政府充当着引导者与监督者的角色，引导并推动企业进行绿色创新活动，提高企业绿色创新积极性，解决企业的研发资金问题与环境外部性问题。而政府最主要的介入方式之一，便是通过绿色信贷补贴激励企业绿色创新。

可见，在现行的环境治理体系中，中央政府与地方政府、地方政府与企业

---

① Buysse K., Verbeke A. Proactive environmental strategies: A stakeholder management perspective [J]. *Strategic Management Journal*，2003，24（5）：453–470.

② 陈贵梧. 策略性企业社会责任行为决策的"三圈模型"：一个概念性框架 [J]. 暨南学报（哲学社会科学版），2019，41（6）：119–132.

间存在信息不对称，导致环境政策落实不到位，地方生态环境治理陷入困境。因此，本书应用博弈论和数值模拟方法探讨以下问题：一是从府际关系视角，分析地方政府环境治理行为偏差的根源和影响因素，并通过优化设计央地政府间的激励机制与地方政府间合作机制，来矫正地方政府环境治理行为偏差，以提高地方政府环境治理绩效。二是从政企关系视角，分析政府奖惩组合政策对企业环境治理行为演化的影响；此外，将企业高管纳入分析框架，构建政府、企业和高管之间的双重委托代理模型，探讨企业对高管的最优激励强度、企业对高管的相对激励强度、政府对企业的最优激励强度。三是以面向企业绿色创新的绿色信贷补贴政策为例，探讨在无绿色信贷无政府补贴、有绿色信贷无政府补贴和有绿色信贷有政府补贴三种情境下企业最优的绿色创新行为，进而研究绿色信贷固定补贴政策和绿色信贷可变补贴政策对企业绿色创新行为的激励效应。

综上可知，本书从府际关系和政企关系视角，分别探讨中央政府对地方政府环境治理的激励机制、地方政府间环境治理的合作机制、地方政府对企业绿色发展的激励机制，并以面向企业绿色创新的绿色信贷补贴政策为例，验证绿色信贷补贴政策对企业绿色创新行为激励的有效性，设计更为有效的补贴政策。相关研究结论有利于激励地方政府官员减少环境治理过程中的短视行为，培养其长效治理的政绩观，激励企业主动承担环境治理，将绿色管理视为企业获取可持续竞争优势，提高竞争力的重要途径。

1.2 研 究 内 容

本书主要研究内容包括以下三个部分：（1）地方政府实施环境治理的激励机制研究。（2）企业绿色发展激励机制研究。（3）企业绿色发展激励机制案例研究：以面向企业绿色创新的绿色信贷补贴政策为例。

1.2.1 地方政府实施环境治理的激励机制研究

1. 地方政府平衡执行环境政策与经济政策的激励机制研究

从纵向府际关系视角，基于委托代理模型的基本分析框架，构建地方政府双任务（实施经济增长政策和实施环境治理政策）委托代理模型，通过模型求解剖析现行激励机制下地方政府环境政策执行行为偏差的根源，进而提出以长期绩效为导向的激励机制，以期对地方政府环境政策执行行为偏差达到矫正效果。

2. 中央政府奖惩机制下地方政府环境治理行为演化研究

从纵向府际关系视角，研究中央政府各种奖惩机制对地方政府环境治理行为的影响，构建中央奖惩机制下地方政府环境治理行为演化博弈模型，比较分析静态奖惩机制与动态奖惩机制下地方政府的环境治理行为偏差及其矫正效果，探寻中央政府的最优奖惩激励机制。

3. 奖惩机制下地方政府环境合作治理行为演化研究

从横向府际关系视角，构建地方政府间合作环境治理的演化博弈模型，研究地方政府间环境合作治理策略选择；在此基础上，分析中央政府横向生态补偿机制和奖惩机制对地方政府间环境合作治理行为的影响，探寻横向府际关系下地方政府间环境合作治理激励机制的优化策略。

1.2.2　企业绿色发展激励机制研究

1. 奖惩组合政策下企业环境治理行为演化研究

基于"动机—行为—绩效"分析框架，构建地方政府与企业的演化博弈模型，探讨政府奖惩组合政策对企业策略性环境治理行为演化的影响，分析不同奖惩组合政策下系统实现演化稳定状态的条件，以及最优奖惩组合政策下各参数变化对企业实施前瞻性环境治理概率的影响。

2. 双重委托代理关系下企业绿色发展激励机制研究

构建政府、企业和高管的双重委托代理模型，得到政府激励企业节能减排、企业激励高管兼顾生产和节能减排两项任务的最优契约形式，通过数理推导和数值仿真相结合的方法分析各因素对企业对高管的最优激励强度、企业对高管的相对激励强度和政府对企业的最优激励强度的影响。

1.2.3 企业绿色发展激励机制案例研究：以面向企业绿色创新的绿色信贷补贴政策为例

1. 面向企业绿色创新的绿色信贷补贴政策有效性研究

在考虑企业绿色创新研发风险的基础上，构建完全信息三阶段动态博弈模型，剖析无绿色信贷无政府补贴、有绿色信贷无政府补贴和有绿色信贷有政府补贴三种情境下企业绿色创新最优决策行为，探究绿色信贷、绿色信贷补贴政策促进企业绿色创新的有效性。

2. 面向企业绿色创新的绿色信贷固定补贴与可变补贴政策比较研究

在绿色信贷支持企业绿色创新的情境下，构建完全信息三阶段动态博弈模型，剖析政府绿色信贷固定补贴政策与绿色信贷可变补贴政策对政企双方决策行为的影响机理，比较两种补贴政策的优劣，得出最优的政府补贴政策。

3. 面向企业绿色创新的绿色产出补贴与绿色信贷补贴政策比较研究

构建完全信息三阶段动态博弈模型，探讨政府的绿色产出补贴政策与绿色信贷补贴政策两种可变补贴政策对政企双方决策行为的影响，对两种可变补贴政策进行分析与比较，为政府设计最优补贴政策提供理论依据。

1.3 研究思路与方法

本书结合绿色发展理论、公共物品理论、外部性理论、机制设计理论、激励理论和绿色发展实践，分析相关研究趋势和研究不足，提出多重视角下绿色发展激励机制这一研究主题。综合应用委托代理模型、演化博弈模型、完全信息动态博弈模型、仿真分析等方法开展研究，具体如图 1-1 所示。

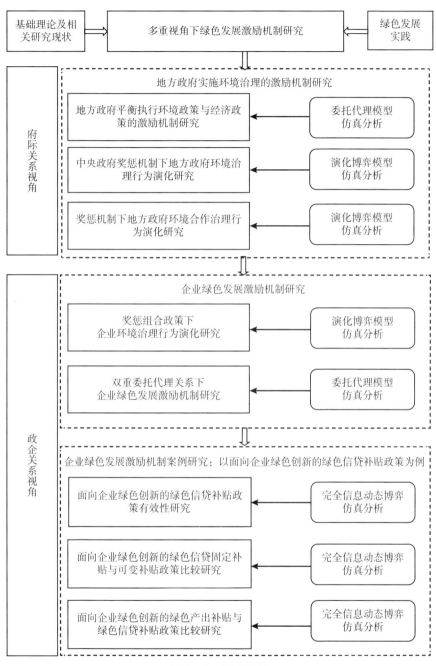

图 1-1 研究思路

1.3.1 研究思路

1. 地方政府实施环境治理的激励机制研究

（1）地方政府平衡执行环境政策与经济政策的激励机制研究。

首先，分析现行激励机制下地方政府执行环境政策出现行为偏差的成因；其次，探讨长期绩效导向激励机制下地方政府能否兼顾环境政策和经济政策的执行；最后，分析长期绩效导向激励机制下中央政府最优激励强度的影响因素。

（2）中央政府奖惩机制下地方政府环境治理行为演化研究。

首先，分析"静态惩罚＋静态补贴"机制下地方政府环境治理行为偏差；其次，分析"静态惩罚＋动态补贴""动态惩罚＋静态补贴""动态惩罚＋动态补贴"奖惩组合机制下系统演化稳定策略；最后，利用数值仿真模拟四种奖惩组合机制下地方政府环境治理行为的演化动态，遴选出最优的奖惩组合机制，并分析各参数变化对中央政府和地方政府行为演化的影响。

（3）奖惩机制下地方政府环境合作治理行为演化研究。

首先，分析无中央奖惩机制、无横向生态补偿机制下地方政府环境合作治理行为偏差；其次，分析横向生态补偿机制下系统演化稳定策略、中央奖惩机制下系统演化稳定策略，提炼在何种条件下横向生态补偿机制能够矫正地方政府间环境合作治理的行为偏差，在何种条件下中央奖惩机制能够矫正地方政府间环境合作治理的行为偏差；最后，利用数值仿真模拟三种情境下地方政府间环境合作治理行为的演化动态。

2. 企业绿色发展激励机制研究

（1）奖惩组合政策下企业环境治理行为演化研究。

首先，分析"静态惩罚＋静态补贴"机制下系统演化稳定策略；其次，分析"静态惩罚＋动态补贴""动态惩罚＋静态补贴""动态惩罚＋动态补贴"奖惩组合机制下系统演化稳定策略；最后，利用数值仿真模拟四种奖惩组合机制下企业环境治理行为的演化动态，遴选出最优的奖惩组合机制，并分析各参数变化对企业实施前瞻性环境治理的概率的影响。

（2）双重委托代理关系下企业绿色发展激励机制研究。

首先，构建政府、企业和高管间的双重委托代理模型，求解得到最优的生产任务努力水平、最优的节能减排任务努力水平、企业对高管从事生产任务的最优激励系数、企业对高管从事节能减排任务的最优激励系数、政府对企业的最优激励强度；其次，分析企业对高管最优激励强度的影响因素、企业对高管相对激励强度的影响因素、政府对企业最优激励强度的影响因素；最后，利用数值仿真模拟分析各参数对高管最优激励强度、高管相对激励强度和企业最优激励强度的影响趋势和程度。

3. 企业绿色发展激励机制案例研究：以面向企业绿色创新的绿色信贷补贴政策为例

（1）面向企业绿色创新的绿色信贷补贴政策有效性研究。

首先，构建无绿色信贷、无政府补贴情境下政企间动态博弈模型，无绿色信贷、无政府补贴情境下政企间动态博弈模型，有绿色信贷、有绿色信贷补贴情境下政企间动态博弈模型；其次，求解三种情境下各决策变量的最优解，并对三种情境下各决策变量最优解进行比较；最后，利用数值仿真比较无绿色信贷补贴和有绿色信贷补贴情境下绿色信贷利率对企业和政府决策的影响。

（2）面向企业绿色创新的绿色信贷固定补贴与可变补贴政策比较研究。

首先，构建绿色信贷固定补贴情境下政企间三阶段动态博弈模型、绿色信贷可变补贴情境下政企间三阶段动态博弈模型；其次，求解两种情境下各决策变量的最优解，并对两种情境下各决策变量最优解进行比较；最后，利用数值仿真比较绿色信贷固定补贴和绿色信贷可变补贴情境下绿色信贷利率对企业和政府决策的影响。

（3）面向企业绿色创新的绿色产出补贴与绿色信贷补贴政策比较研究。

首先，构建绿色产出补贴政策下政企之间三阶段动态博弈模型、绿色信贷补贴政策下政企之间三阶段动态博弈模型；其次，求解两种补贴政策下各决策变量的最优解，并对两种补贴政策下各决策变量最优解进行比较；最后，利用数值仿真比较两种补贴政策下绿色研发努力、绿色信贷额、产量、污染物排放量、企业收益、社会总福利的大小。

1.3.2　研究方法

本书综合应用文献研究法、比较分析法、博弈论模型、数值仿真等方法探讨绿色发展激励机制，以期获得更好的研究效果。

1. 文献研究法

文献研究法主要指搜集、鉴别、整理文献，并通过对文献的研究形成对事实的科学认识的方法。本书搜集了近年来国内外关于府际关系、府际关系下地方政府环境治理行为、委托代理关系下企业环境治理行为、绿色创新、绿色信贷补贴等方面的大量文献，归纳并总结研究现状和研究趋势，确定研究的切入点和内容。

2. 博弈论方法

博弈论研究在利益相互影响的局势中，局中人如何选择自己的策略使其收益最大化的均衡问题，是研究决策者如何在冲突或合作中进行策略选择的理论。本书试图运用博弈论的研究方法，构建央地政府间多任务委托代理模型，中央奖惩机制下地方政府环境治理行为演化博弈模型，地方政府间环境合作治理行为的演化博弈模型，地方政府奖惩组合政策下企业环境治理行为的演化博弈模型，政府、企业和高管间的双重委托代理模型，绿色信贷补贴情境下政企间三阶段动态博弈模型，以期平衡在环境治理过程中不同参与主体的利益冲突，为制定科学合理的绿色发展激励机制提供理论支持。

3. 比较分析法

比较分析法是把客观事物加以比较，以达到认识事物的本质和规律并做出正确评价的目的。本书根据博弈模型求得不同情境下中央政府、地方政府、企业、企业高管的各决策参数的最优解，利用比较分析法比较不同情境下各个决策参数最优解的大小，得到不同激励机制的优劣势，提炼出不同情境下的最优激励机制。

4. 数值仿真法

数值仿真法主要依靠计算机的运算功能，通过数值计算和图像仿真的方法，求解经济管理数学模型决策变量的近似值，模拟经济管理系统的演化趋势。本书运用数值仿真法对书中数理模型的分析结果进行验证，合理的数值模拟对数理推导和理论分析实证化，可以弥补理论分析和数理推导的不足。

1.4 主要研究结论

1.4.1 地方政府实施环境治理的激励机制研究

1. 地方政府平衡执行环境政策与经济政策的激励机制研究

考虑环境绩效和经济绩效被赋予不同激励强度的现行激励机制，以及仅奖励环境绩效和长期经济绩效的长期绩效导向激励机制。现行激励机制下，在次优契约中，中央政府对地方政府实施环境政策的最优激励强度小于中央政府对地方政府实施经济政策的最优激励强度；在最优契约和次优契约中，地方政府实施环境政策的努力低于实施经济政策的努力；在次优契约中，随着中央政府的环境绩效偏好提高/降低，地方政府实施经济政策的努力降低/提高，而实施环境政策的努力提高/降低。

在最优契约中，长期绩效导向激励机制下地方政府实施环境政策的努力水平高于现行激励机制下地方政府实施环境政策的努力水平，而长期绩效导向激励机制下地方政府实施经济政策的努力水平低于现行激励机制下地方政府实施经济政策的努力水平。长期绩效导向激励机制下，在次优契约中，地方政府通过调整实施经济政策和环境政策的努力组合会创造异质性环境绩效和经济绩效；当长期绩效的最优激励强度与其他参数组合相匹配时，长期绩效导向激励机制能够达到良好的激励效果；也就是说，地方政府有动力将更多的努力分配到环境政策的实施中，或者将更多的努力同时分配到经济政策或环境政策的实施中，追求经济发展和环境保护的双赢。

在长期绩效导向激励机制下，中央政府对地方政府的最优激励强度与地方政府风险规避程度、实施环境政策的绩效方差、实施经济政策的绩效方差负相关；当同时实施两项政策的增量成本系数大于实施经济政策努力水平的成本系数与实施长期经济政策的努力占比的比值时，中央政府对地方政府的最优激励强度与实施环境政策努力水平的成本系数正相关；当同时实施两项政策的增量成本系数小于实施经济政策努力水平的成本系数与实施长期经济政策的努力占比的比值时，中央政府对地方政府的最优激励强度与实施环境政策努力水平的成本系数负相关；当同时实施两项政策的增量成本系数大于实施环境政策努力水平的成本系数与实施长期经济政策的努力占比之积时，中央政府对地方政府的最优激励强度与实施经济政策努力水平的成本系数正相关；当同时实施两项政策的增量成本系数小于实施环境政策努力水平的成本系数与实施长期经济政策的努力占比之积时，中央政府对地方政府的最优激励强度与实施经济政策努力水平的成本系数负相关；当实施长期经济政策的努力占比大于同时实施两项政策的增量成本系数时，中央政府对地方政府的最优激励强度与实施长期经济政策的努力占比正相关；当实施长期经济政策的努力占比小于同时实施两项政策的增量成本系数时，中央政府对地方政府的最优激励强度与实施长期经济政策的努力占比负相关；当两项政策任务为替代性任务，若实施长期经济政策的努力占比小于某个阈值，中央政府对地方政府的最优激励强度与两项政策任务的替代程度正相关；若实施长期经济政策的努力占比大于另一个阈值，中央政府对地方政府的最优激励强度与两项政策任务的替代程度正相关；若实施长期经济政策的努力占比介于这两个阈值之间，中央政府对地方政府的最优激励强度与两项政策任务的替代程度负相关；当两项政策任务为互补性任务，中央政府对地方政府的最优激励强度与两项政策任务的互补程度负相关。

2. 中央政府奖惩机制下地方政府环境治理行为演化研究

在"静态惩罚＋静态补贴"机制下，中央政府与地方政府间不存在演化稳定策略，任何微小变化将对博弈双方的策略选择产生较大影响。在环境监督成本固定的情形下，中央政府奖惩政策是地方政府环境治理行为的关键影响因素。"动态惩罚＋静态补贴"机制下系统存在演化稳定策略。"静态惩罚＋动态补贴"机制下，当中央政府给予地方政府的惩罚力度大于补贴力度时，系统存在演化稳定策略；当中央政府给予地方政府的惩罚力度小于补贴力度，当中央政府监督概率小于某个阈值时，系统也存在演化稳定策略。"动态惩罚和动态补贴"机制下，当地方政府采取治理策略的概率小于某个阈值时，系统存在演化稳定策略。

在"动态惩罚＋静态补贴""静态惩罚＋动态补贴""动态惩罚＋动态补贴"机制下，地方政府采取环境治理的概率能够达到稳定状态。其中，"静态惩罚＋动态补贴"机制下地方政府采取环境治理的概率最大，中央政府采取监督的概率最小；"动态惩罚＋动态补贴"机制下中央政府采取监督的概率高于"动态惩罚＋静态补贴"机制下中央政府采取监督的概率，但"动态惩罚＋动态补贴"机制下地方政府采取环境治理的概率仅略高于"动态惩罚＋静态补贴"机制下地方政府采取环境治理的概率。因此，中央政府需权衡是否有必要通过较高的监督成本来小幅度提升地方政府采取环境治理的概率。

中央政府实施监督的成本越高，实施监督的积极性越低，则地方政府采取环境治理策略的概率越低；中央政府惩罚力度越大，地方政府进行环境治理的意愿提高，中央政府的监督概率降低；中央政府补贴越高，中央政府监督的概率降低，地方政府采取环境治理的意愿降低。

3. 奖惩机制下地方政府环境合作治理行为演化研究

在无中央政府协调机制约束下，动态系统朝着某地方政府选择合作治理而另一地方政府选择不合作治理或者地方政府双方都不合作治理的方向演化。这表明仅靠地方政府间的合作机制难以维系双方环境合作治理关系。在横向生态补偿机制下，当横向生态补偿金额大于某个阈值时，系统演化稳定策略为地方政府都选择进行环境合作治理。在中央政府奖惩机制下，当中央政府处罚金额大于某个阈值时，系统演化稳定策略为地方政府都选择进行环境合作治理。

地方政府间经济偏好大小及相对偏好影响系统演化的结果，经济偏好越大，地方政府越容易消极应对环境治理而采取不合作治理策略；双方偏好较小时，偏好相对较大的一方倾向于不合作治理而较小的一方选择采取合作治理策略。当某个地方政府环境合作治理意愿较大幅度地高于另一个地方政府时，只要较小的补偿金额就能使合作治理意愿较大的地方政府采取环境合作治理策略。政府间要达成环境合作治理契约，补偿金额应不小于地方政府忽视环境治理所获得的额外经济收益。

1.4.2 企业绿色发展激励机制研究

1. 奖惩组合政策下企业环境治理行为演化研究

当政府实施静态惩罚和静态补贴组合政策时，系统无法渐进稳定于中心点；当实施动态惩罚和静态补贴、静态惩罚和动态补贴、动态惩罚和动态补贴三种组合政策时，系统存在演化稳定策略。当企业因前瞻性环境治理获得的声誉收益小于某阈值时，动态惩罚和静态补贴组合政策为最优奖惩政策；当企业因前瞻性环境治理获得的声誉收益大于该阈值时，动态惩罚和动态补贴组合政策为最优奖惩政策。当企业前瞻性环境治理获得的声誉收益较小时，只有地方政府完全实施严格监管，企业才会以稳定的概率实施前瞻性环境治理；当企业前瞻性环境治理获得的声誉收益较大时，即使地方政府实施严格监管的概率较小，企业也会以较高的稳定概率实施前瞻性环境治理。

在最优奖惩组合政策下，随着企业策略性环境治理获得的惩罚金额、策略性环境治理企业投资于环境治理的资源占比的提高，企业实施前瞻性环境治理的稳定概率增大；随着地方政府监管成本、企业前瞻性环境治理成本、前瞻性环境治理资源投资于生产业务创造的经济利润的提高，企业实施前瞻性环境治理的稳定概率减小。随着企业前瞻性环境治理获得的补贴金额的提高，企业实施前瞻性环境治理的稳定概率先增后减。

当最优奖惩政策为动态惩罚和静态补贴组合政策时，随着政府因企业前瞻性环境治理获得的环境效益、前瞻性环境治理资源投资于生产业务造成的环境损失的提高，企业实施前瞻性环境治理的概率保持不变；随着企业所得税税率的提高，企业实施前瞻性环境治理的稳定概率增大。当最优奖惩政策为动态惩罚和动态补贴组合政策时，随着政府因企业前瞻性环境治理获得的环境效益、前瞻性环境治理资源投资于生产业务造成的环境损失的提高，企业实施前瞻性环境治理的稳定概率增大；随着企业所得税税率的提高，企业实施前瞻性环境治理的稳定概率减小。

2. 双重委托代理关系下企业绿色发展激励机制研究

企业对高管从事生产任务的激励强度与政府对企业生态效益的激励强度、高管对风险的规避程度、生产任务方差、节能减排任务方差负相关。两项任务的可替代程度、两项任务的努力成本系数对企业对高管从事生产任务的激励强度的影响取决于企业对高管的相对激励强度。当企业对高管的相对激励强度较小时，企业对高管从事生产任务的最优激励强度与两项任务间的可替代程度负相关。当企业对高管的相对激励强度较大时，企业对高管从事生产任务的最优激励强度与两项任务间的可替代程度正相关。当企业对高管的相对激励强度较小时，企业对高管从事生产任务的最优激励强度与从事两项任务的成本系数正相关。当企业对高管的相对激励强度较大时，企业对高管从事生产任务的最优激励强度与从事两项任务的成本系数负相关。

企业对高管从事节能减排任务的激励强度与高管对风险的规避程度、生产任务方差、节能减排任务方差、两项任务的可替代程度负相关，与政府对企业生态效益的激励强度正相关。两项任务的努力成本系数对企业对高管从事节能减排任务的激励强度的影响取决于企业对高管的相对激励强度。当企业对高管的相对激励强度较小时，企业对高管从事节能减排任务的最优激励强度与从事两项任务的成本系数负相关。当企业对高管的相对激励强度较大时，企业对高管从事节能减排任务的最优激励强度与从事两项任务的成本系数正相关。

企业对高管的相对激励强度与高管对风险的规避程度、节能减排任务方差正相关，与政府对企业生态效益的激励强度负相关。生产任务方差对企业对高管相对激励强度的影响取决于两项任务间的可替代程度。当两项任务的可替代程度较小时，企业对高管的相对激励强度与生产任务方差负相关。当两项任务的可替代程度较大时，企业对高管的相对激励强度与生产任务方差正相关。两项任务间的可替代程度对企业对高管相对激励强度的影响取决于两项任务的方差比值。当生产与节能减排任务的方差比值较小时，企业对高管的相对激励强度与两项任务的可替代程度负相关。当生产与节能减排任务的方差比值较大时，企业对高管的相对激励强度与两项任务的可替代程度正相关。两项任务努力成本系数对企业对高管相对激励强度的影响取决于两项任务间的可替代程度。当生产与节能减排任务的可替代程度较小时，企业对高管的相对激励强度与两项任务的努力成本系数正相关。当生产与节能减排任务的可替代程度较大时，企业对高管的相对激励强度与两项任务的努力成本系数负相关。

政府对企业生态效益的激励强度与高管对风险的规避程度、节能减排任务方差正相关，与生产任务方差负相关。两项任务间的可替代程度、两项任务的努力成本系数对政府对企业生态效益的激励强度的影响取决于两项任务间的可替代程度。当两项任务间的可替代程度小于某个阈值时，政府对企业生态效益的激励强度与两项任务可替代程度正相关，与两项任务的努力成本系数负相关。当两项任务间的可替代程度大于另一个阈值时，政府对企业生态效益的激励强度与两项任务可替代程度负相关，与两项任务的努力成本系数正相关。当两项任务间的可替代程度介于这两个阈值之间时，政府对企业生态效益的激励强度与两项任务可替代程度正相关，与两项任务的努力成本系数正相关。

1.4.3　企业绿色发展激励机制案例研究：以面向企业绿色创新的绿色信贷补贴政策为例

1. 面向企业绿色创新的绿色信贷补贴政策有效性研究

绿色信贷在促进企业绿色创新方面具有显著的积极效果。采用绿色信贷的方式激励企业绿色创新，能在增加企业产量的基础上减少企业的排放量，从而达到企业经济效益增加、环境效益增加的"双赢"目标。

在绿色信贷支持企业绿色创新的情境下，企业绿色研发努力、企业绿色信贷额、企业产量、企业收益与绿色信贷利率负相关，企业排放量与绿色信贷利率正相关；在无绿色信贷补贴政策情境下，当环境损失系数小于某个阈值时，社会总福利与绿色信贷利率正相关；当环境损失系数大于某个阈值时，社会总福利与绿色信贷利率负相关。在享有绿色信贷补贴政策的情境下，当环境损失系数小于某个阈值时，社会总福利与绿色信贷利率正相关；当环境损失系数大于某个阈值时，社会总福利与绿色信贷利率负相关。

无绿色信贷补贴政策下的企业绿色研发努力、绿色信贷额、产量小于绿色信贷补贴政策下的企业绿色研发努力、绿色信贷额、产量。无绿色信贷补贴政策下的企业排放量大于绿色信贷补贴政策下的企业排放量。当某个阈值小于1时，无绿色信贷补贴政策下的企业收益小于绿色信贷补贴政策下的企业收益；当某个阈值大于1时，无绿色信贷补贴政策下的企业收益大于绿色信贷补贴政策下的企业收益。当环境损失系数小于某个阈值时，无绿色信贷补贴政策下的社会总福利大于绿色信贷补贴政策下的社会总福利；当环境损失系数大于某个阈值时，无绿色信贷补贴政策下的社会总福利小于绿色信贷补贴政策下的社会总福利。

2. 面向企业绿色创新的绿色信贷固定补贴与可变补贴政策比较研究

绿色信贷固定补贴政策下的企业绿色研发努力、绿色信贷额、产量小于绿色信贷可变补贴政策下的企业绿色研发努力、绿色信贷额、产量。绿色信贷固定补贴政策下的企业排放量大于绿色信贷可变补贴政策下的企业排放量。绿色信贷固定补贴小于某个阈值时，绿色信贷固定补贴下的企业收益小于绿色信贷可变补贴下的企业收益；绿色信贷固定补贴大于某个阈值时，绿色信贷固定补贴下的企业收益大于绿色信贷可变补贴下的企业收益。环境损失系数小于某个阈值时，绿色信贷固定补贴下的社会总福利小于绿色信贷可变补贴下的社会总福利；环境损失系数大于某个阈值时，绿色信贷固定补贴下的社会总福利大于绿色信贷可变补贴下的社会总福利。当绿色信贷利率小于某个阈值时，绿色信贷固定补贴额大于绿色信贷可变补贴额；绿色信贷利率大于某个阈值时，绿色信贷固定补贴额小于绿色信贷可变补贴额。

在绿色信贷固定补贴政策与绿色信贷可变补贴政策下，企业绿色研发努力、企业绿色信贷额、企业产量、企业收益均与绿色信贷利率负相关，企业排放量均与绿色信贷利率正相关。在绿色信贷固定补贴政策下，环境损失系数小于某个阈值时，社会总福利与绿色信贷利率正相关；环境损失系数大于某个阈值时，社会总福利与绿色信贷利率负相关。在绿色信贷可变补贴政策下，当环境损失系数小于某个阈值时，社会总福利与绿色信贷利率正相关；当环境损失系数大于某个阈值时，社会总福利与绿色信贷利率负相关。

3. 面向企业绿色创新的绿色产出补贴与绿色信贷补贴政策比较研究

在绿色产出补贴政策下，绿色研发努力、绿色信贷额、单位绿色产出补贴、企业收益与环境损失系数负相关；企业绿色研发努力、绿色信贷额、企业产量、企业收益、企业排放量与单位绿色产出补贴正相关。在绿色信贷补贴政策下，绿色研发努力、绿色信贷额、绿色信贷贴息率、企业收益与环境损失系数正相关；企业绿色研发努力、绿色信贷额、企业产量、企业收益与绿色信贷贴息率正相关；企业排放量与绿色信贷贴息率负相关。两种补贴政策下，企业绿色研发努力、绿色信贷额、企业产量、企业收益与绿色信贷利率负相关；企业排放量与绿色信贷利率正相关，但与环境损失系数负相关；企业产量、社会福利与环境损失系数负相关。

在绿色产出补贴政策下，社会总福利与绿色信贷利率负相关；当环境损失系数小于某个阈值时，社会总福利与单位绿色产出补贴正相关；当环境损失系数介于两个阈值之间时，社会总福利与单位绿色产出补贴负相关。在绿色信贷补贴政策下，当环境损失系数小于某个阈值时，社会总福利与绿色信贷利率正相关；当环境损失系数介于两个阈值之间时，社会总福利与绿色信贷利率负相关；当环境损失系数小于某个阈值时，社会总福利与绿色信贷贴息率正相关；当环境损失系数介于两个阈值之间时，社会总福利与绿色信贷贴息率负相关。

当环境损失系数小于某个阈值时，绿色产出补贴政策下绿色研发努力大于绿色信贷补贴政策下绿色研发努力，绿色产出补贴政策下绿色信贷额大于绿色信贷补贴政策下绿色信贷额；当环境损失系数介于两个阈值之间时，绿色产出补贴政策下绿色研发努力小于绿色信贷补贴政策下绿色研发努力，绿色产出补贴政策下绿色信贷额小于绿色信贷补贴政策下绿色信贷额。当环境损失系数小于某个阈值时，绿色产出补贴政策下企业产量大于绿色信贷补贴政策下企业产量；当环境损失系数介于两个阈值之间时，绿色产出补贴政策下的企业产量小于绿色信贷补贴政策下企业产量。当环境损失系数小于某个阈值时，绿色产出补贴政策下企业收益大于绿色信贷补贴政策下企业收益；当环境损失系数介于两个阈值之间时，绿色产出补贴政策下企业收益小于绿色信贷补贴政策下企业收益。当环境损失系数小于某个阈值时，绿色产出补贴政策下企业排放量大于绿色信贷补贴政策下企业排放量；当环境损失系数介于两个阈值之间时，绿色产出补贴政策下企业排放量小于绿色信贷补贴政策下企业排放量。当环境损失系数小于某个阈值时，绿色产出补贴政策下社会总福利大于绿色信贷补贴政策下社会总福利；当环境损失系数介于两个阈值之间时，绿色产出补贴政策下社会总福利小于绿色信贷补贴政策下社会总福利。

第2章

理 论 基 础

2.1 绿色发展理论

2.1.1 绿色发展的内涵

国内外关于绿色发展内涵的研究较为丰富。经济合作与发展组织（OECD，2011）和联合国环境规划署等（UNEP et al.，2012）认为绿色发展是一种在追求经济增长的同时又强调环境保护、资源节约、社会包容的发展方式[①][②]。刘伊生（2014）将绿色发展定义为在现有生态资源承载能力的限制下，通过实施环境保护达到生态经济可持续发展的新型发展理念[③]。胡鞍钢与周绍杰（2014）认为绿色发展观是经济与环境高度统一和谐的发展，并提出绿色发展的"三圈模型"，强调绿色发展的最终目的是实现绿色福利，绿色财富是基础，绿色增长是财富和福利增加的手段[④]。竺效和丁霖（2016）提出绿色发展理念是基于可持续发展思想延伸出的一种新型发展理念，更为具体化、现代化和中国化，其主要核心是正

---

① OECD. Towards Green Growth：Monitoring Progress：OECD Indicators ［EB/OL］. Paris：OECD Green Growth Studies，OECD Publishing. https：//doi. org/10. 1787/9789264111356 - en.

② UNEP，FAO，IMO，UNDP，IUCN，WorldFish Center，GRID - Arendal. Green economy in a blue world：Synthesis report. Monographs ［Z］. The WorldFish Center Working Paper，No. 39611，2012.

③ 刘伊生. 绿色低碳发展概论 ［M］. 北京：北京交通大学出版社，2014.

④ 胡鞍钢，周绍杰. 绿色发展：功能界定、机制分析与发展战略 ［J］. 中国人口·资源与环境，2014，24（1）：14 - 20.

确处理环境保护和经济发展之间的关系①。王爱国等（2019）和钱易（2020）认为绿色发展并不意味着维护环境质量而牺牲经济发展，而是要通过转变发展方式实现经济增长、社会和谐、生态环境保护的协调统一和共同提升②③。

2.1.2　环境经济学概述

环境经济学领域最早的研究可以追溯到 20 世纪 50 年代末 60 年代初，那时很多重要的贡献来源于从事关于资源短缺问题研究的未来资源研究所（RFF）。RFF 研究人员的主要贡献有测量娱乐需求方法的发展（Clawson and Knetsch，1966）④、排放税的应用（Kneese，1962）⑤、水污染管制（Kneese and Bower，1968）⑥、自然资源稀缺性的分析（Barnett and Morse，1963）⑦、扩大价值概念来看待自然环境（Krutilla，1967）⑧，以及最早提出将经济学和环境交叉分析的理论框架（Mäler，1974）⑨。环境经济学的真正研究兴起于 20 世纪 70 年代，并从此繁荣起来。在 20 世纪 90 年代，研究成果开始以影响环境政策制定的方式显现出来。

环境经济学研究关注的问题主要包括：一是借助物质、能量、信息和价值流动模型，揭示和研究环境—经济—社会系统的运行机理与相互作用，进一步拓展和修正传统增长模型；综合环境—经济模型与环境科学的其他科学和技术模型，开展能源—环境—经济—社会的效应评估和综合模拟，特别关注如何评估社会经济活动的环境效应、环境变迁过程中的社会经济效应。二是深化和拓展环境价值评估理论，研究和评估环境与资源对人类、经济和社会发展的重要性，评估环境

---

① 竺效，丁霖. 绿色发展理念与环境立法创新［J］. 法制与社会发展，2016，22（2）：179 – 192.

② 王爱国，刘洋，隋敏. 企业绿色发展绩效评价指标体系的构建与应用——以山东钢铁股份有限公司为例［J］. 财会月刊，2019（10）：61 – 68.

③ 钱易. 努力实现生态优先、绿色发展［J］. 环境科学研究，2020，33（5）：1069 – 1074.

④ Clawson M.，Knetsch J. L. *Economics of Outdoor Recreation*［M］. Baltimore：Johns Hopkins University Press，1966.

⑤ Kneese A. V. *Water Pllution：Economic Aspects and Research Needs*［M］. Washington D C：Resources for the Future，1962.

⑥ Kneese A. V.，Bower B. T. *Managing Water Quality：Economics，Technology，Institutions*［M］. Baltimore：Johns Hopkins University Press，1968.

⑦ Barnett H. J.，Morse C. *Scarcity and Growth*［M］. Baltimore：Johns Hopkins University Press，1963.

⑧ Krutilla J. V. Conservation Reconsidered［J］. *American Economic Review*，1967，57：777 – 786.

⑨ Mäler K – G. *Environmental Economics：A Theoretical Inquiry*［M］. Baltimore：Johns Hopkins University Press for Resources for the Future，1974.

与自然资源对发展方式、发展战略以及社会福利的重要影响，并将其纳入各类环境—经济综合评价中。同时，借助价值分析修正和完善国民经济核算体系（如绿色 GDP 核算）、企业绿色核算（绿色会计）、绿色审计等。三是深化和拓展环境资源配置理论和方法，利用环境政策和管理制度的理论和实证分析，评估环境政策和制度安排的环境资源配置效率，推进具有低社会成本、兼顾公平和效率的环境决策，科学制定全球、国家、区域的可持续发展战略。四是应用考虑环境影响的社会经济评估、费用效益/费用有效性分析，揭示经济增长过程中所面临的环境代价，进一步分析环境恶化对人类群体和社会福利的影响效应；评估环境管理/保护目标的合宜性，识别实现满意目标的最小成本路径，评价国家政策、发展规划、开发项目的可行性等。五是从制度分析的视角，揭示环境和资源恶化的制度根源及其解决方案，借助实证分析，评估制度和政策的环境后果、环境效率以及环境公平效应，进而完善和优化相关政策和制度。六是综合利用环境经济学理论、博弈模型和模拟仿真，分析和识别各主体的行为选择逻辑，并将其纳入到政策分析与评估中，通过行为模拟分析和环境经济效应评价，遴选出适宜的环境政策和制度[1]。

2.1.3　经济增长与生态环境质量的关系

马克思在阐述社会生产力发展规律时对生态环境与经济增长之间的逻辑关系有过深入的分析。在马克思看来，一切生产力都归结为自然界。他认为自然环境对经济增长（体现为生产力与劳动生产率）有着决定性作用。劳动生产率的提高既是生产力发展的结果又是生产力进一步发展的基础，这一切的源头都是自然界。针对经济增长与生态环境质量之间的关系，经济学家们主要讨论在经济增长过程中生态环境质量的变化规律，经济增长本身在生态环境质量变化过程中所扮演的角色。该研究领域主要存在两种观点：一是以罗马俱乐部成员为代表的学者认为经济增长的前提是攫取大量的自然资源，因此经济增长必然带来环境污染和资源耗竭，造成生态环境的破坏。他们的代表作《增长的极限》论述了达到均衡发展状态与避免生态环境质量恶化的前提是控制人口与消费，进一步改变经济增

---

① 张世秋. 环境经济学研究：历史、现状与展望 [J]. 南京工业大学学报（社会科学版），2018，17（1）：71 - 77.

长模式[①]。二是帕纳尤塔（Panayouta，1995）等为代表的学者认为经济增长对生态环境的负面影响是暂时的，当经济发展到一定阶段，经济增长可以通过技术进步、制度改良改善生态环境，经济增长本身就会解决污染问题，无须特别关注环境问题[②]。

环境库兹涅茨曲线（environmental kuznets curve，EKC）描述人均收入与环境污染之间的关系，是分析经济增长与生态环境质量之间关系的重要曲线。库兹涅茨（Kuznets，1955）在研究经济增长与收入差异时，提出一个假说：经济增长和收入差异在二维平面空间呈现出一个倒"U"形曲线（纵坐标为收入差异、横坐标为人均 GDP 收入），被称为库兹涅茨曲线[③]。格罗斯曼和克鲁格（Grossman and Krueger，1991）首次实证研究环境质量与人均收入之间的关系，指出污染与人均收入间的关系为环境污染在低收入水平上随人均 GDP 增加而上升，在高收入水平上随 GDP 增长而下降[④]。帕纳尤塔（Panayotou，1995）借用库兹涅茨（Kuznets，1955）的研究成果，首次将环境质量与人均收入间的关系称为环境库兹涅茨曲线[⑤]。EKC 揭示出环境质量开始随着收入增加而退化，收入水平上升到一定程度后随收入增加而改善，即环境质量与收入之间呈现倒"U"形关系。EKC 理论假说提出后，国内外学者通过实证研究验证在特定影响因素作用下，EKC 呈现差异形态。例如，一个国家或地区环境保护政策等制度性因素对环境库兹涅茨曲线走势和形状的改变具有重要影响。若以生态阈值为生态环境退化的衡量标准，以工业污染、二氧化碳排放量和能源消耗衡量生态环境成本，生态环境成本会对环境库兹涅茨曲线的峰度产生显著影响。

国内外学者从不同视角对 EKC 进行理论解释。一是经济增长通过规模效应、技术效应与结构效应三种途径影响环境质量[⑥]。（1）规模效应。随着经济社会的蓬勃发展，人类对于物质的欲望带来生产规模和消费规模的快速膨胀和生态环境对于资源的有限供给形成了矛盾。经济规模的不断扩大势必增加污染排放，给生

①　德内拉·梅多斯，乔根·兰德斯，丹尼斯·梅多斯. 增长的极限 [M]. 李涛，王智勇，译. 北京：机械工业出版社，2013.

②　Panayotou T. *Environmental Degradation at Different Stages of Economic Development* [M]. Beyond Rio London：Palgrave Macmillan UK，1995：13 – 36.

③　Kuznets S. Economic growth and income inequality [J]. *American Economic Review：Papers and Proceedings*，1955，45（1）：28.

④⑥　Grossman G.，Krueger A. Environmental impacts of a North American free trade agreement [R]. National Bureau of Economic Research，1991.

⑤　Panayotou T. *Environmental Degradation at Different Stages of Economic Development* [M]. Beyond Rio London：Palgrave Macmillan UK，1995：13 – 36.

态环境保护带来直接压力。（2）技术效应。经济增长伴随着引进和研发新技术，新技术、新业态、新模式将创造更高的附加价值。特别是，绿色技术的应用能够提高资源的使用效率，降低单位产出的要素投入和污染排放，进而显著改善生态环境质量。（3）结构效应。一国或者一个地区的经济结构由农业主导转变为工业主导的阶段，在污染转折点到来之前，经济增长与生态环境质量是一对矛盾体。随着能源密集型和污染密集型工业经济的快速发展，生态环境质量可能会大幅度恶化。当经济发展到某一阶段时，三次产业发展逐渐向低污染方向转变，推动低污染的服务业和知识密集型产业蓬勃发展，三次产业占国民经济总值的比重发生变化，经济增长与环境恶化之间的矛盾得到有效缓解。综上所述，规模效应恶化环境，而技术效应和结构效应改善环境。在经济起飞阶段，规模效应超过技术效应和结构效应，环境不断恶化；当经济发展到新阶段，技术效应和结构效应超过规模效应，环境恶化得到缓解。二是基于生态保护偏好的视角，许多学者认为生态环境质量是特殊的商品，高收入人群对生态环境质量的有效需求高于低收入人群，在经济发展到一定阶段时、人均收入达到一定的水平后，环境污染程度会随着收入水平的提高而下降。同时，在经济起飞阶段，政府通常对经济增长的偏好高于对生态保护的偏好，引入充足的资本带动经济发展；当经济发展到新阶段，政府对生态保护的偏好明显提升，持续增加节能减排的投资。三是基于环保制度变迁的视角，很多学者认为随着经济发展水平的提高，产业政策、能源政策、环境规制等制度变迁推动经济结构、组织形态、技术创新等朝着环境友好型方向发展。

2.2　外部性理论

外部性（externality）是研究效益影响的理论，又称为外部成本或外部效益，常以经济外部性的形式出现于经济学研究问题当中。"外部经济"一词诞生于19世纪20年代，由新古典学派创始人阿尔弗雷德·马歇尔（Alfred Marshall）于其《经济学原理》（*Principles of Economics*）一书中提及，即是由企业内部因素以外的其他因素形成的能够减少生产成本方面的"经济"被称作"外部经济"[①]。福利经济学创始人阿瑟·塞西尔·庇古（Arthur Cecil Pigou）继承并拓展了马歇尔的外部性研究，在马歇尔提出的"外部经济"概念的基础上扩充了"外部不经

---

① Marshall A. *Principles of Economics*：*An Introductory Volume*［M］. London：Macmillan Company，1920.

济"的概念和内容①。他在系统研究外部性问题的基础上，首次使用了现代经济学的方法，并以福利经济学的角度切入问题的核心，将"居民"这一要素考虑进来，将外部性问题的研究从外部因素对企业的影响效果转向企业或居民对其他企业或居民的影响效果。庇古运用边际私人净产值和边际社会净产值的联系阐释外部性的定义，从而确立了"庇古税"理论。同时，其"正外部性需要内部化"的观点也对环境保护领域产生了深远影响。大多数国家均遵循这一理念确立"谁污染谁治理"的政策方针，运用税收费制度抑制环境污染行为。新制度经济学的奠基人罗纳德·哈里·科斯（Ronald H. Coase）在批判庇古理论的过程中形成的科斯理论，将庇古理论纳入到自己的理论框架之中。科斯认为，解决外部性问题可以用市场交易形式即自愿协商替代庇古税手段②。具体而言，在交易成本为零的情形下，解决外部性问题不需要"庇古税"；在交易成本不为零的情形下，解决外部性问题的方式是根据成本—收益的比较，选择庇古方法或科斯方法。

随着人们对"外部性"概念的深入研究，其定义问题一直是学术界难啃的问题。外部性现象可以从七个不同的角度进行分类，它们分别是外部性的影响效果、外部性的生产领域、外部性产生的时空、产生外部性的前提条件、外部性的稳定性、外部性的方向性、外部性的根源。不同经济学家对于外部性定义的分歧在于明确概念定义的出发角度不同，有从外部性的产生主体角度进行定义的，也有从外部性的接受主体角度进行定义的。在诸如此类的研究中，保罗·萨缪尔森（Paul A. Samuelson）与威廉·诺德豪斯（William D. Nordhaus）便是从产生主体的视角出发，艾伦·兰德尔（Alan Randall）则是从接受主体的角度入手，而约瑟夫·斯蒂格利茨（Joseph Eugene Stiglitz）与哈尔·范里安（Hal Ronald Varian）就干脆不在著作中提及"外部性"的定义。

2.3　公共选择理论

公共选择理论是一个基于经济学与政治学之间的交叉理论，即将经济学的分析方法运用于研究政治决策机制如何运行的新兴理论，公共选择理论是经济理论在政治活动中的应用和拓展。公共选择理论源于亚伯兰·柏格森（Abram Bergson）于1938 年发表的一篇探讨福利函数性质的论文"A Reformulation of Certain Aspects of

---

① Pigou A. C. *The Economics of Welfare*［M］. London：Macmillan Company，1920：128 – 135.

② Coase R. H. *The Problem of Social Cost*［M］. New York：John Wiley & Sons Ltd，2007.

Welfare Economics"①。1951 年，肯尼斯·阿罗（Kenneth Arrow）出版的著作"*Social Choice and Individual Values*"推动公共选择理论逐步发展起来②。大批研究成果在 20 世纪 50 年代后期开始相继涌现，代表性成果主要有：邓肯·布莱克（Duncan Black）出版的"*The Theory of Committee and Election*"③，詹姆斯·布坎南（James M. Buchanan）和戈登·图洛克（Gordon Tullock）合作发表的"*The Calculation of Consent：The Logical Foundation of Constitutional Democracy*"④ 等。公共选择的目的是实现社会效用的最大化，主要围绕提供什么样的公共物品、怎样提供和分配公共物品、制定什么样的公共选择规则三类问题展开研究。詹姆斯·布坎南将公共选择理论的经济学方法归纳为经济人假说、方法论的个人主义、政治的交易市场三大要素。依据经济人假设，个人的经济行为都是利己的，尽可能追求自身利益最大化。这与追求公共利益最大化的政治行为要求相矛盾。

公共物品的研究可以追溯到苏格兰经济学家大卫·休谟（David Hume），而公共物品这一概念的使用最早见于瑞典经济学家埃里克·罗伯特·林达尔（Erik Robert Lindahl）的研究。公共物品理论得到广泛传播是在美国经济学家保罗·萨缪尔森（Paul A. Samuelson）发表《公共支出的纯理论》之后，该文严格界定了公共物品的概念，他认为"每个人对公共物品的消费不会减少任何其他人对该物品的消费"⑤。之后，西方许多经济学家对公共物品的概念进行界定，如美国经济学家曼瑟·奥尔森（Mancur Olson）将公共物品定义为："对于任何物品，如果一个集团中任何人都能消费它，它就不能不被该集团的其他人消费，那么，该物品就是公共物品"⑥。美国经济学家詹姆斯·布坎南（James M. Buchanan）在其著作《民主财政论》中认为："公共物品就是任何集团或社团因任何原因通过集体组织提供的商品或服务"⑦。这些经济学家概述了公共物品的两个特征，即非竞争性和非排他性。非竞争性是消费上的非竞争性，指在提供一定数量公共产品的条

---

① Bergson A. A Reformulation of Certain Aspects of Welfare Economics ［J］. *The Quarterly Journal of Economics*, 1938, 52（2）：310 – 334.

② Arrow K. J. *Social Choice and Individual Values* ［M］. New York：Wiley & Sons, 1951.

③ Black D. *The Theory of Committees and Elections* ［M］. London：Cambridge University Press, 1958.

④ Buchanan J. M. , Tullock G. *The Calculation of Consent：The Logical Foundation of Constitutional Democracy* ［M］. Ann Arbor：The University of Michigan Press, 1962.

⑤ Samuelson P. A. The Pure Theory of Public Expenditure ［J］. *The Review of Economics and Statistics*, 1954, 36,（4）：387 – 389.

⑥ 曼瑟尔·奥尔森. 集体行动的逻辑 ［M］. 陈郁, 郭宇峰, 李崇新, 译. 上海：格致出版社, 2019.

⑦ 詹姆斯·M. 布坎南. 民主财政论 ［M］. 穆怀朋, 译. 北京：商务印书馆, 2002.

件下，增加一个人来消费所消耗的额外资源的成本为零，增加一个人消费公共物品并不减少任何其他人的消费数量和质量。非排他性是受益上的非排他性，指在一定的消费人群范围内，在技术上不能将消费一项公共物品的人和其他人排除在受益范围外或者技术上可行但成本过高。

依据公共物品的两个特征，大致可以将公共物品划分为纯公共物品和准公共物品（混合公共物品）。纯公共物品指同时具有非竞争性和非排他性的产品，纯公共物品本身具有不可分割性，任何人可以公共消费同等数量的公共物品。詹姆斯·布坎南界定了准公共物品的定义，即只具有公共物品两个特征的其中一个特征（非竞争性或非排他性）的物品[①]。由于公共物品的存在，在实际中容易发生"搭便车"行为，导致市场出现偏离"帕累托最优"状态而产生市场失灵。新古典公共物品理论认为需要政府干预来弥补市场失灵，通过提供公共产品来对市场进行调节，以实现公共物品供给的帕累托效率。环境同时具有非排他性和非竞争性两个特性，是典型的公共物品，环境治理容易产生"搭便车"行为，单纯依靠市场来调节环保投资，必然会出现市场失灵的状况，因此在环境治理过程中必须通过政府"有形的手"进行调控。

2.4　博　弈　论

2.4.1　博弈理论概述

博弈论（game theory）是研究两人或多人互动决策问题的理论，又称为对策论、冲突分析理论、赛局理论等。博弈论诞生于 20 世纪中叶，开始于 1944 年由冯·诺依曼（Von Neumann）与摩根斯坦恩（Morgen Stern）合作的《博弈论和经济行为》[②]（*The Theory of Games and Economic Behavior*）一书的出版，并得到快速发展和广泛应用，现已被广泛采用于分析政治、经济和社会中的竞争与冲突问题。

正如著名经济学家泰勒尔（Jean Tirole）曾评论的一样："正如理性预期使宏

---

①　曼瑟尔·奥尔森. 集体行动的逻辑［M］. 陈郁，郭宇峰，李崇新，译. 上海：格致出版社，2019.

②　Neumann J. L. V. , Morgenstern O. V. *The Theory of Games and Economic Behavior*［M］. Princeton：Princeton University Press，1944.

观经济学发生革命一样，博弈论广泛而深远地改变了经济学家的思维方式。"自从 20 世纪 70 年代起，经济学家们开始将注意力由价格制度向非价格制度转变后，博弈论便逐渐成为经济学的基石。但严格来说，博弈论并非经济学的一个分支，而是一种方法，且还适用在包括但不限于政治学、军事、外交、国际关系、公共选择和犯罪学等领域。而博弈论常被认为是经济学的一部分，其原因大致有以下三点：（1）博弈论在经济学中的应用是最为广泛，也是最为成功的。博弈论的许多成果发展借助了经济学案例，特别是在应用领域。（2）经济学家对博弈论的贡献要大于其他领域的专家，特别是动态分析和不完全信息这两个部分，在被引入到博弈论当中后引起了各领域学者们的高度关注。（3）经济学和博弈论的研究模式是相同的，这也是最根本性的原因，即强调人是理性的，会在给定的约束条件下追求效用最大化。

通常来说，博弈论可分为合作博弈（cooperation game）和非合作博弈（non-cooperation game）两类。合作博弈与非合作博弈之间的区别主要在于参与者的行为互相作用时，参与者之间能否达成一个具有约束力的协议（binding agreement），如果能，就是合作博弈；反之，则是非合作博弈。合作博弈强调的是团体理性，包括效率、公正和公平；非合作博弈强调的是个人理性和个人最优决策，其结果可能是有效率的结局，也可能是无效率的结局。现代经济学家们探讨的博弈论问题一般指的是非合作博弈的情况，根据参与者行动的先后顺序和参与人对其他参与人信息的掌握程度，可将非合作博弈分为四种博弈情况，如表 2 - 1 所示。

表 2 - 1 非合作博弈的四种博弈情况

博弈模型	完全信息	不完全信息
静态博弈	完全信息静态博弈	不完全信息静态博弈
动态博弈	完全信息动态博弈	不完全信息动态博弈

根据参与者行动的先后顺序，博弈模型可划分为静态博弈和动态博弈两类。静态博弈是指在博弈过程中，参与人同时选择行动或者虽非同时选择但后行动者并不知道先行动者采取的具体行动。动态博弈是指在博弈过程中，参与人的行动有先后顺序，且后行动者能够观察到先行动者所选择的行动。按照参与人对其他参与人信息的了解程度分为完全信息博弈和不完全信息博弈。完全博弈是指在博弈过程中，每一位参与人完全了解其他参与人的策略空间和收益函数。不完全信

息博弈是指参与人没有掌握其他参与人所有的策略空间和收益函数信息，或者仅掌握部分参与人的所有策略空间和收益函数信息。

2.4.2　机制设计理论

拉丰和马赫蒂摩（Laffont and Martimort，2002）曾指出，今天的经济学在很大程度上成为了研究激励问题的学科，如何设计机制为经济主体提供合理的激励已成为当代经济学的核心主题①。机制设计理论是非对称信息博弈在经济学上的应用，又称为信息经济学或契约理论。非对称信息是指某些参与人拥有但另一些参与人不拥有的信息。拥有私人信息的参与人称为代理人，不拥有私人信息的参与人称为委托人。机制设计理论可以看成是对社会选择理论和博弈论的综合运用。概括地说，机制设计理论所讨论的问题是，对于任意给定的一个经济或社会目标，在自由选择、自愿交换、不完全信息、分散化决策条件下，委托人能否并且怎样设计一个经济机制（即制定什么样的经济政策和经济规则），使得代理人的个人利益和委托人的特定目标一致。委托人的目标可以大到达成社会目标，也可以小到实现自己的最优利益。

机制设计理论的研究路径与方法可以归纳如下：在社会（经济）目标已知的前提下，委托人通过设计博弈的具体规则，在满足各代理人利益需求的情况下，同时使代理人所选择的策略相互作用能达成既定的社会（经济）目标，即利用规则约束促使代理人自觉主动选择有利于社会（经济）目标实现的策略。机制设计理论主要解决信息效率和激励相容这两个关键问题。信息效率考虑机制运行的成本问题。信息效率与信息量大小以及信息传递的效率有关。对于机制设计而言，既要考察达成社会（经济）目标所需要的信息量大小，也需要考量信息传递所付出的成本。在设计一种机制或制度时，信息效率越大越好，即在达成社会（经济）目标的前提下，信息量越小、信息传递的维数越少为好。赫维克兹（Hurwitz，1972）提出激励相容这个核心概念，他认为如果在给定的机制下，如实报告自己的私人信息是代理人的占优策略均衡，那么这个机制就是激励相容的②。此时，代理人在追求自身利益最大化的同时，兼顾实现委托人所期待的目标。因

---

① 让·雅克·拉丰，大卫·马赫蒂摩. 激励理论（第一卷）委托—代理模型 ［M］. 北京：中国人民大学出版社，2002.

② Hurwicz L. On information decentralized systems ［R］. In：Radner & McGuire（eds），Decision and Organization，North Holland，1972：297 - 336.

此，在进行机制设计时，必须考虑激励相容问题。随着机制设计理论研究的不断深入，不仅可以研究在相对不严格的假定下系统地分析和比较多种制度，而且还可以将很多现有的研究，如社会选择理论、规制理论、拍卖理论等纳入到统一的分析框架中。

机制设计理论将制度定义为非合作博弈，根据博弈的均衡结果来比较不同的制度，从而使经济学家能够根据某个最优标准来评价不同制度的效应。在探讨与判定一个经济制度的优劣时，首要需要科学合理的判别标准。在以往的经济学文献中，学者们对于"好"制度的标准可以归纳为以下三点：制度能够实现资源的有效配置、信息能够得到有效利用，以及与激励相一致。有效配置资源要求所设计的机制能确保合理恰当地使用资源实现帕累托最优，信息有效利用要确保所设计的机制只需要较少的信息和较低的信息成本，激励一致则是在机制约束下个体理性与集体理性能够相容。由于不同的经济机制会导致不同的信息成本、不同的激励反应、不同的资源配置效果，因而应以这三个标准来指导经济制度的设计。

2.4.3 委托—代理理论

20世纪30年代，美国一些经济学家发现当时将公司所有权和经营权混为一谈的公司在运营体制管理上存在着漏洞，因此提出委托—代理理论来实现公司所有权和经营权的分离。迈克尔和麦克林（Michael and Meckling, 1976）认为委托代理关系是指这样鲜明或隐含的契约，根据这个契约，一个或多个行为主体/委托人（principal）指定雇用另外一个或多个行为主体/代理人（agent）为其提供服务，并根据其提供的服务数量和质量支付相应的报酬[①]。在委托代理关系中，代理人通常处于信息优势地位，而委托人处于信息劣势地位。由于委托人和代理人的利益与责任存在不一致，代理人的行为可能偏离委托人要求导致出现合同签约后的道德风险，或者委托人无法有效甄别代理人的真实类型导致出现合同签约前的逆向选择行为，两者最终导致合同难以履行而造成社会福利损失。20世纪60年代末，委托—代理理论已经发展成为契约理论的主要研究方向，是在非对称信息和道德风险问题情境下协同委托人和代理人利益的重要工具。作为信息经济学的核心内容，委托—代理理论为企业管理理论的发展作出了突出贡献，

---

① Jensen M. C., Meckling W. Theory of the Firm: Managerial Behavior, Agency Costs and Ownership Structure [J]. *Journal of Financial Economics*, 1976, 3 (4): 305 – 360.

其研究结论也被广泛地应用到各行各业的理论和实践中。

委托—代理理论最普遍的建模方法"分布函数的参数化方法"最早由莫里斯（Mirrles，1974）① 提出，而后被霍姆斯特罗姆（Holmstrom，1979）进一步发展为标准化方法②。霍姆斯特罗姆和米尔格罗姆（Holmstrom and Milgrom，1987）得出信息对称与信息不对称时的最优契约是不同的：当信息对称时，委托人和代理人均可以达到帕累托（Pareto）最优水平；当信息不对称时，只有风险中性的代理人才可以保证帕累托最优激励契约的达成③。这一研究发现极大扩展了经济学家关于激励问题的视野，并引发委托代理理论的研究大潮。经过多年的发展，委托—代理理论已经发展成为一个多维度、多跨度、多模态、多分支的综合性跨学科理论体系。

首先，委托—代理理论的主体数量与任务数量增加，由经典的单委托、单代理、单任务的双边委托—代理模型，发展出单委托、多代理、单任务的多代理人模型，多委托、单代理、单任务的共同代理模型和单委托、单代理、多任务的多任务代理模型等多种模型，使委托—代理理论更加贴合实际，应用范围更加普遍。其次，委托—代理决策过程也由静态决策发展成多次性的动态型决策，如重复博弈的委托—代理模型、代理人市场声誉模型等。

2.4.4 演化博弈模型

涵盖合作博弈和非合作博弈的古典博弈论，在理性基础方面假设参与人是完全理性的。完全理性不仅假设参与人以自身利益最大化为目标，而且在博弈环境中具有完美的判断和预测能力：要求参与者自身有完美的理性，有相互信任的理性，有"理性的共同知识"（common knowledge of raionality）。这种完全理性假设与现实不符，参与人在面临大多数比较复杂的决策问题中所表现出来的理性是有限理性。有限理性就是指参与人的行为既是有意识的理性，但这种理性又是有限的。此外，以完全理性为假设前提的古典博弈没有涉及演化的概念，无法分析行为的扩散问题。在此背景下，演化博弈迅速地发展起来。演化博弈综合应用演化动力学和博弈论，把参与者看作是有限理性的、信息不完备的，这就决定了参与

① Mirrles J. *Notes on Welfare Economics*，*Information and Uncertainty* ［M］. In Essays on Equilibrium Behavior under Uncertainty，eds. Balch M，McFadden D，and Wu S，North – Holland，1974：243 – 261.

② Holmstrom B. Moral Hazard and Observability ［J］. *The Bell Journal of Economics*，1979，10（1）：74 – 91.

③ Holmstrom B.，Milgrom P. Aggregation and linearity in the provision of intertemporal incentives ［J］. *Econometrica*，1987，55（2）：303 – 328.

者不能在博弈一开始就找到最佳的行动方案，只能通过不断地学习和试错来寻找更好的对策，从而达到演化均衡。演化博弈论具有重要的现实意义，它为生物学①和各种社会科学特别是经济学②的研究提供了科学且可广泛应用的工具。

演化博弈在以下几个方面更贴近现实，更具有说服力。一是演化博弈的思想来源于达尔文的生物进化论和拉马克的遗传基因理论，从有限理性出发，认为参与人对现实状态只拥有有限知识。参与者通常不能最大化自身利益，相信现在的行为会影响其他参与者未来的行为选择，参与人的决策是通过观察其他参与人如何行动的博弈历史，提高其对"好"策略和"不好"策略的认知。二是演化博弈以参与人种群为研究对象，主要研究单种群个体之间行为的相互影响，以及不同种群的个体之间的相互影响。它从系统论出发，把种群行为的调整过程看作一个动态系统，个体的行为是在演化过程中通过学习与模仿来持续地完善和修正，成功的决策方案被模仿，然后形成一定的决策规律，个体将这些规律作为其决策标准，可以获得更好的效用。三是史密斯和普赖斯（Smith and Price，1973）提出的演化稳定策略能描述动态系统的局部稳定性，应用它能够预测参与人行为的稳定性，从而更加有效地对整个动态系统作出宏观调控③。四是演化博弈从有限理性出发，强调参与人的行为是一个动态调整的过程，达到均衡需要经过一个漫长的演化周期，系统也许永远达不到均衡，总是处在一个向均衡靠近的过程之中。当系统有多个均衡时，究竟达到哪一个均衡依赖于系统演化的初始状态及演化路径④。

演化博弈有两大核心概念：复制动态方程（replicated dynamic equation）和演化稳定策略（evolutionary stable strategy，ESS）。泰勒和琼克（Taylor and Jonker，1978）用复制动态方程表示博弈动态收敛到稳定状态的过程⑤。根据生物博弈的复制动态模型，当一个群体中的某部分种群的适应性比它的平均适应性强时，这部分种群的群体就会不断扩大，在群体中所占比例也会增加。该思想被应用到演化博弈中，如果某决策带来的效用高于平均效用，那么群体中采用该决策的个体的比例就会增加。复制动态方程用于描述某一策略被选取的频数的变

① Axelrod R., Hamilton W. D. The evolution of cooperation [J]. *Science*, 1981, 4489 (221): 13901396.

② Hofbauer J., Sigmund K. Evolutionary game dynamics [J]. *Bulletion of the American Mathematical Society*, 2003, 40 (4): 479 – 519.

③ Smith M. J., Price G. R. The logic of animal conflicts [J]. *Nature*, 1973, 246: 15 – 18.

④ 肖条军. 博弈论及其应用 [M]. 上海：上海三联书店，2004.

⑤ Taylor P. D., Jonker I. B. Evolutionarily stable strategies and game dynamics [J]. *Levines Working Paper Archive*, 1978, 40 (12): 145 – 156.

化，这种变化取决于采取该策略个体的初始比例、该策略的效用与群体平均效用间的差值。

本章以双方博弈为例，说明如何推导复制动态方程。假设在一个演化博弈中，参与者是 A 和 B，这两者对应的行动空间分别为 (a_1, a_2)、(b_1, b_2)，参与方 A 采用 a_1 的概率为 x，采用 a_2 的概率为 $1-x$，参与方 B 采用 b_1 的概率为 y，采用 b_2 的概率为 $1-y$。那么，从参与人 A 的角度构建复制动态方程的过程如下：

参与人 A 的效用矩阵为

$$A = \begin{pmatrix} u(a_1, b_1) & u(a_1, b_2) \\ u(a_2, b_1) & u(a_2, b_2) \end{pmatrix}$$

参与人 A 选择 a_1 的收益为

$$U_1 = yu(a_1, b_1) + (1-y)u(a_1, b_2)$$

参与人 A 选择 a_2 的收益为

$$U_2 = yu(a_2, b_1) + (1-y)u(a_2, b_2)$$

参与人 A 的平均收益为

$$\bar{U} = xU_1 + (1-x)U_2$$

参与人 A 的复制动态方程为

$$F(x) = \frac{\mathrm{d}x}{\mathrm{d}t} = x(U_1 - \bar{U})$$

史密斯和普赖斯（Smith and Price，1973）及史密斯（Smith，1974）提出了演化稳定策略，用以表示演化博弈的稳定状态。演化稳定策略是这样一个策略，当某个种群选择该策略时，另一个策略不能侵入它，因为无法提高种群的预期收益[1][2]。由于博弈双方都是有限理性的，不可能一开始就找到最优的行动方案和实现博弈均衡，需要在博弈的过程中不断地进行学习、改正决策失误、模仿成功策略，经过一定时间的演化才能逐渐趋于某个稳定策略。在该稳定策略下，群体所获收益为其他任何策略所不及。演化稳定策略的稳定性不仅需要其自身处于平衡状态，还要求其能够抵御一些微小扰动的干扰，也就是说，如果某个参与者因为干扰意外地做出了错误的策略选择而脱离了演化稳定策略，但复制动态还是会使脱离点回到演化稳定策略。

演化博弈主要分为确定性和随机性的演化博弈（Hofbauer and Sigmund，1998；

① Smith M. J.，Price G. R. The logic of animal conflicts [J]. *Nature*，1973，246：15 – 18.

② Smith M. J. The theory of games and the evolution of animal conflict [J]. *Journal of Theory Biology*，1974，47：209 – 212.

Nowak and Sigmund，2004；Nowak，2006；Gintis，2000）[1][2][3][4]。确定性演化博弈主要研究充分混合的无限种群，通常参与者的各项属性如风险偏好、无差异曲线影响和决定了博弈策略，而该策略在群体中被选择和传播的趋势可以用复制动态方程来描述（Traulsen and Christoph，2009；Cabrales，2000；Cressman and Vickers，1997；Hutson and Vickers，1992）[5][6][7][8]，现有关于演化博弈的研究也主要集中在考察复制动态方程上。复制动态方程虽然具有良好的数学特性，但它只能描述针对无限种群的确定性演化博弈（Claussen and Traulsen，2005；Traulsen and Claussen，2004）[9][10]。如果将复制动态方程继续应用于有限群体中，明显的随机性会带来噪声干扰，导致无法捕捉到有限群体中长期稳定的均衡状态。鉴于有限群体中的演化结果不能简单地由无限种群中的演化结果递归，复制动态方程又无法解决随机性的问题，因此出现了更符合实际情况的随机演化博弈模型来探索有限群体演化动态的情况（Taylor et al.，2006；Ohtsuki et al.，2006；Brauchli et al.，1999；Fudenberg et al.，2006）[11][12][13][14]。随机演化博弈模型以信息不完全和参与人的有限理性

① Hofbauer J. ，Sigmund K. *Evolutionary Games and Population Dynamics* ［M］. Cambridge：Cambridge University Press，1998：159 – 179.

② Nowak M. A. ，Sigmund K. Evolutionary dynamics of biological games ［J］. *Science*，2004，5659（303）：793.

③ Nowak M. A. *Evolutionary Dynamics*：*Exploring the Equations of Life* ［M］. Cambridge：Harvard University Press，2006：30 – 42.

④ Gintis H. *Game Theory Evolving* ［M］. Princeton：Princeton University Press，2000：15 – 30.

⑤ Traulsen A. ，Christoph H. Stochastic evolutionary game dynamics. reviews of nonlinear ［J］. *Dynamics and Complexity*，2009（2）：25 – 61.

⑥ Cabrales A. Stochastic replicator dynamics ［J］. *International Economic Review*，2000，41（2）：451481.

⑦ Cressman R. ，Vickers G. T. Spatial and density effects in evolutionary game theory ［J］. *Journal of Theoretical Biology*，1997，184（4）：359 – 370.

⑧ Hutson V. C. L. ，Vickers G. T. Travelling waves and dominance of ESS ［J］. *Journal of Mathematical Biology*，1992，30（5）：457 – 471.

⑨ Claussen J. C. ，Traulsen A. Non-gaussian fluctuations arising from finite populations：Exactresults for the evolutionary Moran process ［J］. *Physical Review*，2005，71（2）：025101.

⑩ Traulsen A. ，Claussen J. C. Similarity-based cooperation and spatial segregation ［J］. *Physical Review*，2004，70（4）：46128.

⑪ Taylor C. ，Iwasa Y. ，Nowak M. A. A symmetry of fixation times in evolutionary dynamics ［J］. *Journal of Theoretical Biology*，2006，243（2）：245 – 251.

⑫ Ohtsuki H. ，Hauert C. ，Lieberman E. A simple rule for the evolution of cooperation ongraphs and social networks ［J］. *Nature*，2006，7092（441）：502 – 505.

⑬ Brauchli K. ，Killingback T. ，Doebeli M. Evolution of cooperation in spatially structured populations ［J］. *Journal of Theoretical Biology*，1999，200（4）：405 – 417.

⑭ Fudenberg D. ，Nowak M. A. ，Taylor C. ，et al. Evolutionary game dynamics in finite populationith strong selection and weak mutation ［J］. *Theoretical Population Biology*，2006，70（3）：352 – 363.

作为前提假定，把有限群体的博弈过程描述为一个随机过程，并采用随机过程的方法来分析有限群体将如何实现博弈均衡（Vlastimil，2018）①。

2.5 规制中的激励理论

丹尼尔·F. 史普博（Daniel F. Spulber，1999）认为规制（regulation）是由行政机关制定并执行的直接干预市场配置机制或间接改变企业或消费者的供需决策的一般规则或特殊行为②。尽管经济学家对规制的界定有所不同，但是达成共识的是规制主体是公共机构或行政机关即政府，规制客体是各类经济主体。政府规制的主要手段是利用政府的权威制定和实施各种规则、制度，促使或激励相关利益主体按照规则制度从事各项任务。规制往往针对市场失灵而采取监管行为，例如各种类型的垄断行为都需要政府进行有效的规制（王志刚，2014）③。

传统的规制理论对信息和激励问题研究很少，主要原因是缺乏有效的分析工具。例如，传统的拉姆齐—布瓦德（Ramsey - Boiteux）模型可以用来分析多产品企业的交叉补贴问题，但没有涉及受规制企业的激励问题。随着博弈论、机制设计理论、信息经济学等理论工具的不断完善发展，以让·雅克·拉丰（Jean - Jacques Laffont）和让·梯若尔（Jean Tirole）为代表的图卢兹学派开始强调激励在规制政策设计中的重要性，将博弈论和契约论引入到规制问题的研究中，基于委托—代理框架寻找最优激励性规制结构，开创了新规制经济学，对规制中的很多问题都尽可能地从本源上内生地加以分析，从而解决规制理论仅限于理论层面讨论而无法指导实践的难题（石磊和王永钦，2004）④。因此，拉丰和梯若尔（2014）将规制经济学定义为"是委托—代理方法在规制者和被规制者之间契约关系研究中的应用"⑤。

不对称信息、缺少承诺和不完美的规制者三个因素决定规制问题不是最优/次优理论的简单运用；分析模型应该全面地涵盖规制者和被规则者的目标、信息

① Vlastimil K. Beyond replicator dynamics: From frequency to density dependent models of evolutionary games [J]. *Journal of Theoretical Biology*，2018，455（10）：232 – 248.

② 丹尼尔·F. 史普博. 管制与市场 [M]. 余晖，何帆，钱家骏，周维富，译. 上海：上海人民出版社，1999.

③ 王志刚.《政府采购与规制中的激励理论》书评 [J]. 中国政府采购，2014（11）：6 – 9.

④ 石磊，王永钦，评拉丰、梯若尔著《政府采购与规制中的激励理论》[J]. 经济学（季刊），2004（2）：779 – 784.

⑤ 让·雅克·拉丰，让·梯若尔. 政府采购与规制中的激励理论 [M]. 上海：格致出版社，2014.

结构、各种约束条件，分析双方的行为和最优权衡，从而设计出更加有效的契约使得社会福利最大化（拉丰和梯若尔，2014）①。拉丰和梯若尔首次将委托—代理理论、激励理论引入到信息不对称和不完全竞争条件下的规制研究中，将规制问题当作一个最优机制设计问题；构建统一的规制经济学分析框架，强调规制理论应优先考虑被规制企业效率改善的激励问题，从而将西方规制经济学研究重点从研究为什么规制转向研究怎样规制，为公共管理和规制政策设计提供可操作性的工具箱。其中，梯若尔和拉丰提出的菜单式线性契约，提供了一种不同于传统规制契约的最优规制政策。在该规制契约下，被规制企业根据自身的技术类型揭示其生产成本，规制者根据观察到的企业实际生产成本向其提供补偿。补偿比例由企业揭示的预期生产成本决定，预期生产成本越高，规制者提供的补偿比例越低，这种最优规制政策涵盖传统的成本规制契约和成本加成契约，具有广泛的应用价值（张玉卓等，2016）②。

---

① 让·雅克·拉丰，让·梯若尔. 政府采购与规制中的激励理论 [M]. 上海：格致出版社，2014.
② 张玉卓，刘舒，赵红云. 图卢兹学派代表人物让·梯若尔经典著作导读与评述 [J]. 天津商业大学学报，2016，36（4）：29 – 37.

第3章

相关研究现状

3.1 府际关系与地方政府环境治理行为相关研究

从府际关系理论、地方政府环境治理行为、府际关系视角下地方政府环境治理行为三方面梳理府际关系与地方政府环境治理行为相关研究。

3.1.1 府际关系理论相关研究

国外关于府际关系的相关研究。斯托克（Stoker，1995）回顾了府际关系研究的主流观点及理论视角，主要包括：基于公共行政传统提供历史和制度分析，基于组织理论的分析、基于理性选择的分析、基于新马克思主义国家理论的分析[①]。研究主要围绕政府间竞争与合作两个方面展开：在政府间竞争方面，部分学者指出政府间的竞争性在于提供公共物品，如詹姆斯·布坎南提出竞争性联邦主义，布雷顿（Breton）提出竞争性政府，蒂鲍特（Tiebout）提出"以足投票"等；还有学者认为府际间竞争在于资源（基础设施和投资领域）的竞争，如高崎（Takaaki）提出地方政府间在公共基础设施投资上存在竞争；另有学者认为地方府际竞争表现为税收领域的延伸，安德里亚斯·瓦格纳（Andreas Wagener）基于财政博弈提出双重税收竞争。在政府间合作方面，文森特·奥斯特罗姆（Vincent A. Ostrom）等提出各个地区并不是孤立的，政府间存在竞争和合作关系。戴维·

[①] Stoker G. Intergovernmental relations [J]. *Public Administration*，1995，73（1）：101 – 122.

H. 罗森布鲁姆（David H. Rosenbloom）提出府际合作有两种类型：联邦政府与州政府之间的合作、各州政府之间的合作。

国内关于纵向府际关系的相关研究。纵向府际关系研究聚焦中央与地方的关系。从法制化视角出发，石佑启和邓搴（2015）指出我国中央与地方纵向权力合理配置面临集权与分权的平衡性以及财权和事权的统一性两个关键问题，主张通过健全法治化来解决①。熊文钊（2012）认为在央地一体多元体系下，解决中央与地方政府间纠纷的最优选择是建立完善的宪法诉讼制度②。王颋和陈科霖（2016）揭示我国纵向府际关系失衡在于系统性腐败、选择性执法、行为联邦化与竞争无序化，并且分析其内在逻辑，最后提出应强化法治监督与法治问责以推动纵向府际关系改善③。从制度化视角出发，陈德湖（2004）④和杨宏山（2005）⑤基于中国政府制度的变革，提出为了突破现有权力体制的困境，地方政府在分权的过程中关键是能选择一条合理的制度化路径。王绍光和胡鞍钢（1993）进一步深入探究发现，当前府际分权机制大多是基于央地利益互动的产物，不能作为合法性依据的问题⑥。杨小云（2002）⑦和夏能礼（2020）⑧循着目前学术界的四种制度化路径，主张必须构建央地政府间合理结构，协调两者关系，打造政府间权力分配的集分平衡。

国内关于横向府际关系的相关研究。近年来，学界研究重点逐渐从纵向府际理论转向横向府际理论研究。董娟（2014）提出纵向关系更多地体现政治意义，横向关系更多体现经济意义；随着我国经济转型和改革的深入，横向府际关系成为争相研究的对象⑨。横向府际关系研究主要从同一层级地方政府间竞争和合作两个视角展开。在府际竞争关系方面，费广胜和杨龙（2010）提出在中国政治体

---

① 石佑启，邓搴. 论法治化视野下行政权力纵向上的合理配置 [J]. 南京社会科学，2015（11）：92 - 94.

② 熊文钊. 大国地方 - 中央与地方关系的法治化研究 [M]. 北京：中国政法大学出版社，2012：445 - 447.

③ 王颋，陈科霖. 我国纵向府际关系失序现象及其内在逻辑 [J]. 学术论坛，2016，39（6）：25 - 30.

④ 陈德湖，蒋馥. 环境治理中的道德风险与激励机制 [J]. 上海交通大学学报，2004（3）：466 - 469.

⑤ 杨宏山. 府际关系论. 总序 [M]. 北京：中国社会科学出版社，2005.

⑥ 王绍光，胡鞍钢. 中国国家能力报告 [M]. 沈阳：辽宁人民出版社，1993：168.

⑦ 杨小云. 试论协调中央与地方关系的路径选择 [J]. 中国行政管理，2002（3）：63 - 64.

⑧ 夏能礼. 府际权力配置运行与纵向府际关系治理——基于 A、B、C 三县市的案例比较 [J]. 中国行政管理，2020（11）：25 - 31.

⑨ 董娟. 府际关系研究：理念、视角与路径 [J]. 岭南学刊，2014（2）：35 - 42.

制下地方政府具有经济和政治的双重角色，这种"双重身份"导致"为增长而竞争"的独特竞争模式①。周业安（2014）认为现行财政分权和地方政府竞争对经济增长有一定促进作用，但也会带来诸多问题，应事先推动地方政府竞争模式的创新转型，才能突破现有困境②。庞明礼（2007）提出激励要素影响着政府竞争，激励要素包括区域经济的发展、中央政府的认可、辖区居民的支持以及强化自身利益等③。王敏（2018）认为地方政府竞争从客观上可以刺激地方官员的积极性，却不可避免地产生地方保护、过度竞争和激励扭曲等问题，需完善行政发包制，实现国家治理体系现代化。在府际合作关系方面，政府合作是打破传统科层模式下地方政府各自为政的有效途径，推动多元共治的新型政府关系的建构④。彭彦强（2013）研究我国跨界公共问题的治理困境，提出破解方法的关键在于区域管辖权的建构和政府权力的有效规制⑤。杨小云和张浩（2005）⑥和陈朋（2020）⑦则从省际政府间合作入手，提出协调省级政府间关系所需确立的原则，应通过建立地方政府合作的激励约束和利益协调制度，以确保政府间长期合作关系。刘兴成（2020）围绕区域合作治理阐释了府际关系的发展新趋向⑧。

3.1.2　纵向关系下地方政府环境治理行为相关研究

在我国现行分级式属地环境管理体制下，中央政府往往负责具体环境政策的制定，并通过政治晋升和财政分权两种手段约束地方政府环境政策执行行为。因此，中央政府在环境治理中扮演着对相关利益主体监督和协调的角色，而地方政府在环境治理中发挥了贯彻落实的重要作用（朱桂龙等，2019）⑨。现有研究主

①　费广胜，杨龙. 中国地方政府独特的竞争模式：一种经验性分析框架——兼论规范地方政府竞争的途径 [J]. 行政论坛，2010，17（5）：19-23.

②　周业安. 地方政府治理：分权、竞争与转型 [J]. 人民论坛·学术前沿，2014（4）：14-23.

③　庞明礼. 地方政府竞争的约束与激励：一个拓展研究 [J]. 中南财经政法大学学报，2007（5）：37-41.

④　王敏. 中国经济增长的政治经济学——读《转型中的地方政府：官员激励与治理》（第二版）[J]. 公共管理评论，2018（1）：144-156.

⑤　彭彦强. 论区域地方政府合作中的行政权横向协调 [J]. 政治学研究，2013（4）：40-49.

⑥　杨小云，张浩. 省级政府间关系规范化研究 [J]. 政治学研究，2005（4）：50-57.

⑦　陈朋. 重大突发事件治理中的横向府际合作：现实景象与优化路径 [J]. 中国社会科学院研究生院学报，2020（4）：109-116.

⑧　刘兴成. 区域合作治理：重塑府际关系的新趋向——基于近年来国内相关文献的研究述评 [J]. 学习论坛，2020（2）：54-62.

⑨　朱桂龙，杨小婉，许治. 责任与利益：基础研究政策的府际关系演化 [J]. 中国科技论坛，2019（6）：9-16.

要围绕以下方面展开。

纵向关系对地方政府环境治理的影响。张文彬等（2010）指出在垂直的政治管理和经济分权体制下，省际竞争趋优，有利于提升整体减排的成本效率，从而促进我国经济高速增长[1]。西蒙斯（Simmons，1979）认为环境治理制度是环境政策执行的主要影响因素，应发挥国家的主导作用，否则环境治理行为难免出现偏差问题[2]。科斯特卡和霍伯斯（Kostka and Hobbs，2012）认为环境治理行为存在着中央预期和初始构想偏离的现象，致使环境治理效果有时未能与政策输出相匹配，产生环境治理行为偏差[3]。周黎安（2004）[4] 和蒋德权等（2015）指出GDP作为便于识别官员政绩的重要考核指标，成为官员晋升的重要依据，这强化了地方政府发展经济的偏好，弱化了地方政府环境保护的意愿。[5] 郭爱君等（2020）系统梳理影响绿色发展效率和财政纵向失衡的理论机制，考察经济分权、政治集权以及政绩考核机制三者对环境治理产生的影响[6]。

中央政府促进地方政府环境治理的策略。张华（2016）针对京津冀地区严峻的环境污染问题，提出中央政府应通过计划碳指标、碳税和政府补贴等政策引导低碳发展[7]。曹鸿杰等（2020）分析地方政府环境支出行为空间互动的传导机制，提出中央政府应设置多维度政绩考核制度，引导地方政府财政支出竞争存在，促进经济发展与绿色发展之间实现均衡[8]。刘伯凡（2019）[9] 和盛明科（2018）[10] 运用晋升锦标赛和财政分权相关理论，认为中央政府在赋予地方政府

① 张文彬，张理芃，张可云. 中国环境规制强度省际竞争形态及其演变——基于两区制空间 Durbin 固定效应模型的分析 [J]. 管理世界, 2010 (12)：34 - 44.

② Simmons A. J. *Moral Principles and Political Obligations* [M]. Princeton：Princeton University Press，1979：61.

③ Kostka G.，Hobbs W. Local energy efficiency policy implementation in China：bridging the gap between national priorities and local interests [J]. *The China Quarterly*，2012，211：765 - 785.

④ 周黎安. 晋升博弈中政府官员的激励与合作——兼论我国地方保护主义和重复建设问题长期存在的原因 [J]. 经济研究, 2004 (6)：34 - 36.

⑤ 蒋德权，姜国华，陈冬华. 地方官员晋升与经济效率：基于政绩考核观和官员异质性视角的实证考察 [J]. 中国工业经济, 2015 (10)：21 - 36.

⑥ 郭爱君，张娜，邓金钱. 财政纵向失衡、环境治理与绿色发展效率 [J]. 财经科学, 2020 (12)：72 - 82.

⑦ 张华. 京津冀协同发展视角下的低碳物流发展对策探析 [J]. 改革与战略, 2016, 32 (9)：118 - 120.

⑧ 曹鸿杰，卢洪友，潘星宇. 地方政府环境支出行为的空间策略互动研究——传导机制与再检验 [J]. 经济理论与经济管理, 2020 (1)：55 - 68.

⑨ 刘伯凡，吴莉昀. 财政分权理论中的环境污染治理问题——地方政府规制选择视角下的研究评述 [J]. 经济问题探索, 2019 (8)：181 - 190.

⑩ 盛明科，李代明. 生态政绩考评失灵与环保督察——规制地方政府间"共谋"关系的制度改革逻辑 [J]. 吉首大学学报（社会科学版），2018, 39 (4)：48 - 56.

支出、收益和环境治理等方面的权力时，应同时预测地方政府应对不同机制安排的策略反应。孙超等（2022）认为中央政府应完善地方政府环境治理的激励约束机制，通过环境治理持续激发区域创新活力，实现生态环境改善与经济提质增效的双赢①。卢良栋等（2023）基于主题模型和机器学习方法，测度和分析省市级政府的生态治理态度和注意力配置，发现上级政府生态治理态度能够直接和间接作用于下级政府的注意力配置，下级政府的生态治理态度发挥部分中介作用②。姜雅婷和杜焱强（2023）研究发现中央生态环保督察制度取得成效的关键在于"压力—能力—动力"逻辑，这一逻辑不仅实现环境治理委托—代理机制下央地纵向关系的良性运转，而且体现环境保护与经济发展的内在统一③。

纵向关系下地方政府环境治理政策执行的激励机制。长期以来，公共管理学派一直试图揭示激励制度对地方政府政策执行绩效的影响（Alonso and Lewis，2001；Rainey，2009；Heinrich and Marschke，2010）④。当目标导向的管理模式在发展中国家成为一种普遍的公共行政管理模式时，基于绩效的官员评价体系具有强大的激励作用（Whiting，2017）⑤。因此，绩效目标对地方官员政策执行行为的影响在公共管理文献中得到了更加广泛的关注（Hood，2007；Boyne and Chen，2007；Liang et al.，2021）⑥⑦⑧。

---

① 孙超，武普照，丁文文. 政府环境治理对区域创新的影响研究 [J]. 南开经济研究，2022（12）：187 – 208.

② 卢良栋，徐正健，魏玖长，等. 纵向府际关系视角下的政府生态治理态度与注意力配置 [J]. 资源科学，2023，45（4）：706 – 720.

③ 姜雅婷，杜焱强. 中央生态环保督察如何生成地方生态环境治理成效？——基于岱海湖治理的长时段过程追踪 [J]. 管理世界，2023，39（11）：133 – 152.

④ Alonso P.，Lewis G. B. Public service motivation and job performance：Evidence from the public sector [J]. *American Review of Public Administration*，2001，31（4）：363 – 381；Rainey H. G. *Understanding and Managing Public Organizations*（4th ed.）[M]. San Francisco：Jossey – Bass，2009；Heinrich C. J.，Marschke G. Incentives and their dynamics in public sector performance management systems [J]. *Journal of Policy Analysis and Management*，2010，29（1）：183 – 208.

⑤ Whiting S. H. *The Cadre Evaluation System at the Grass Roots：The Paradox of Party Rule* [M]. In Critical readings on the Communist Party of China（4 Vols. Set），Leiden：Brill Press，2017：461 – 478.

⑥ Hood C. Public service management by numbers：Why does it vary？where has it come from？what are the gaps and the puzzles？[J]. *Public Money Management*，2007，27（2），95 – 102.

⑦ Boyne G. A.，Chen A. A. Performance targets and public service improvement [J]. *Journal of Public Administration Research and Theory*，2007，17（3）：455 – 477.

⑧ Liang J.，He P.，Qiu Y. L. Energy transition，public expressions，and local officials' incentives：Social media evidence from the coal-to-gas transition in China [J]. *Journal of Cleaner Production*，2021，298：126771.

与许多发展中国家一样，职业晋升动机是中国地方官员政策实施的关键影响因素，尤其是在基于目标的绩效评估体系中（Kung and Chen，2011）①。地方官员在政策执行过程中面临多个目标，有时甚至是相互冲突的目标。具有可衡量目标的政策（如经济目标）是优先事项，地方官员的执行力度最大，因为这些政策表现主要决定了她们能否获得更高的职位（Edin，2003；Francis et al.，2015；Bo，2021）②③④。一个被广泛接受的论点是，经济增长是最显著的绩效目标，理应成为首要任务。中央政府通常根据辖区的相对经济增长评估地方官员的表现，进而做出晋升决策（Li and Zhou，2005；Heberer and Senz，2011；Ran，2017；Eaton and Kostka，2017）⑤⑥⑦⑧。

面对环境退化的挑战，中央政府及时做出回应，将环境保护纳入绩效评估体系，并将其作为地方官员晋升的评价依据（Wang，2013；Pu and Fu，2018）⑨⑩。关于涵盖环境绩效的新绩效评估体系的激励效果，以往的研究中出现了不同论点。一些研究认为，新的绩效评估体系未能激励地方官员落实环境政策，因为经济绩效目标仍然具有更高的权重（Kostka and Hobbs，2013；Ran，2013；Shen

---

① Kung J. K., Chen S. The tragedy of the nomenklatura: Career incentives and political radicalism during China's Great Leap famine [J]. *American Political Science Review*, 2011, 105 (1): 27 – 45.

② Edin M. Remaking the Communist party-state: The cadre responsibility system at the local level in China [J]. *China – An International Journal*, 2003, 1 (1): 1 – 15.

③ Francis J. K. R., Malbon K., Braun – Courville D., Linares L. O. Political selection in China: The complementary roles of connections and performance [J]. *Journal of the European Economic Association*, 2015, 13 (4): 631 – 668.

④ Bo S. Environmental regulations, political incentives and local economic activities: Evidence from China [J]. *Oxford Bulletin of Economics and Statistics*, 2021, 83 (3): 812 – 835.

⑤ Li H., Zhou L. A. Political turnover and economic performance: The incentive role of personnel control in China [J]. *Journal of Public Economics*, 2005, 89 (9 – 10): 1743 – 1762.

⑥ Heberer T., Senz A. Streamlining local behavior through communication, incentives and control: A case study of local environmental policies in China [J]. *Journal of Current Chinese Affairs*, 2011, 40 (3): 77 – 112.

⑦ Ran R. Understanding blame politics in China's decentralized system of environmental governance: actors, strategies and context [J]. *China Quarterly*, 2017, 231: 634 – 661.

⑧ Eaton S., Kostka G. Central protectionism in China: The "central SOE problem" in environmental governance [J]. *China Quarterly*, 2017, 231: 685 – 704.

⑨ Wang A. The search for sustainable legitimacy: environmental law and bureaucracy in China [J]. *Harvard Environmental Law Review*, 2013, 37: 367 – 440.

⑩ Pu Z., Fu J. Economic growth, environmental sustainability and China mayors' promotion [J]. *Journal of Cleaner Production*, 2018, 172: 454 – 465.

and Jiang，2021）①②③。此外，晋升激励措施强化了地方官员对经济增长的追求，地方官员选择性地执行环境政策，导致污染水平不断上升（Jia，2017；Cao et al.，2019）④⑤。其他研究认为，中国官员绩效评价体系的转变使得地方官员越来越有动力去考虑环境政策的后果（Zheng et al.，2014；Wu and Cao，2021）⑥⑦。当中央政府对环境目标赋予更高的权重时，地方官员会有动力用经济增长来换取环境保护（Chen et al.，2018；Tian et al.，2020；赵丽和胡植尧，2023）⑧⑨⑩。此外，研究表明，当地方官员得到适当的激励时，环境治理政策有效地减少了污染，同时避免给经济增长带来巨大损失（Van Rooij et al.，2017；Bo，2021）⑪⑫。在激励机制下，建构因地制宜的府际合作关系是破解地方环境治理困境的有效突破口（李智超和刘博嘉，2023）⑬。

①　Kostka G.，Hobbs W. Embedded interests and the managerial local state：The political economy of metha-nol fuel-switching in China ［J］. *Journal of Contemporary China*，2013，22（80）：204 – 218.

②　Ran R. Perverse incentive structure and policy implementation gap in China's local environmental politics ［J］. *Journal of Environmental Policy & Planning*，2013，15（1）：17 – 39.

③　Shen W.，Jiang D. Making authoritarian environmentalism accountable？ Understanding China's new reforms on environmental governance ［J］. *Journal of Environment & Development*，2021，30（1）：41 – 67.

④　Jia R. Pollution for promotion ［Z］. 21st Century China Center Research Paper，No. 2017 – 05，2017. http：//dx. doi. org/10. 2139/ssrn. 3029046.

⑤　Cao X.，Kostka G.，Xu X. Environmental political business cycles：the case of PM2. 5 air pollution in Chinese prefectures ［J］. *Environmental Science & Policy*，2019，93：92 – 100.

⑥　Zheng S.，Kahn M. E.，Sun W，Luo D. Incentives for China's urban mayors to mitigate pollution exter-nalities：The role of the central government and public environmentalism ［J］. *Regional Science and Urban Econom-ics*，2014，47：61 – 71.

⑦　Wu M.，Cao X. Greening the career incentive structure for local officials in China：Does less pollution in-crease the chances of promotion for Chinese local leaders？ ［J］. *Journal of Environmental Economics and Manage-ment*，2021，107：102440.

⑧　Chen Y. J.，Li P.，Lu Y. Career concerns and multitasking local bureaucrats：Evidence of a target-based performance evaluation system in China ［J］. *Journal of Development Economics*，2018，133：84 – 101.

⑨　Tian Z.，Tian Y.，Chen Y.，Shao S. The economic consequences of environmental regulation in China：From a perspective of the environmental protection admonishing talk policy ［J］. *Business Strategy and the Environ-ment*，2020，29（4）：1723 – 1733.

⑩　赵丽，胡植尧. 环境治理是否促进了地方官员晋升？——基于中国地级市样本的实证研究 ［J］. 经济学报，2023，10（2）：153 – 174.

⑪　Van Rooi J. B.，Zhu Q.，Li N.，Wang Q. Centralizing trends and pollution law enforcement in China ［J］. *China Quarterly*，2017，231：583 – 606.

⑫　Bo S. Environmental regulations，political incentives and local economic activities：Evidence from China ［J］. *Oxford Bulletin of Economics and Statistics*，2021，83（3）：812 – 835.

⑬　李智超，刘博嘉. 官员激励、府际合作与城市群环境治理绩效——基于三大城市群的实证分析 ［J］. 上海行政学院学报，2023，24（3）：69 – 84.

3.1.3　横向关系下地方政府环境治理行为相关研究

横向关系下地方政府环境治理行为的研究主要聚焦于探讨地方政府间环境治理的合作与竞争问题。在地方政府间环境治理竞争行为方面，现有研究聚焦于以下方面：一是地方政府间环境治理竞争行为产生的效应。坎伯兰（Cumberland，1979）注意到如果地方政府的竞争手段是放松环境管制标准，那么将导致环境质量的急剧下降①。贝克尔和琳赛（Becker and Lindsay，1994）有类似的结论，分析表明政府间的竞争性互动策略可能导致生态环境恶化②。尤尔福（Ulph，2000）③、伍兹（Woods，2006）④ 认为在环境规制分权背景下，地方政府为促进经济增长会在生态环境治理方面"竞相到底"，从而对生态环境产生不利影响。张可等（2016）运用标尺竞争理论和内生增长理论，构建地区间互动策略理论模型，研究结果表明地区间环境治理存在明显的策略性互动行为，即表现为"你多投，我少投""你多排，我也多排"的恶性循环。部分学者认为随着经济发展、人民生活水平的提高，"逐底竞争"的负面效应削弱，变为"趋优竞争"⑤。沃格尔（Vogel，1997）⑥、弗雷德里克松和米利米特（Fredriksson and Millimet，2002）⑦ 认为在"以足投票"机制下，地方政府会通过自下而上的"标尺竞争"提高生态产品和服务的供给水平，进而形成"竞相向上"的良好态势。吴建祖和王碧莹（2022）通过实证研究发现在政绩考核模式转变激励下，地方政府环境竞争越激

---

① Cumberland J. H. Interregional Pollution Spillovers and Consistency of Environmental Policy. in H. Siebert et al. *Regional Environmental Policy*：*The Economic Issue*［M］. New York：New York University Press，1979，255 - 291.

② Becker E.，Lindsay C. M. Does the Government Free Ride?［J］. *Journal of Law and Economics*，1994，37（1）：277 - 296.

③ Ulph A. Harmonization and optimal environmental policy in a federal system with asymmetric information［J］. *Journal of Environmental Economics and Management*，2000，39（2）：224 - 241.

④ Woods N. Interstate competition and environmental regulation：A test of the race-to-the-bottom thesis［J］. *Social Science Quarterly*，2006，87（1）：174 - 189.

⑤ 张可，汪东芳，周海燕. 地区间环境治理投入与污染排放的内生策略互动［J］. 中国工业经济，2016（2）：68 - 82.

⑥ Vogel D. Trading up and governing across：Transnational governance and environmental protection［J］. *Journal of European Public Policy*，1997，4（4）：556 - 571.

⑦ Fredriksson P.，Millimet D. Strategic interaction and the determinants of environmental policy across US states［J］. *Journal of Urban Economics*，2002，51（1）：101 - 122.

烈，政府环境注意力越高，环境治理效率越高①。吴健等（2023）研究发现环境规制"竞争到顶"对于邻近地区治污有积极作用。二是地方政府间环境治理竞争行为的应对策略②。胡久凯和王艺明（2022）认为，为了防范地方政府"为增长而竞争"导致生态环境治理方面呈现出"竞相到底"特征，中央政府应积极推动地方政府竞争模式由"为增长而竞争"的传统竞争模式转向"绿色低碳发展"的竞争模式③。吴建祖和王碧莹（2022）提出应继续完善环境绩效考核激励措施，扩大环境绩效考核指标范围，引导地方政府将环境注意力转变为环境治理行动④。吴健等（2023）发现邻省环境税（费）提高会带来本省竞争性"趋同"，因而应该准确、分区域、差异化地提高环境保护税率⑤。

环境治理属于一种特殊的公共物品供给，地方政府承担了辖区环境治理与监管的责任，环境的外部性属性决定了地方政府间合作是生态环境治理的必由之路⑥。现有研究主要围绕以下两个方面展开：一是地方政府间环境治理合作的必要性分析。罗森布鲁姆和克拉夫兵克（Rosenbloom and Krafbink，2022）认为应树立"府际合作治理"的理念来引导地方政府间合作⑦。科尔曼（Coleman，2006）认为加强地方政府间合作，应当建立健全合作价值观⑧。杨新春和程静（2007）以"太湖蓝藻"为研究案例，探析地方环境合作治理中所面临的"集体行动"困境，这种后果是由多方面责任主体造成的⑨。党秀云和郭钰（2020）认为仅依靠单一区域很难解决环境治理实践中的现实困境⑩。毛春梅和曹新富（2021）认为区域性环境治理问题的必然选择是增强区域地方政府间的治理合

①④　吴建祖，王碧莹. 地方政府环境竞争、环境注意力与环境治理效率——基于地级市面板数据的实证研究［J］. 东北大学学报（社会科学版），2022，24（6）：33 - 40.

②⑤　吴健，潘若曦，徐上. 地方政府竞争、差别环境税（费）与污染治理［J］. 中国环境科学，2023，43（5）：2640 - 2651.

③　胡久凯，王艺明. 地方政府竞争模式转变与碳排放绩效——来自地级市政府工作报告的经验证据［J］. 经济学家，2022（6）：78 - 87.

⑥　罗冬林，陈文喆，蔡伟. 跨域环境治理中地方政府协同网络信任的稳定性——基于黄河中游工业数据的实证［J］. 管理学刊，2020，33（6）：13 - 25.

⑦　罗森布鲁姆，克拉夫兵克. 公共行政学：管理、政治和法律的途径［M］. 张成福，译. 北京：中国人民大学出版社，2022.

⑧　科尔曼. 生态政治：建设一个绿色社会［M］. 梅俊杰，译. 上海：上海译文出版社，2006.

⑨　杨新春，程静. 跨界环境污染治理中的地方政府合作分析——以太湖蓝藻危机为例［J］. 改革与开放，2007（9）：15 - 18.

⑩　党秀云，郭钰. 跨区域生态环境合作治理：现实困境与创新路径［J］. 人文杂志，2020（3）：105 - 111.

作①。高明（2016）利用演化博弈模型比较有中央政府政策约束和无中央政府政策约束下属地治理和合作治理模式差异，提出地方政府间环境合作治理是解决府际间大气污染治理问题的必由之路②。二是政府间环境合作治理对策和建议。沙利文和思凯捷（Sullivan and Skelcher，2002）③、朱特姿和格鲁伯（Jutze and Gruber，2012）④提出建立契约、伙伴关系和网络三种形态的合作机制，解决政府跨区域间环境治理问题。刘亚娜和杨翠（2023）根据中央政策推动、中央与地方双向推动，非正式制度推动下的地方政府合作模式生成过程，将地方政府环境合作治理模式划分为京津冀地区政策主导型、太湖流域双向联合型、黄河金三角地区功能互动型跨域环境治理三种基本模式⑤。高建和白天成（2015）⑥、张彦波和佟林杰（2015）⑦、崔松虎和金福子⑧（2020）以京津冀一体化环境治理中区域性治理网络体系的缺失和协同机制不完善的分析为切入点，提出构建统一的环保机构、制定统一环境政策和完善法制体系，协调好各政府间利益结构，提升政府生态治理能力和效率促进京津冀长效发展。王丽丽和刘琪聪（2014）⑨及郭斌（2015）⑩运用交易成本理论，构建理论模型详细分析地方政府间环境合作治理行为，建议从制度构建方面降低环境合作治理成本，寻找交易费用最小化与环境治理效益最大化之间的最佳平衡点，从而提高政府间跨域环境合作治理的效率。崔晶（2013）通过四个典型案例分析，提出环境治理中存在"邻避抗争"和

---

① 毛春梅，曹新富. 区域环境府际合作治理的实现机制［J］. 河海大学学报（哲学社会科学版），2021，23（1）：50－56.

② 高明，郭施宏，夏玲玲. 大气污染府际间合作治理联盟的达成与稳定——基于演化博弈分析［J］. 中国管理科学，2016，24（8）：62－70.

③ Sullivan H.，Skelcher C. *Working Across Boundaries：Collaboration in Public Services*［M］. Basingstoke：Palgrave Macmillan，2002.

④ Jutze A.，Gruber W. Establishment of an Intercommunity Air Pollution Control Program［J］. *Journal of the Air Pollution Control Association*，2012，12（4）：192－194.

⑤ 刘亚娜，杨翠. 跨域环境治理中地方政府合作模式问题研究［J］. 东北师大学报（哲学社会科学版），2023（6）：29－36.

⑥ 高建，白天成. 京津冀环境治理政府协同合作研究［J］. 中共天津市委党校学报，2015（2）：69－73.

⑦ 张彦波，佟林杰，孟卫东. 政府协同视角下京津冀区域生态治理问题研究［J］. 经济与管理，2015，29（3）：23－26.

⑧ 崔松虎，金福子. 京津冀环境治理中的府际关系协同问题研究——基于2014—2019年的政策文本数据［J］. 甘肃社会科学，2020（2）：207－213.

⑨ 王丽丽，刘琪聪. 区域环境治理中的地方政府合作机制研究［J］. 大连理工大学学报（社会科学版），2014（3）：113－118.

⑩ 郭斌. 跨区域环境治理中地方政府合作的交易成本分析［J］. 西北大学学报（哲学社会科学版），2015（1）：160－165.

"集体行动"特征，倡导构建公民参与协商的多元环境合作治理体系①。花雪莹（2014）在研究政府间合作治理促进和抑制因素的基础上，提出通过构建"问题导向"的合作治理机制来解决环境治理问题②。郭钰（2019）揭示了区域环境合作治理的短板是利益整合问题，只有构建合理的利益整合机制才能协调区域环境合作治理活动③。杨旭和高光涵（2023）以长三角生态绿色一体化示范区为例，探讨跨域环境治理的组合式协同机制与运作逻辑，认为组合式协同在应对跨界环境污染问题上因其秉持共生、共进以及共享逻辑而取得持续性的协同效应④。王玉明（2012）强调健全的法制体系能约束地方政府间环境合作治理行为⑤。黄喆（2015）在此基础上做了补充研究，提出政府合作环境治理相关的软法存在诸多不足，应当加强硬法建设，创新软法制度，发挥硬法对软法的支撑作用⑥。

3.1.4　基于博弈理论的地方政府环境治理行为相关研究

由于政府互动行为的模糊性与复杂性，公共治理过程中存在府际博弈，即使在简化模型的分析中，仍存在无法完全预测的复杂情形。奥尔森（Olson，2019）认为政府作为个体符合"理性经济人"假设，不会付出高额成本提高公共物品，而往往选择"搭便车"行为⑦。金太军和唐玉青（2011）认为政府合作治理区域生态环境的博弈困境体现在认知差异、利益失衡、执行监督缺失等方面，需要形成政府间良好的合作治理机制来消解博弈困境⑧。王雯（2017）设计了突破府际博弈困境的具体路径⑨。赵树迪和周显信（2017）⑩ 和杨

①　崔晶. 中国城市化进程中的邻避抗争：公民在区域治理中的集体行动与社会学习 [J]. 经济社会体制比较，2013（3）：167 – 178.

②　花雪莹. 大都市环境治理——基于地方政府合作的视角 [J]. 南方论刊，2014（4）：39 – 41.

③　郭钰. 跨区域生态环境合作治理中利益整合机制研究 [J]. 生态经济，2019，35（12）：159 – 164.

④　杨旭，高光涵. 跨域环境治理的组合式协同机制与运作逻辑——长三角生态绿色一体化示范区的个案研究 [J]. 河海大学学报（哲学社会科学版），2023，25（5）：95 – 109.

⑤　王玉明. 暴力环境群体性事件的成因分析——基于对十起典型环境冲突事件的研究 [J]. 四川行政学院学报，2012（3）：62 – 65.

⑥　黄喆. 跨界环境治理中政府合作的软法规制 [J]. 湖北警官学院学报，2015，28（1）：48 – 52.

⑦　曼瑟尔·奥尔森. 集体行动的逻辑 [M]. 陈郁，郭宇峰，李崇新，译. 上海：格致出版社，2019.

⑧　金太军，唐玉青. 区域生态府际合作治理困境及其消解 [J]. 南京师大学报（社会科学版），2011（9）：17 – 18.

⑨　王雯. 地区间外溢性公共品供给研究——以环境治理为例 [M]. 北京：经济科学出版社，2017.

⑩　赵树迪，周显信. 区域环境协同治理中的府际竞合机制研究 [J]. 江苏社会科学，2017（6）：159 – 165.

雪锋（2020）①指出厘清府际间竞合利益关系是促进环境协调治理的前提，认为须通过激励、约束和构建长效的机制安排，来形成长效的区域环境共治态势。张跃胜（2016）构建多地区参与环境治理的博弈模型，发现个体最优目标与集体最优目标的冲突，环境治理一度出现"囚徒困境"和"公地悲剧"的局面，并且合作治理收益大于非合作治理收益②。彭彦强（2012）认为解决跨域环境治理问题的关键在于横向府际之间的深度协调③。宋妍等（2020）建立考虑收入和偏好两个维度的横向地方政府间环境合作治理的演化博弈模型，发现环境合作治理效果取决于地方政府收入和偏好差异两个关键要素④。赵来军（2011）将府际博弈理论运用到跨界流域污染治理的研究中，认为政府可以运用征收转移税等经济手段来解决治污成本过高、跨界流域污染纠纷等问题⑤。吴瑞明等（2016）建立上游群体、地方政府和下游群体为参与者的演化博弈模型，指出流域污染治理的关键是政府部门监管，环境治理水平取决于地方政府态度和行为选择⑥。潘峰等（2023）构建驻市监测中心—市级生态环境局—地方政府—企业四方博弈模型，研究表明增加地方政府干扰成本、强化地方环保机构的考核与奖励能够有效缓解地方政府对地方环保机构严格监测执法的干扰；企业根据事故负面影响的大小而选择优生产或劣生产⑦。

委托代理模型旨在设计最有效的合同来解决普遍存在的代理问题，如分裂激励和信息不对称（Sureshchandra-shah，2021）⑧。一些文献运用委托代理模型探讨中央政府如何促进地方政府"真实"地执行环境治理政策。郑思齐等（Zheng et al.，2014）发现，在环境问题信息披露制度约束下，地方官员在减

① 杨雪锋. 跨域性环境邻避风险：尺度政治与多层治理 [J]. 探索，2020（5）：26 – 40.

② 张跃胜. 地方政府跨界环境污染治理博弈分析 [J]. 河北经贸大学学报，2016，37（5）：96 – 101.

③ 彭彦强. 长三角区域地方政府合作与资源的跨行政区配置 [J]. 经济体制改革，2012（4）：37 – 41.

④ 宋妍，陈赛，张明. 地方政府异质性与区域环境合作治理——基于中国式分权的演化博弈分析 [J]. 中国管理科学，2020，28（1）：201 – 211.

⑤ 赵来军. 湖泊流域跨界水污染转移税协调模型 [J]. 系统工程理论与实践，2011，31（2）：364 – 370.

⑥ 吴瑞明，胡代平，沈惠璋. 流域污染治理中的演化博弈稳定性分析 [J]. 系统管理学报，2013，22（6）：797 – 801.

⑦ 潘峰，李英杰，王琳. 垂直管理体制下地方环境治理相关主体策略行为优化研究 [J]. 运筹与管理，2023，32（4）：86 – 92.

⑧ Sureshchandra-shah P. *Policy Implementation as Principal – Agent Problem：The Case of Kenya Wildlife Service* [M]. In Onyango G，Hyden G（eds）Governing Kenya，New York：Palgrave Macmillan，2021. https：//doi.org/10.1007/978 – 3 –030 – 61784 – 4_8.

少污染方面投入了更多的精力①。梁嘉琪和朗拜因（Liang and Langbein，2015）认为实施绩效管理制度只会减少公众可见的目标污染物的排放，而不明显可见的目标污染物和非目标污染物的排放不会受到影响②。陈洁等（Chen et al.，2018）表明，当地方官员的减排目标变得更加"集中"和"明确"时，他们的努力分配就会从经济增长转向排放控制③。唐晓等（Tang et al.，2018）指出，省级环境治理绩效排名会反馈到环境政策的实施过程中，从而影响环境政策的后续执行绩效④。薄诗雨（Bo，2021）认为，当中央政府更易观察到地方官员在环境政策上的执行努力时，执行环境政策可以在不牺牲经济增长的情况下改善环境质量⑤。刘宏笪和于丽英（2022）构建中央政府与地方政府绿色创新管理的多任务委托代理模型，发现外部创新氛围对地方政府绿色创新管理努力水平的影响是有限的，必须引入长期的中央政府激励⑥。

　　可见，关于央地关系下地方政府环境治理行为研究，学者们已经应用委托—代理理论分析地方政府环境治理行为（周文兴和林新朗，2011；Laffont and Martimort，1998；Loeb and Magat，1979；Waterman and Meier，1998）⑦⑧⑨⑩，主要关注代理人（地方政府）环境治理行为如何直接影响本辖区的环境治理效果

①　Zheng S.，Kahn M. E.，Sun W.，Luo D. Incentives for China's urban mayors to mitigate pollution externalities：the role of the central government and public environmentalism [J]. *Regional Science and Urban Economics*，2014，47：61 – 71.

②　Liang J.，Langbein L. Performance management，high-powered incentives，and environmental policies in China [J]. *International Public Management Journal*，2015，18（3）：346 – 385.

③　Chen Y. J.，Li P.，Lu Y. Career concerns and multitasking local bureaucrats：Evidence of a target-based performance evaluation system in China [J]. *Journal of Development Economics*，2018，133：84 – 101.

④　Tang X.，Liu Z.，Yi H. Performance ranking and environmental governance：An empirical study of the mandatory target system [J]. *Review of Policy Research*，2018，35（5）：750 – 772.

⑤　Bo S. Environmental regulations，political incentives and local economic activities：Evidence from China [J]. *Oxford Bulletin of Economics and Statistics*，2021，83（3）：812 – 835.

⑥　刘宏笪，于丽英. 基于多任务委托代理模型的绿色创新管理契约设计 [J]. 上海大学学报（自然科学版），2022，28（6）：1051 – 1062.

⑦　周文兴，林新朗. 多任务委托代理模型下排污企业污染治理研究 [J]. 商业研究，2011（6）：178 – 182.

⑧　Laffont J.，Martimort D. Collusion and Delegation [J]. *The Rand Journal of Economics*，1998，29（2）：280 – 305.

⑨　Loeb M，Magat W A. A Decentralized Method for Utility Regulation [J]. *Journal of Law and Economics*，1979，22（2）：399 – 404.

⑩　Waterman R. W.，Meier K. J. Principal-agent Models：An Expansion [J]. *Journal of Public Administration Research and Theory*，1998，8（2）：173 – 202.

（褚添有，2020；郁建兴和刘殷东，2020）①②，发现中央政府通过设定透明的绩效目标、加强对政策执行绩效的反馈，可以缓解信息不对称来激励地方官员忠实地执行环境治理政策。部分学者应用单任务或多任务委托代理模型分析地方政府环境治理决策（周权雄，2009；潘峰等，2015）③④，现有研究认为由于地方官员通常根据任务目标的权重高低来处理多项任务，基于绩效的激励可能会导致努力组合的扭曲（Benabou and Tirole，2003；Kostka，2014；Rasul and Rogger，2018）⑤⑥⑦。因此，基于绩效的激励措施的失败通常与地方官员政策执行的多任务性质和内在动机有关（Dixit，2002；Alesina and Tabellini，2008）⑧⑨。

综上所述，现有研究较少涉及利用多任务委托—代理模型对现有的地方政府环境治理激励机制进行调整，使得基于绩效的评价制度能够促进地方官员更加积极地执行环境治理政策。另外，目前关于奖惩约束机制对地方政府环境治理研究成果较为丰富，但大多涉及单一奖惩政策对地方政府环境治理行为的影响，较少探讨静动态奖惩组合政策对地方政府环境治理行为的影响研究。鉴于此，本书首先从纵向府际关系的视角，探讨中央政府环境治理激励机制失灵、地方政府环境治理行为偏差的根源，进而提出设计长期绩效导向的环境治理激励机制，对比现行激励机制和长期绩效导向激励机制下地方政府的环境治理行为及其效果，探寻构建环境友好型长效制度的新思路。此外，通过构建中央奖惩机制下地方政府环境治理行为演化博弈模型，分析比较静态奖惩组合机制和动态奖惩组合机制对地方政府环境治理行为的影响，以期通过优化设计中央政府奖惩机制矫正地方政府

---

① 褚添有. 地方政府生态环境治理失灵的体制性根源及其矫治［J］. 社会科学，2020（8）：64－75.

② 郁建兴，刘殷东. 纵向政府间关系中的督察制度：以中央环保督察为研究对象［J］. 学术月刊，2020，52（7）：69－80.

③ 周权雄. 政府干预、共同代理与企业污染减排激励——基于二氧化硫排放量省际面板数据的实证检验［J］. 南开经济研究，2009（4）：109－130.

④ 潘峰，西宝，王琳. 中国地方政府环境规制激励机制研究［J］. 中国经济问题，2015（6）：26－36.

⑤ Benabou R.，Tirole J. Intrinsic and extrinsic motivation［J］. *Review of Economic Studies*，2003，70：489－520.

⑥ Kostka G. Barriers to the implementation of environmental policies at the local level in China［Z］. World Bank Policy Research Working Paper No. 7016，2014. https：//ssrn. com/abstract＝2487614.

⑦ Rasul I.，Rogger D. Management of bureaucrats and public service delivery：Evidence from the Nigerian civil service［J］. *Economic Journal*，2018，128（608）：413－446.

⑧ Dixit A. Incentives and organizations in the public sector：An interpretative review［J］. *Journal of Human Resources*，2002，37（4）：696－727.

⑨ Alesina A.，Tabellini G. Bureaucrats or politicians？Part Ⅱ：Multiple policy tasks［J］. *Journal of Public Economics*，2008，92：426－447.

环境治理行为偏差。

其次，学术界对地方政府间的环境合作治理进行了多角度的探讨，研究主要聚焦于地方政府间合作收益的分配和"搭便车"行为，针对中央政府监督地方政府进行环境合作治理也展开了相关研究，但较少系统地研究中央政府实施各项奖惩政策促使地方政府间长期进行环境合作治理。鉴于此，本书探讨纵向奖惩与横向生态补偿作用下地方政府间环境合作治理行为，考虑地方政府偏好异质性以及环境合作治理收益分配比例等因素，分别构建基准状态下、横向生态补偿机制下和中央奖惩约束机制下地方政府环境合作治理的演化模型，分析三种情境下的环境合作治理效果，探讨地方政府间环境合作治理行为偏差的成因，进而寻求化解地方政府环境合作治理困境的新思路。

3.2 面向企业绿色发展的激励机制相关研究

3.2.1 环境规制与企业绿色发展的相关研究

环境规制能否激励企业绿色发展一直是环境经济学领域研究的热点话题，现有文献分别从理论分析角度和实证分析角度研究环境规制对企业绿色发展的影响。在理论研究方面，孙文远等（2017）构建混合寡占模型，发现环境规制政策会抑制民企生产，民企污染治理投资呈倒"U"形趋势，而国企不仅会增加产品生产，还会不断增加污染治理投资[①]。张同斌等（2017）通过构建一般均衡模型进行模拟分析，发现随着环境税率的提高，企业环境技术研发投入呈倒"U"形趋势，而社会福利水平呈"U"形趋势，因此环境税率应该设置在适当水平[②]。刘凤良等（2009）基于内生增长模型，在总量生产函数中引入环境外部效应，在社会福利最大化的前提下对社会经济参数变动下的最优环境税率水平进行预测，指出单纯依靠技术进步是无效的，最终引致进入生产过程的资本减少，长期经济

---

① 孙文远，杨琴．环境规制与企业最优决策：基于混合寡占模型的研究［J］．商业研究，2017（10）：145－152.

② 张同斌，张琦，范庆泉．政府环境规制下的企业治理动机与公众参与外部性研究［J］．中国人口·资源与环境，2017（2）：36－43.

增长率下降[1]。李根和麦斯（Li and Masui，2019）通过建立一般均衡模型发现环境税能抑制大多数污染物的排放，并且促进清洁能源企业和服务业企业的产出增加[2]。魏思超等（2020）构建一个包含政府、企业和消费者在内的世代交替模型，发现提高环境保护税税率有助于实现社会福利最大化[3]。

在实证研究层面，现有文献主要从三个理论视角研究环境规制对企业绿色发展的影响。一是传统的古典经济学理论提出"遵循成本假说"，认为政府的环境规制会导致企业的环境成本上升，挤占企业生产性资源，同时降低企业技术创新能力，最终导致企业竞争力下降。格林斯通等（Greenstone et al.，2012）认为工业企业成本压力的加剧会影响企业在绿色技术创新方面的投入，削弱其市场竞争力[4]。张超等（Zhang et al.，2023）发现"水十条"政策通过"遵循成本"效应抑制水污染密集型企业的绿色创新[5]。黄庆华和胡江峰等（2018）认为从长期来看，政府环保政策可能导致企业提升高污染型经济产出来补偿减排成本，从而导致环境恶化[6]。崔广慧和姜英兵（2019）认为高强度的环境规制可能导致企业侧重采取减少生产规模的应急措施，减少环境治理支付的费用，阻碍企业实现清洁生产和污染减排[7]。张彩云（2019）研究发现科技标准型环境规制通过"遵循成本"效应提高企业成本，进而抑制企业出口[8]。马妍妍等（2022）发现绿色信贷政策通过"遵循成本"机制，降低企业要素的边际产出，抑制企业出口规模的扩张[9]。马茜等（2023）认为碳交易政策的规制力度给污染性企业带来遵循成

① 刘凤良，吕志华. 经济增长框架下的最优环境税及其配套政策研究——基于中国数据的模拟运算 [J]. 管理世界，2009（6）：40－51.

② Li G.，Masui T. Assessing the impacts of China's environmental tax using a dynamic computable general equilibrium model [J]. *Journal of Cleaner Production*，2019，208：316－324.

③ 魏思超，范子杰. 中国高质量发展阶段最优环境保护税率研究 [J]. 中国人口·资源与环境，2020（1）：57－66.

④ Greenstone M.，List A. J.，Syverson C. The Effects of Environmental Regulation on the Competitiveness of U. S. Manufacturing [R]. Natural Bureau of Economic Research，2012.

⑤ Zhang C.，Huang L.，Long H. Environmental regulations and green innovation of enterprises：quasi-experimental evidence from China [J]. *Environmental Science and Pollution Research*，2023，30（21）：60590－60606.

⑥ 黄庆华，胡江峰，陈习定. 环境规制与绿色全要素生产率：两难还是双赢？[J]. 中国人口·资源与环境，2018，28（11）：140－149.

⑦ 崔广慧，姜英兵. 环境规制对企业环境治理行为的影响——基于新《环保法》的准自然实验 [J]. 经济管理，2019，41（10）：54－72.

⑧ 张彩云. 科技标准型环境规制与企业出口动态——基于清洁生产标准的一次自然实验 [J]. 国际贸易问题，2019（12）：32－45.

⑨ 马妍妍，俞毛毛，岳中刚. 绿色信贷政策对企业出口的影响研究 [J]. 经济经纬，2022，39（5）：56－66.

本压力，从而降低企业碳绩效①。

二是"波特假说"认为合理的环境规制能够带来"创新补偿效益"，推动企业绿色发展（Porter，1991；Jaffe and Palmer，1997）②③。多马日利茨基和韦伯（Domazlicky and Weber，2004）以绿色生产全要素度量企业绿色发展情况，研究结果表明环境保护措施并不会降低企业绿色发展的增长能力④。孙霞凌等（Sun et al.，2024）研究发现合理的环境规制导致企业研发投入增加，促进创新质量提升，最终提高企业绿色全要素生产率⑤。张三峰和卜茂亮（2011）通过研究发现环境规制强度与企业生产效率之间存在显著正向关系，中国企业会采取积极措施应对较高环境标准，可以通过设计合理的环境规制引导企业绿色发展，实现环境规制与企业生产效率的"双赢"⑥。于连超等（2019）研究发现环境规制会倒逼企业进行绿色转型，随着环境保护税税负的提升，企业的绿色转型程度也会随之提升⑦。唐勇军等（2019）研究发现环境监管对企业的绿色发展具有促进作用⑧。何爱平和安梦天（2019）发现环境规制强度对绿色发展效率的提高具有促进作用⑨。

三是"不确定假说"认为环境管制与企业绿色发展存在非线性关系。王彦和沈能（Wang and Shen，2016）研究发现环境规制与绿色全要素生产率之间的关系因企业所属行业而异，对于清洁生产行业企业具有较显著的积极影响⑩。夏利

① 马茜，任晓松，张红兵，等. 碳交易政策、研发创新与污染性企业碳绩效 [J]. 科研管理，2023，44 （7）：114 – 123.

② Porter M. E. America's green strategy [J]. *Scientific American*，1991，264 （4）：193 – 246.

③ Jaffe A. B.，Palmer K. Environmental Regulation and Innovation：A Panel Data Study [J]. *Review of Economics and Statistics*，1997，79 （4）：610 – 619.

④ Domazlicky B. R.，Weber W. L. Does environmental protection lead to slower productivity growth in the chemical industry? [J]. *Environmental and Resource Economics*，2004，28 （3）：301 – 324.

⑤ Sun X. L.，Zhang R.，Yu Z. F.，Zhu S. C.，Qie X. T.，Wu J. X.，Li P. P. Revisiting the porter hypothesis within the economy-environment-health framework：Empirical analysis from a multidimensional perspective [J]. *Journal of Environmental Management*，2024，349，119557.

⑥ 张三峰，卜茂亮. 环境规制、环保投入与中国企业生产率——基于中国企业问卷数据的实证研究 [J]. 南开经济研究，2011 （2）：129 – 146.

⑦ 于连超，张卫国，毕茜. 环境税对企业绿色转型的倒逼效应研究 [J]. 中国人口·资源与环境，2019，29 （7）：112 – 120.

⑧ 唐勇军，李鹏. 董事会特征、环境规制与制造业企业绿色发展——基于2012—2016年制造业企业面板数据的实证分析 [J]. 经济经纬，2019，36 （3）：73 – 80.

⑨ 何爱平，安梦天. 地方政府竞争、环境规制与绿色发展效率 [J]. 中国人口·资源与环境，2019，29 （3）：21 – 30.

⑩ Wang Y.，Shen N. Environmental regulation and environmental productivity：The case of China [J]. *Renewable and Sustainable Energy Reviews*，2016，62 （9）：758 – 766.

等（Xia et al.，2022）发现政府补贴与企业绿色创新之间存在"U"形关系，即过高的补贴会产生挤出效应[①]。王丽霞等（2018）认为环境规制政策与工业企业绿色发展绩效存在倒"U"形关系，较弱的环境规制可以促进企业绿色发展，较强的环境规制反而会起到抑制作用[②]。杨仁发和李娜娜（2019）认为环境规制政策与工业企业绿色发展绩效整体呈现"U"形关系，命令型环境规制最有利于工业企业绿色发展水平的提高[③]。龚梦琪等（2020）指出环境规制与制造业绿色全要素生产率之间呈显著的倒"U"形关系，盲目提高环境规制强度反而会抑制绿色全要素生产率的提升[④]。蒙大斌和于莹莹（2022）的研究表明正式环境规制与绿色技术创新之间具有"U"形关系；非正式环境规制与绿色技术创新之间具有倒"U"形关系[⑤]。

3.2.2 高管激励与企业绿色发展的相关研究

由于经营权与所有权的分离、股东与管理层利益的不一致以及信息不对称问题的存在，企业高管为维护自身利益极易产生逆向选择和道德风险，出现委托人与代理人的代理冲突[⑥]。在这种情况下，詹森和麦克林（Jensen and Meckling，1976）提出高管激励作为一种有效的公司治理机制，能够起到约束和激励企业高管的作用，缓解二者的代理冲突，进而实现股东与管理层的利益趋同[⑦]。高管激励机制一般由隐性激励机制和显性激励机制组成（Dale，2012）[⑧]。显性激励机制（implicit incentives）包括薪酬激励、股权激励等，是一种明确的、货币性

---

① Xia L.，Gao S.，Wei J.，Ding Q. Government subsidy and corporate green innovation——Does board governance play a role？[J]. *Energy Policy*，2022，161：112720.

② 王丽霞，陈新国，姚西龙. 环境规制政策对工业企业绿色发展绩效影响的门限效应研究 [J]. 经济问题，2018（1）：78－81.

③ 杨仁发，李娜娜. 环境规制与中国工业绿色发展：理论分析与经验证据 [J]. 中国地质大学学报（社会科学版），2019，19（5）：79－91.

④ 龚梦琪，尤喆，刘海云，成金华. 环境规制对中国制造业绿色全要素生产率的影响——基于贸易比较优势的视角 [J]. 云南财经大学学报，2020，36（11）：15－25.

⑤ 蒙大斌，于莹莹. 双重环境规制、创新生态与绿色技术创新——对"波特假说"的再探讨 [J]. 软科学，2022，36（10）：47－54.

⑥ 徐宁，吴皞玉，王帅. 动力抑或负担？高管声誉双重治理效用研究述评与展望 [J]. 外国经济与管理，2017，39（10）：102－113.

⑦ Jensen M. C.，Meckling W. Theory of the Firm：Managerial Behavior，Agency Costs and Ownership Structure [J]. *Journal of Financial Economics*，1976，3（4）：305－360.

⑧ Dale O. H. Executive Pay Determination and Firm Performance – Empirical Evidence from a Compressed Wage Environment [J]. *The Manchester School*，2012，80（3）：355－376.

的契约安排，是高管履行契约后可以获得的货币性、实质性补偿；而隐性激励机制（explicit incentives）是高管在一定时期内可以获得的非货币性补偿的总和，不具备规范的契约性，如声誉激励、控制权激励等。组织控制理论（organizational control theory）的发展使学者们将高管激励的研究视角从"价值分配"转向"价值创造"，即重点研究在动态的市场竞争环境下，如何通过合理的高管激励机制安排来促进企业技术创新①。学者们对单一高管激励机制与技术创新线性关系的研究存在"利益趋同假说"和"堑壕效应假说"两类理论，前者认为高管激励是解决委托代理问题的重要手段，高管激励对企业技术创新具有显著的促进作用，而后者则认为高管激励增强高管的外部抵抗能力，不仅会抑制企业技术创新活动的开展，还会加剧代理冲突②。

　　部分学者探讨了高管激励对企业绿色和环境治理创新的影响。詹森和麦克林（Jensen and Meckling，1976）指出高管通常倾向于规避技术创新风险，不愿意积极开展技术创新活动③。江轩宇（2016）指出企业进行创新需要承担较大的风险，企业高管只有在得到足够的激励补偿后，才有动力进行创新④。刘剑民等（2024）也证实高管薪酬激励能够有效推动绿色技术创新，是主动实施绿色技术创新的内部动力⑤。肖小虹和潘也（2022）⑥、高凯等（2022）⑦研究发现董事高管责任保险能够显著促进企业绿色创新，即董事高管责任保险是企业绿色创新的激励工具。齐国友等（Qi et al.，2013）也认为高管会因为环保投资的风险性而倾向于风险规避和不作为，不愿主动提升环境绩效⑧。卡尔察等（Calza et

　　①　Valencia V. S.，Buddlemeyer H.，Coelli M.，et al. Corporate Governance and Innovation［J］. *Atlantic Economic Journal*，2017，47（2）：397 – 413.

　　②　李强，杨东杰，刘倩云. 增长期权创造视角下高管股权激励的效果检验［J］. 管理科学，2018，31（1）：116 – 128.

　　③　Jensen M. C.，Meckling W. Theory of the Firm：Managerial Behavior，Agency Costs and Ownership Structure［J］. *Journal of Financial Economics*，1976，3（4）：305 – 360.

　　④　江轩宇. 政府放权与国有企业创新——基于地方国企金字塔结构视角的研究［J］. 管理世界，2016（9）：120 – 135.

　　⑤　刘剑民，夏琴，徐玉德，等. 产业技术复杂性、政府补助与企业绿色技术创新激励［J/OL］. 南开管理评论：1 – 21［2024 – 01 – 08］. http：//kns. cnki. net/kcms/detail/12. 1288. F. 20220907. 1425. 003. html.

　　⑥　肖小虹，潘也. 董事高管责任保险与企业绿色创新：激励工具还是自利手段［J］. 科技进步与对策，2022，39（13）：94 – 104.

　　⑦　高凯，赵华擎，王玲. 董事高管责任保险与制造业企业绿色创新——基于内部控制的中介效应［J］. 华东经济管理，2022，36（2）：119 – 128.

　　⑧　Qi G.，Zeng S.，Tam C. M.，et al. Stakeholders' influences on corporate green innovation strategy：A case study of manufacturing firms in China［J］. *Corporate Social Responsibility and Environmental Management*，2013，20（1）：1 – 14.

al.，2016)①、亚琨（2022）②认为高管利益导向直接影响企业环境治理投入的规模和内容。邹海亮等（Zou et al.，2015）研究发现，企业通过高管激励减少污染物排放，进而提高环境绩效水平③。王京等（2023）的研究结果表明高管股权激励会抑制企业转移性环境治理投入，增加其实质性环境治理投入，提高企业环保积极性④。吴德军和黄丹丹（2013）的研究发现长期高管薪酬激励与环境治理绩效正相关⑤。李平等（2015）研究表明短期高管激励与企业环境绩效正相关⑥。贾明等（2016）研究表明在高历史绩效情形下，高额的固定薪酬能够激励高管管制公司污染环境行为⑦。周晖和邓舒（2017）研究发现高管薪酬与环境绩效之间呈倒"U"形关系⑧。科利特和迈尔斯（Collett and Miles，2013）则发现高管薪酬与环境绩效是负相关关系⑨。聪郁和弗里德曼（Cong and Freedman，2011）认为高管薪酬与企业环境治理不存在显著的相关关系⑩。

部分学者还探讨了高管激励的中介和调节作用。王旭和王非（2019）研究发现在薪酬激励强度适中的条件下，财税补贴能够实现对绿色创新的最优驱动作用⑪。王旭和王兰（2020）研究表明绩效逆差对绿色创新具有显著的促进作用，绩效顺差则表现出显著的抑制作用；薪酬与声誉激励缓解绩效顺差的抑制作用，

① Calza F., Profumo G., Tutore I. Corporate ownership and environmental proactivity [J]. Business Strategy and the Environment，2016，25（6）：369-389.

② 亚琨，罗福凯，王京. 技术创新与企业环境成本——"环境导向"抑或"效率至上"？[J]. 科研管理，2022，43（2）：27-35.

③ Zou H. L.，Zeng S. X.，Lin H.，et al. Top executives' compensation，industrial competition，and corporate environmental performance：Evidence from China [J]. *Management Decision*，2015，53（9）：2036-2059.

④ 王京，范朋珠，林慧. 高管股权激励的环境治理效应："名副其实"抑或"虚有其表"——基于我国A股高污染企业的经验证据 [J]. 财经研究，2023，49（11）：50-64.

⑤ 吴德军，黄丹丹. 高管特征与公司环境绩效 [J]. 中南财经政法大学学报，2013（5）：109-114.

⑥ 李平，黄嘉慧，王玉乾. 公司治理影响环境绩效的实证研究 [J]. 管理现代化，2015，35（2）：81-83.

⑦ 贾明，童立，张喆. 高管激励影响公司环境污染行为吗？[J]. 管理评论，2016，28（2）：149-165.

⑧ 周晖，邓舒. 高管薪酬与环境绩效——基于上市公司外部治理环境的视角 [J]. 上海财经大学学报，2017，19（5）：27-39.

⑨ Collett P.，Miles G. Corporate social responsibility and executive compensation：Exploring the link [J]. *Social Responsibility Journal*，2013，9（1）：76-90.

⑩ Cong Y.，Freedman M. Corporate governance and environmental performance and disclosures [J]. *Advances in Accounting*，2011，27（2）：223-232.

⑪ 王旭，王非. 无米下锅抑或激励不足？政府补贴、企业绿色创新与高管激励策略选择 [J]. 科研管理，2019，40（7）：131-139.

增强绩效逆差的促进作用[1]。肖小虹等（2021）研究发现高管薪酬激励在企业社会责任与绿色创新的关系中起正向调节作用[2]。刘媛媛等（2021）研究表明新《环保法》实施后，高管薪酬粘性水平越高或者股权激励程度越高的企业，环保投资提升幅度越大[3]。肖红军等（2022）研究表明企业社会责任对企业绿色技术创新的驱动效应在强高管激励的样本中更为明显[4]。王营和范西明（2023）发现低碳城市试点政策通过高管激励能够提升企业绿色创新能力[5]。李维安和衣明卉（2024）研究表明非国有股东委派董事可以通过提高高管激励水平来促进国有企业绿色技术创新[6]。

3.2.3　基于博弈论的企业绿色发展激励机制相关研究

基于博弈论的政府激励企业绿色发展的相关研究。拉丰和梯若尔（Laffont and Tirole，1986）提出应用成本观察来规制企业活动，将激励理论引入规制问题的分析中来，将规制问题当作一个最优机制设计问题[7]。拉塞尔等（Russell et al.，2013）研究表明政府不能完全了解企业的污染控制信息，导致政府不能及时实施监管行为，设计合理的激励契约减少信息不对称尤为必要。为此，委托代理理论被运用于设计不同情境下政府对企业绿色发展的激励契约[8]。谢里夫（Sheriff，2008）建立了非对称信息下以环境效益最大化为目标的线性反补贴激励机制，促进企业绿色发展[9]。刘卫国和孙奋（Liu and Sun，2012）基于锦标机

---

① 王旭，王兰．绩效差距与企业绿色创新——基于"穷则思变"决策惯例的权变思考 [J]．上海财经大学学报，2020，22（1）：18-33．

② 肖小虹，潘也，王站杰．企业履行社会责任促进了企业绿色创新吗？[J]．经济经纬，2021，38（3）：114-123．

③ 刘媛媛，黄正源，刘晓璇．环境规制、高管薪酬激励与企业环保投资——来自 2015 年《环境保护法》实施的证据 [J]．会计研究，2021（5）：175-192．

④ 肖红军，阳镇，凌鸿程．企业社会责任具有绿色创新效应吗 [J]．经济学动态，2022（8）：117-132．

⑤ 王营，范西明．低碳城市试点政策增进绿色创新研究 [J]．金融论坛，2023，28（1）：20-29．

⑥ 李维安，衣明卉．非国有股东委派董事对国有企业绿色技术创新的影响研究 [J/OL]．外国经济与管理：1-16 [2024-01-08]．https://doi.org/10.16538/j.cnki.fem.20230615.101．

⑦ Laffont J. J.，Tirole J. Using cost observation to regulate firms [J]．*Journal of Political Economy*，1986，94（3）：614-641．

⑧ Russell C. S.，Harrington W.，Vaughn W. J. *Enforcing Pollution Control Laws* [M]．Routledge：RFF Press，2013．

⑨ Sheriff G. Optimal environmental regulation of politically influential sectors with asymmetric information [J]．*Journal of Environmental Economics and Management*，2008，55（1）：72-89．

制理论，研究发现政府应根据企业不同的碳减排能力和碳减排任务难度设计激励机制[1]。什雷斯塔（Shrestha，2017）提出政府应用线性价格数量合同菜单激励企业如实报告其污染控制的私有信息，并自行选择有效合同[2]。拉若泽和梅泽蒂（LaNauze and Mezzetti，2019）应用动态委托代理模型，分别分析固定税收、基于污染历史的退税对企业扩散源污染减排的动态激励效应[3]。王丽娜等（Wang et al.，2021）基于委托代理理论构建考虑治污质量水平的博弈模型，分析政府奖惩对企业治污质量水平的影响[4]。郭本海等（2013）也证实了地方政府通过改变激励策略，可以实现节能调控的帕累托最优，并设计了两种典型情景下的节能激励机制[5]。王立平和丁辉（2015）发现政府鼓励企业研发低碳技术的最优激励强度与企业的工作能力、外在不确定因素方差、可变成本系数、企业绝对风险规避系数有关[6]。范如国等（2019）将学习效应和公平偏好引入政府—企业节能委托代理模型中，发现学习效应会使政府获得额外效用，公平偏好对企业节能努力水平有阻碍作用[7]。以上研究主要探讨政府与企业之间围绕节能减排任务进行的激励契约设计，而企业绿色发展应统筹生产和（不同类型）节能减排任务的实施，兼顾经济效益和生态效益的实现。为此，霍姆斯特罗姆和米尔格罗姆（Holmstrom and Milgrom，1991）提出的多任务委托代理模型被广泛应用于企业绿色发展激励契约设计问题研究[8]。邹伟进等（2014）发现政府激励契约作用下企业推行绿色管理的努力水平取决于其能够带来的经济效益、环境效益与努力成本之间

① Liu W. , Sun F. Study on long-term mechanism for government to encourage enterprises on low-carbon development—analysis based on enterprises'capacity variance and task difficulty [J]. *Energy Procedia*，2012，14：1786 – 1791.

② Shrestha R. K. Menus of price-quantity contracts for inducing the truth in environmental regulation [J]. *Journal of Environmental Economics and Management*，2017，83（5）：1 – 7.

③ La Nauze A. , Mezzetti C. Dynamic incentive regulation of diffuse pollution [J]. *Journal of Environmental Economics and Management*，2019，93（1）：101 – 124.

④ Wang L. , Milis K. , Poelmans S. Study on pollution cost control model under asymmetric information based on principal agent [J]. *Journal of Systems Science and Information*，2021，9（5）：549 – 557.

⑤ 郭本海，黄良义，刘思峰. 基于"政府 – 企业"间委托代理关系的节能激励机制 [J]. 中国人口·资源与环境，2013，23（8）：160 – 164.

⑥ 王立平，丁辉. 基于委托—代理关系的低碳技术创新激励机制研究 [J]. 山东大学学报（哲学社会科学版），2015（1）：73 – 80.

⑦ 范如国，曹敏，孙佳勤. 企业学习效应和公平偏好对节能激励机制的影响 [J]. 技术经济，2019，38（5）：117 – 125.

⑧ Holmstrom B. , Milgrom P. Multi-task principal-agent analyses：Incentive contracts, asset ownership and job design [J]. *Journal of Law, Economics and Organization*，1991，7：24 – 52.

的比值①。范如国等（2018）考虑企业面临增加当前碳减排量和追求低碳技术进步两项任务，当政府设计多周期动态激励契约时，企业会增加低碳技术研发投入②。

此外，由于政府和企业均为有限理性主体，双方策略选择往往要依靠较长时间的调整才能达到理想状态，因而演化博弈模型被应用于分析政府奖惩政策对企业绿色发展行为演化的影响。陈婉婷和胡志华（Chen and Hu，2018）探讨碳税和补贴的不同组合对企业低碳生产行为演化动态的影响③。刘峥等（Liu et al.，2022）探讨政府补贴和惩罚机制作用下绿色供应商和绿色制造商协调减排的演化趋势④。焦建玲等（2017）研究政府碳减排奖励与惩罚机制约束下企业碳减排行为的演化轨迹及其稳定性⑤。高旭阔和席子云（2020）分析政府不同惩罚和补贴措施下企业排污策略的选择及其演化稳定性⑥。王丹丹等（2020）构建政府、企业和居民三方演化博弈模型，分析不同情境下垃圾处理企业的策略选择及其演化稳定性⑦。杨志等（2021）探索政府奖惩补偿及复合机制下左右岸跨界水污染治理决策和演化格局⑧。黄仁辉和高明（2023）探讨奖惩分配激励机制下排污企业、第三方治理企业的策略选择及其演化稳定性⑨。苏佳璐等（2023）构建演化博弈模型深入探讨政府对企业进行环保补助过程中企业投机行为产生的机理及治理机制，动态检验了企业策略及政府监管强度选择的影响因素⑩。何奇龙等

①　邹伟进，裴宏伟，王进. 基于委托代理模型的企业环境行为研究［J］. 中国人口·资源与环境，2014，24（S1）：51－54.

②　范如国，李玉龙，杨维国. 基于多任务目标的企业低碳发展动态激励契约设计［J］. 软科学，2018，32（2）：38－43.

③　Chen W., Hu Z. H. Using evolutionary game theory to study governments and manufacturers' behavioral strategies under various carbon taxes and subsidies［J］. *Journal of Cleaner Production*，2018，201：123－141.

④　Liu Z., Qian Q. S., Hu B., Shang W. L., Li L. L., Zhao Y. J., Zhao Z., Han C. J. Government regulation to promote coordinated emission reduction among enterprises in the green supply chain based on evolutionary game analysis［J］. *Resources，Conservation and Recycling*，2022，182，106290.

⑤　焦建玲，陈洁，李兰兰，李方一. 碳减排奖惩机制下地方政府和企业行为演化博弈分析［J］. 中国管理科学，2017，25（10）：140－150.

⑥　高旭阔，席子云. 组合措施下政府与企业排污行为演化博弈［J］. 中国环境科学，2020，40（12）：5484－5492.

⑦　王丹丹，菅利荣，付帅帅. 城市生活垃圾分类回收治理激励监督机制研究［J］. 中国环境科学，2020，40（7）：3188－3195.

⑧　杨志，牛桂敏，兰梓睿. 左右岸跨界水污染治理演化博弈与政策路径研究［J］. 中国环境科学，2021，41（11）：5446－5456.

⑨　黄仁辉，高明. 考虑奖惩分配激励机制的环境污染第三方治理演化博弈［J］. 中国环境科学，2023，43（4）：2069－2080.

⑩　苏佳璐，李明星，马志强，等. 政府环保补助下企业机会主义行为治理机制研究［J］. 运筹与管理，2023，32（5）：219－225.

（2023）构建地方政府、农业企业、农户的三方演化博弈模型，发现适度的经济激励既能保证地方政府环境规制的持续推进，又有利于激发农企的主导治理行为[①]。孙自愿等（2024）构建政府强监管下政府与异质性企业的三方动态演化博弈模型，发现政府的适度奖惩对优势企业的漂绿行为有较好的治理效果，但针对异质性企业的无差异奖惩无法治理劣势企业漂绿[②]。

基于博弈论的企业激励高管落实绿色发展的相关研究。针对企业激励高管落实绿色战略的契约设计问题，戈德史密斯和巴萨克（Goldsmith and Basak，2001）在委托代理分析框架下构建合理的环境绩效指标来指导高管激励契约的优化设计[③]。卡塔久美纳和罗杰斯（Kartadjumena and Rodgers，2019）研究发现企业支付给高管的薪酬越高，越能激励高管为应对环境问题做出更多努力，并提高企业的财务绩效。以上研究主要探讨企业与高管之间围绕节能减排任务进行的激励契约设计[④]。基于霍姆斯特朗（Homstrom）和米尔格雷姆（Milgrom）多任务委托代理模型，加贝儿和辛克莱（Gabel and Sinclair，1993）应用委托代理模型优化企业薪酬契约，激励高管兼顾提高企业利润和降低环境风险两项任务的实施[⑤]。杨国清等（Yang et al.，2021）构建高管薪酬契约设计模型，激励高管在末端治理和污染防治间进行最优选择，以实现企业利润最大化[⑥]。柳瑞禹和秦华（2015）探讨化工企业董事长委托总经理从事经济效益任务、研发活动任务、环境污染控制任务，董事长以长期利益的最大化为目标设计最优高管激励契约[⑦]。刘鸿雁等（2016）假设发电企业高管从事降低发电成本和环境成本两项工作，分

① 何奇龙，唐娟红，罗兴，等．政企农协同治理农业面源污染的演化博弈分析［J］．中国管理科学，2023，31（7）：202 –213.

② 孙自愿，葛翠翠，张维维，等．异质性视角下企业漂绿治理的动态演化博弈研究［J］．系统工程，2024，42（1）：1 –14.

③ Goldsmith P. D. ，Basak R. Incentive contracts and environmental performance indicators［J］．*Environmental & Resource Economics*，2001，20（4）：259 –279.

④ Kartadjumena E. ，Rodgers W. Executive compensation，sustainability，climate，environmental concerns，and company financial performance：Evidence from Indonesian commercial banks［J］．*Sustainability*，2019，11（6）：1673 –1694.

⑤ Gabel H. L. ，Sinclair D. B. Managerial incentives and environmental compliance［J］．*Journal of Environmental Economics and Management*，1993，24（3）：229 –240.

⑥ Yang G. ，Tang W. ，Zhao R. Impact of outside option on managerial compensation contract and environmental strategies in polluting industries［J］．*Journal of the Operational Research Society*，2021，72（1）：109 –129.

⑦ 柳瑞禹，秦华．基于公平偏好和长期绩效的委托代理问题研究［J］．系统工程理论与实践，2015，35（10）：2708 –2720.

析了两项工作的相对重要性对激励工资的影响[①]。牛晓琴等（2019）构建短期经营业绩和企业长期发展目标约束下的多任务委托代理模型，分析公平偏好和风险偏好对最优薪酬契约的影响[②]。

综上所述，现有研究已围绕企业环境治理的激励机制和企业环境治理行为演化开展系列探讨，但较少从动机视角分析企业环境治理行为，政府奖惩组合政策对不同动机下环境治理行为演化的影响也缺乏深入研究。此外，企业前瞻性环境治理将改善企业整体市场声誉。随着绿色消费理念不断深入人心，企业前瞻性环境治理行为将赢得更多消费者认可，企业从前瞻性环境治理获得的声誉收益也将不断提高（Yalabik and Fairchild，2011；解学梅和朱琪玮，2021）[③][④]。但现有研究较少关注企业前瞻性环境治理获得的声誉收益变化如何影响政府奖惩组合政策的制定。

3.3　面向企业绿色发展的绿色信贷政策相关研究

2016 年 8 月 31 日，中国人民银行、财政部、国家发展和改革委员会、环境保护部、银监会、证监会和保监会印发《关于构建绿色金融体系的指导意见》（以下简称《指导意见》）。随着《指导意见》的出台，中国成为全球首个建立比较完整的绿色金融政策体系的经济体。我国的绿色信贷属于政策推动型，由试点地区通过给予金融机构和企业一定奖励或补贴激励其落实绿色信贷政策。本节主要从三个方面对已有研究进行梳理：一是绿色信贷与企业绿色发展的相关研究；二是绿色信贷与企业绿色创新关系的相关研究；三是面向企业绿色发展的绿色信贷政策研究。

3.3.1　绿色信贷对企业融资影响的相关研究

绿色信贷常被称为可持续融资（sustainable finance）或环境融资（environ-

---

①　刘鸿雁，宁小欢，孔峰. 多目标规划在代理人激励研究中的应用 [J]. 系统科学与数学，2016，36（12）：2431 - 2443.

②　牛晓琴，谢琨，顾海，李秉祥. 代理人公平偏好下的长短期业绩目标与薪酬激励契约研究 [J]. 系统工程理论与实践，2019，39（2）：372 - 386.

③　Yalabik B. , Fairchild R. J. Customer, regulatory, and competitive pressure as drivers of environmental innovation [J]. *International Journal of Production Economics*，2011，131（2）：519 - 527.

④　解学梅，朱琪玮. 合规性与战略性绿色创新对企业绿色形象影响机制研究：基于最优区分理论视角 [J]. 研究与发展管理，2021，33（4）：2 - 14.

mental finance），是环境规制的有效方法之一（Harvey，1995）[①]。马塞尔（Marcel，2001）认为绿色信贷是银行通过其融资政策为可持续商业项目提供贷款机会，并通过收费服务产生社会影响力[②]。

牛海鹏等（2020）发现绿色信贷政策为绿色上市公司提供了融资便利，增加了信贷支持[③]。沈璐和廖显春（2020）认为绿色信贷改革创新试验区可以倒逼重污染企业履行保护环境的社会责任，当企业积极履行社会责任时，能够缓解其融资约束[④]。莱蒙和罗伯特（Lemmon and Robert，2010）[⑤]、刘靖宇等（2015）[⑥]、苏冬蔚和连莉莉（2018）[⑦]、丁杰（2019）[⑧]、马妍妍和俞毛毛（2020）[⑨]、樊海潮等（Fan et al.，2021）[⑩]、刘星河等（Liu et al.，2019）[⑪]、董青马等（Dong et al.，2020）[⑫]发现绿色信贷政策能够对重污染企业的信贷融资起到显著抑制作用，进而抑制重污染企业的产出和投资行为。丁杰和胡蓉（2020）还发现绿色信贷政策对重污染企业长期信贷融资的抑制能力更强[⑬]。占华（2021）验证了绿色信贷能够通过融资约束显著影响企业环境信息的披露，从而倒逼重污染企业的自查自治

---

① Harvey B. Ethical Banking：The Case of the Co-operative Bank ［J］. *Journal of Business Ethics*，1995，14 (12)：1005 – 1013.

② Marcel J. *Sustainable Finance and Banking：The Financial Sector and the Future of the Planet* ［M］. London：Earthscan Publications Ltd，2001，256.

③ 牛海鹏，张夏羿，张平淡. 我国绿色金融政策的制度变迁与效果评价——以绿色信贷的实证研究为例 ［J］. 管理评论，2020，32 (8)：3 – 12.

④ 沈璐，廖显春. 绿色金融改革创新与企业履行社会责任——来自绿色金融改革创新试验区的证据 ［J］. 金融论坛，2020，25 (10)：69 – 80.

⑤ Lemmon M.，Roberts M. R. The response of corporate financing and investment to changes in the supply of credit ［J］. *Journal of Financial and Quantitative Analysis*，2010，45 (3)：555 – 587.

⑥ 刘靖宇，夏炎，林师模，吴洁，范英. 基于金融 CGE 模型的中国绿色信贷政策短中长期影响分析 ［J］. 中国管理科学，2015，23 (4)：46 – 52.

⑦ 苏冬蔚，连莉莉. 绿色信贷是否影响重污染企业的投融资行为？［J］. 金融研究，2018 (12)：123 – 137.

⑧ 丁杰. 绿色信贷政策、信贷资源配置与企业策略性反应 ［J］. 经济评论，2019 (4)：62 – 75.

⑨ 马妍妍，俞毛毛. 绿色信贷能够降低企业污染排放么？——基于双重差分模型的实证检验 ［J］. 西南民族大学学报（人文社科版），2020，41 (8)：116 – 127.

⑩ Fan H. C.，Peng Y. C.，Wang H. H.，Xu Z. W. Greening Through Finance ［J］. *Journal of Development Economics*，2021，152 (9)：1 – 17.

⑪ Liu X. H.，Wang E. X.，Cai D. Green Credit Policy，Property Rights and Debt Financing：Quasi-natural Experimental Evidence from China ［J］. *FinanceResearch Letters*，2019，29：129 – 135.

⑫ Dong Q.，Wen S.，Liu X. Credit Allocation，Pollution，and Sustainable Growth：Theory and Evidence from China ［J］. *Emerging Markets Finance and Trade*，2020，56 (12)：2793 – 2811.

⑬ 丁杰，胡蓉. 区域性环境规制与绿色信贷政策的有效性——基于重污染企业信贷融资视角 ［J］. 软科学，2020，34 (12)：61 – 67.

行为①。苏冬蔚和连莉莉（2018）验证了绿色信贷能对资源的重新配置起到积极的作用，切实地将资金引导至资源技术节约型和生态环境保护型产业。李新功和朱艳平（2021）基于 PSM – DID 模型探究绿色信贷政策对企业债务融资成本的影响，结果表明非重污染企业的融资成本要低于重污染企业②。徐新阔和李静思（Xu and Li，2020）认为绿色信贷及其政策会降低绿色企业的融资成本，且对债务融资期限的影响不大；但对于非绿色企业来说，绿色信贷不但会增加其融资成本，还会压缩其债务融资期限③。蔡海静等（2019）④、王艳丽等（2021）⑤ 基于非绿色企业的资源配置视角，发现绿色信贷政策在抑制资本投入重污染企业的同时，改善了环境友好型企业的融资困境。

3.3.2　绿色信贷与企业绿色创新相关研究

绿色信贷促进企业绿色技术创新。南达和尼古拉斯（Nanda and Nicholas，2014）⑥、何凌云等（He et al.，2019）⑦ 验证了绿色信贷对企业创新具有显著的正向影响。新夫等（Xin et al.，2017）深入分析了中国信贷市场的创新数据集和区域贷款结构，发现银行贷款确实提高了企业的创新水平⑧。王艳丽等（Wang et al.，2020）基于差异化框架视角探讨绿色信贷政策对高耗能企业资本投资的影响，认为绿色信贷的发展可以增强企业的创新能力⑨。吴晟等（2020）基于面向

---

① 占华. 绿色信贷如何影响企业环境信息披露——基于重污染行业上市企业的实证检验［J］. 南开经济研究，2021（3）：193 – 207.

② 李新功，朱艳平. 绿色信贷政策对重污染企业债务成本的影响——基于 PSM – DID 模型的实证研究［J］. 会计之友，2021（3）：41 – 47.

③ Xu X.，Li J. Asymmetric impacts of the policy and development of green credit on the debt financing cost and maturity of different types of enterprises in China［J］. *Journal of Cleaner Production*，2020，264，121574.

④ 蔡海静，汪祥耀，谭超. 绿色信贷政策、企业新增银行借款与环保效应［J］. 会计研究，2019（3）：88 – 95.

⑤ 王艳丽，类晓东，龙如银. 绿色信贷政策提高了企业的投资效率吗？——基于重污染企业金融资源配置的视角［J］. 中国人口·资源与环境，2021，31（1）：123 – 133.

⑥ Nanda R.，Nicholas T. Did bank distress stifle innovation during the great depression?［J］. *Journal of Financial Economics*，2014，114（2）：273 – 292.

⑦ He L.，Zhang L.，Zhong Z.，Wang D.，Wang F. Green Credit，Renewable Energy Investment and Green Economy Development［J］. *Journal of Cleaner Production*，2019，208：363 – 372.

⑧ Xin F.，Zhang J.，Zheng W. Does credit market impede innovation? Based on the banking structure analysis［J］. *International Review of Economics & Finance*，2017，52：268 – 288.

⑨ Wang Y.，Lei X.，Long R.，et al. Green Credit，Financial Constraint，and Capital Investment：Evidence from China's Energy-intensive Enterprises［J］. *Environmental Management*，2020，66（6）：1059 – 1071.

企业生态创新的绿色信贷制度背景，发现绿色信贷能够在促进企业生态创新的同时，降低绿色信贷的违约风险①。徐新阔和李静思（Xu and Li，2020）发现绿色信贷发展推动了绿色企业的创新，并抑制非绿色企业的发展，且经济发达地区企业受到绿色信贷的影响要大于经济不发达地区的企业②。孟科学和严清华（2017）指出绿色信贷是企业生态创新结构优化的必要不充分条件，若将绿色信贷与环境政策进行有效配合，可以促进企业生态创新文化的积极演进③。马骏等（2020）认为构建一个有效支持绿色创新的绿色信贷服务体系可以解决绿色企业所面临的一系列融资问题，从而加快推动绿色技术的创新④。吴晟等（2019）⑤、王遥等（2019）⑥发现在绿色信贷的评估与审核中加入企业生态创新，有助于管控绿色信贷风险，并在推动企业加快生态创新进程的同时降低绿色信贷的违约风险及社会风险，带来经济与环境的双赢。王旭等（2018）从权力博弈的角度入手，着重研究融资结构对绿色创新的影响，验证了绿色信贷能够促进企业的绿色创新且出资主体之间的权力博弈能够在绿色信贷与绿色创新的关系中产生边界效应⑦。何凌云等（2019）研究结果表明绿色信贷能够促进环保企业的技术创新，且对融资约束程度越高的环保企业的技术创新促进作用越强，而绿色信贷水平及研发投入水平的提高均对环保企业技术创新有显著的促进作用⑧。丁志刚等（2020）认为绿色信贷能够促进低碳技术的发展，且越高的绿色信贷利率折扣和融资比例，越能够促进低碳技术的提高⑨。刘强等（2020）研究发现《绿色信贷

---

① 吴晟，赵湘莲，武良鹏. 绿色信贷制度创新研究——以推动企业生态创新为视角 [J]. 经济体制改革，2020（1）：36 – 42.

② Xu X., Li J. Asymmetric impacts of the policy and development of green credit on the debt financing cost and maturity of different types of enterprises in China [J]. *Journal of Cleaner Production*，2020，264，121574.

③ 孟科学，严清华. 绿色金融与企业生态创新投入结构优化 [J]. 科学学研究，2017，35（12）：1886 – 1895.

④ 马骏，安国俊，刘嘉龙. 构建支持绿色技术创新的金融服务体系 [J]. 金融理论与实践，2020（5）：1 – 8.

⑤ 吴晟，武良鹏，吕辉. 绿色信贷对企业生态创新的影响机理研究 [J]. 软科学，2019，33（4）：53 – 56.

⑥ 王遥，潘冬阳，彭俞超，梁希. 基于 DSGE 模型的绿色信贷激励政策研究 [J]. 金融研究，2019（11）：1 – 18.

⑦ 王旭，徐向艺，褚旭，赵岩. 绿色金融：均衡发展还是择善而从？——权利博弈视角下基于电力企业的实证研究 [J]. 经济与管理研究，2018，39（1）：93 – 104.

⑧ 何凌云，梁宵，杨晓蕾，钟章奇. 绿色信贷能促进环保企业技术创新吗 [J]. 金融经济学研究，2019，34（5）：109 – 121.

⑨ 丁志刚，许惠玮，徐琪. 绿色信贷支持下供应链低碳技术采纳决策研究 [J]. 软科学，2020，34（12）：74 – 80.

指引》实施显著提高了重污染企业的专利申请数量[1]。季宇等（2021）验证了我国绿色信贷与低碳技术之间呈正相关关系，并存在显著正向空间溢出效应[2]。王馨和王营（2021）的研究表明《绿色信贷指引》实施后，相对于非绿色信贷限制行业，绿色信贷限制行业的绿色创新表现得更加活跃，但绿色创新质量提升不明显[3]。丁杰等（2022）研究发现绿色信贷政策能更有效提升节能环保企业的绿色创新，但对重污染企业绿色创新的促进作用相对有限[4]。李强和陈山漫（2023）[5]、李俊成等（2023）[6]、张冬梅和钟尚宏（2024）[7] 发现绿色信贷政策对企业绿色技术创新具有显著的正向促进作用。王韶华等（2023）验证了绿色信贷对工业绿色技术创新效率有显著促进作用，对于金融发展水平处于第二梯队地区的工业绿色技术创新效率的促进作用最为突出[8]。

绿色信贷抑制企业绿色技术创新。康纳等（Khanna et al., 1998）[9]、赫林和庞塞（Hering and Poncet, 2014）[10] 发现绿色信贷增加高污染企业的信贷约束，从而抑制了企业的研发创新。刘海英等（2020）研究表明只有当绿色信贷水平超过一定阈值后才会促进绿色低碳技术的发展，而较低的绿色信贷水平反而会抑制绿色低碳技术的进步[11]。李德山和苟晨阳（2022）发现绿色信贷政策显著抑制"两

① 刘强，王伟楠，陈恒宇.《绿色信贷指引》实施对重污染企业创新绩效的影响研究 [J]. 科研管理，2020，41（11）：100–112.

② 季宇，姜金涵，宋兰旗. 绿色信贷对低碳技术进步的影响研究——基于中国省级面板数据的实证检验 [J]. 云南财经大学学报，2021，37（9）：97–110.

③ 王馨，王营. 绿色信贷政策增进绿色创新研究 [J]. 管理世界，2021，37（6）：173–188.

④ 丁杰，李仲飞，黄金波. 绿色信贷政策能够促进企业绿色创新吗？——基于政策效应分化的视角 [J]. 金融研究，2022（12）：55–73.

⑤ 李强，陈山漫. 绿色信贷政策、融资成本与企业绿色技术创新 [J]. 经济问题，2023（8）：67–73.

⑥ 李俊成，彭俞超，王文蔚. 绿色信贷政策能否促进绿色企业发展？——基于风险承担的视角 [J]. 金融研究，2023（3）：112–130.

⑦ 张冬梅，钟尚宏. 绿色信贷政策促进企业绿色技术创新了吗？ [J/OL]. 大连理工大学学报（社会科学版）：1–14. https：//doi. org/10. 19525/j. issn1008–407x. 2024. 01. 002.

⑧ 王韶华，林小莹，张伟，等. 绿色信贷对中国工业绿色技术创新效率的影响研究 [J]. 统计与信息论坛，2023，38（4）：88–102.

⑨ Khanna M., Quimio W. R. H. Bojilova D. Toxics Release Information：A Policy Tool for Environmental Protection [J]. *Journal of Environmental Economics and Management*，1998，36（3）：243–266.

⑩ Hering L.，Poncet S. Environmental policy and exports：evidence from Chinese cities [J]. *Journal of Environmental Economics and Management*，2014，68（2）：296–318.

⑪ 刘海英，王殿武，尚晶. 绿色信贷是否有助于促进经济可持续增长——基于绿色低碳技术进步视角 [J]. 吉林大学社会科学学报，2020，60（3）：96–105.

高一剩"企业的绿色创新活动,这种影响在非国有企业中更为明显[1]。于波
(2021)[2]、陆菁等(2021)[3]、田超和肖黎明(2021)[4]、曹廷求等(2021)[5]、杨
柳勇和张泽野(2022)[6]、陈立峰和郑健壮(2023)[7]的研究表明绿色信贷通过长
期债务融资约束及股权融资上升,抑制了重污染企业技术创新。周波和刘晶
(2023)研究发现绿色金融发展与工业企业创新投入显著正相关,与创新产出显
著负相关[8]。张芳和于海婷(2024)发现绿色信贷政策通过影响融资约束和研发
投入抑制了处于成长期和衰退期的重污染企业的绿色创新;通过影响融资约束和
资本投资作用于成熟期的重污染企业的绿色创新[9]。

3.3.3　面向企业绿色发展的绿色信贷政策相关研究

绿色金融具有准公共品属性,在缺乏激励的情况下,银行没有足够的动力执
行绿色信贷政策(Biswas,2011)[10]。部分学者研究发现,我国的绿色信贷政策并
没有达到理想效果,即使是在环境规制约束下大多数企业仍不会主动进行绿色创
新(陆旸,2011)[11]。陈伟光和胡当(2011)提出该现象形成的原因一是环境信
息不对称,二是企业环境风险成本不合理,三是民众监督的缺失[12]。段进和牛梦

---

① 李德山,苟晨阳.绿色信贷对"两高一剩"企业绿色创新的影响效果及其机制研究[J].产经评
论,2022,13(1):48-64.

② 于波.绿色信贷政策如何影响重污染企业技术创新?[J].经济管理,2021,43(11):35-51.

③ 陆菁,鄢云,王韬璇.绿色信贷政策的微观效应研究——基于技术创新与资源再配置的视角[J].
中国工业经济,2021(1):174-192.

④ 田超,肖黎明.绿色信贷会促进重污染企业技术创新吗?——基于《绿色信贷指引》的准自然实
验[J].中国环境管理,2021,13(6):90-97.

⑤ 曹廷求,张翠燕,杨雪.绿色信贷政策的绿色效果及影响机制——基于中国上市公司绿色专利数
据的证据[J].金融论坛,2021,26(5):7-17.

⑥ 杨柳勇,张泽野.绿色信贷政策对企业绿色创新的影响[J].科学学研究,2022,40(2):345-
356.

⑦ 陈立峰,郑健壮.绿色信贷政策能否促进企业绿色创新?——基于730家中国创业板上市公司的
研究[J].浙江大学学报(人文社会科学版),2023,53(8):42-62.

⑧ 周波,刘晶.环境规制、绿色金融发展与工业企业创新——基于长江经济带11个省市的实证研究
[J].安徽师范大学学报(人文社会科学版),2023,51(5):123-134.

⑨ 张芳,于海婷.绿色信贷政策驱动重污染企业绿色创新了吗?——基于企业生命周期理论的实证
检验[J/OL].南开管理评论:1-22.http://kns.cnki.net/kcms/detail/12.1288.f.20230323.1725.006.html.

⑩ Biswas N. Sustainable Green Banking Approach:The Need of the Hour[J]. *Business Spectrum*,2011,1
(1):32-38.

⑪ 陆旸.中国的绿色政策与就业:存在双重红利吗?[J].经济研究,2011,46(7):42-54.

⑫ 陈伟光,胡当.绿色信贷对产业升级的作用机理与效应分析[J].江西财经大学学报,2011(4):
12-20.

琪（Duan and Niu，2011）则认为由于地方政府与企业存在串谋行为，绿色信贷政策在执行过程中现实与预期存在较大的落差①。张炳等（Zhang et al.，2011）发现政策细节模糊、实施标准不明确和环境信息缺失是我国绿色信贷政策实施过程中存在的主要问题②。张颖和吴桐（2018）在研究中发现绿色信贷政策对"两高"企业信贷融资成本的影响有限，"两高"企业仍然可以通过较低的成本获得信贷支持③。因此，韩丰霞等（2017）认为针对当前绿色信贷政策未能有效推动经济结构转型升级的问题，政府应采取多元化激励手段来推动绿色信贷政策的落实④。洪祥骏等（2023）以 2008～2020 年中国上市公司为样本，发现地方绿色信贷贴息政策能够有效提高企业的环境治理水平⑤。

因此，绿色信贷政策的推行需要政府的财政补贴激励，以及为企业提供可靠的融资平台（Bai et al.，2019；朱丽和于伟咏，2011）⑥⑦，而如何设计合理的补贴机制推动绿色信贷支持企业绿色创新成为当前的研究热点。李正辉等（Li et al.，2018）构建了考虑绿色信贷和技术创新的政府、银行和企业之间的博弈模型，研究表明政府提供的绿色信贷补贴可以通过减少企业的能源排放来改善环境质量，但在补贴提高企业技术创新能力的同时，也增加了企业创新风险，政府应协调财政政策与环境政策来制定合理的补贴强度⑧。陈双莲等（Chen et al.，2019）在企业申请绿色信贷进行绿色创新活动的情境下，验证政府通过补贴政策刺激绿色创新的可行性，在此基础上，探究政府给予银行的补贴规模，以及绿色创新成功前后分别给予企业的补贴规模，进而得到政府最优的补贴规模⑨。周永

---

① Duan J., Niu M. The paradox of green credit in China [J]. *Energy Procedia*，2011，5：1979–1986.

② Zhang B., Yang Y., Bi J. Tracking the implementation of green credit policy in China：Top-down perspective and bottom-up reform [J]. *Journal of Environmental Management*，2011，92（4）：1321–1327.

③ 张颖，吴桐．绿色信贷对上市公司信贷融资成本的影响——基于双重差分模型的估计 [J]. 金融与经济，2018（12）：8–12.

④ 韩丰霞，肖汉杰，彭定洪，霍姝宇．经济新常态下绿色金融发展动力问题探究——基于政府、银行和企业三方博弈关系 [J]. 经济与管理评论，2017，33（5）：88–94.

⑤ 洪祥骏，林娴，陈丽芳．地方绿色信贷贴息政策效果研究——基于财政与金融政策协调视角 [J]. 中国工业经济，2023（9）：80–97.

⑥ Bai Y., Song S., Jiao J., et al. The impacts of government R&D subsidies on green innovation：Evidence from Chinese energy-intensive firms [J]. *Journal of Cleaner Production*，2019，233：819–829.

⑦ 朱丽，于伟咏．基于博弈论视角的绿色信贷参与主体利益分析 [J]. 南方农业学报，2011，42（8）：1025–1028.

⑧ Li Z., Liao G., Wang Z., et al. Green loan and subsidy for promoting clean production innovation [J]. *Journal of Cleaner Production*，2018，187：421–431.

⑨ Chen S., Huang Z., Drakeford B. M., et al. Lending Interest Rate, Loaning Scale, and Government Subsidy Scale in Green Innovation [J]. *Energies*，2019，12（23）：4431.

圣等（2017）构建政府、银行和企业的三方非对称演化博弈模型，验证了绿色信贷情境下政府同时对银行和企业进行奖惩的行为可以促进绿色创新，且从长远角度来看，即使政府不进行监管，企业仍会主动从事绿色创新活动[①]。张海波和孙健慧（2019）建立政府、银行和企业的三方博弈模型，考虑绿色商誉对绿色信贷投放和整体收益的影响，发现政府补贴契约可以有效改善银行和企业的绿色投入及收益水平[②]。

此外，部分文献围绕绿色信贷政策与其他环保政策对企业绿色创新的影响展开研究。刘婧宇等（Liu et al.，2017）以我国能源密集型产业数据为基础构建一般均衡模型，比较评估绿色信贷政策、差别电价、能源密集型企业生产税对能源密集型产业的影响效果，结果表明绿色信贷政策对产出结构调整的负面影响要远小于差别电价、能源密集型企业生产税，且能够抑制面向高能耗产业的投资[③]。杨东晓等（Yang et al.，2019）验证了绿色信贷政策对可再生能源企业的影响效果是正向的，且促进效果优于面向可再生能源企业的产出补贴政策；随着绿色信贷利率与市场利率的差距加大，正向影响效益也会扩大[④]。黄哲豪等（Huang et al.，2019）通过构建博弈模型分析绿色信贷和政府补贴对企业绿色创新活动的影响，发现存在影响企业申请绿色信贷决策的贷款利率阈值，并验证了绿色信贷规模需大于某个阈值才能达到改善环境的目的，政府补贴能够提高企业绿色创新带来的环境质量改善[⑤]。

综上可知，绿色信贷作为绿色发展领域的热门话题，现有文献已证明绿色信贷能够有效促进企业绿色创新，政府补贴政策能够促进绿色信贷发展。现有研究主要探讨不同情境下政府对企业和银行绿色信贷的补贴规模、比较绿色信贷与其他政策对企业绿色发展的影响，较少涉及比较不同补贴政策对绿色信贷情境下绿色创新的影响，例如在绿色信贷支持企业绿色创新的情境下，绿色产出补贴政策和绿色信贷补贴政策对企业绿色创新的影响效应。

---

① 周永圣，梁淑慧，刘淑芹，王珏. 绿色信贷视角下建立绿色供应链的博弈研究 [J]. 管理科学学报，2017，20（12）：87-98.

② 张海波，孙健慧. 政银企三方博弈下绿色金融发展策略研究 [J]. 金融理论与实践，2019（7）：24-33.

③ Liu J.，Xia Y.，Fan Y.，et al. Assessment of a green credit policy aimed at energy-intensive industries in China based on a financial CGE model [J]. *Journal of Cleaner Production*，2017，163：293-302.

④ Yang D.，Chen Z.，Yang Y.，et al. Green financial policies and capital flows [J]. *Physica A*，2019，522（15）：135-146.

⑤ Huang Z.，Liao G.，Li Z. Loaning scale and government subsidy for promoting green innovation [J]. *Technological Forecasting & Social Change*，2019，144：148-156.

第 2 部分

地方政府实施环境治理的
激励机制研究

第4章

地方政府平衡执行环境政策
与经济政策的激励机制研究

中央政府通过设计地方官员绩效考核指标体系来激励地方政府执行环境治理政策，但在实际环境治理中，部分地方政府环境治理行为与中央政府的预期目标不一致，治理行为偏差造成环境污染事件屡见不鲜。究其原因：一是中央政府对地方政府官员的晋升考核兼顾经济增长和环境保护，地方政府拥有较大的自由裁量和自主决策空间，环境治理行为会加大其政策执行成本，且往往会影响辖区的经济利益，致使其有选择性地执行环境治理政策；二是由于多层级政府体系使得信息在中央与地方间传达出现滞后或偏差，进而导致央地政府间信息不对称，环境治理未达到最理想的效果。为此，本章基于纵向关系视角，构建了中央与地方政府的多任务委托—代理模型，剖析环境治理中信息不对称和中央激励扭曲等因素对地方政府环境治理行为的影响，重点探讨中央政府如何调整考核机制扭转激励扭曲，促使地方政府积极落实环境政策，实现地方经济增长与环境保护的良性互动发展。

4.1 模型构建原理

地方政府环境政策执行存在偏差与中央政府对地方官员的激励结构有关（Schreifels et al.，2012；Meng et al.，2019）[1][2]。中国在环境保护方面取得的巨

① Schreifels J.，Fu Y.，Wilson E. Sulfur dioxide control in China: policy evolution during the 10th and 11th Five – Year Plans and lessons for the future [J]. *Energy Policy*，2012，28：779 – 789.

② Meng H.，Huang X.，Yang H.，et al. The influence of local officials' promotion incentives on carbon emission in Yangtze River Delta，China [J]. *Journal of Cleaner Production*，2019，213：1337 – 1345.

大进步引发学界对激励机制结构产生的权力分配展开激烈讨论（Gilley，2012；Baum et al.，2021）[1][2]。中国环境治理是区域分权治理和党中央集中统一领导的典型案例（Xu，2011；Lo，2015）[3][4]。中央政府制定基于目标的绩效评估体系，激励地方官员制定地方政策实现高度优先的目标。一般而言，经济目标权重超过环境目标权重（Wang，2013；Lengyel，2023）[5][6]。为此，地方官员积极发展辖区经济以增加晋升机会（Bo，2021）[7]。基于严重的环境污染问题，中央政府适时调整优化地方官员绩效评价体系中蕴含的"环境不友好"激励机制（Wu and Cao，2021）[8]。如今，经济目标在地方官员职业发展中发挥着至关重要的作用，环境目标也成为另一个重要因素（Pu and Fu，2018；Lin and Xu，2022）[9][10]。

然而，在政策实施过程中，地方官员评价制度的奖惩措施容易被规避。首先，环境保护通常与短期经济增长略有放缓挂钩。例如，2006 年，中央政府在地方官员的绩效评价系统中引入了二氧化硫（SO_2）和化学需氧量（COD）的减排目标。新的评价系统使"两控区"城市的二氧化硫排放量和 GDP 增长率显著下降（Chen et al.，2018）[11]。但在分税制体系下，经济增长仍然是地方官员关注

---

① Gilley B. Authoritarian environmentalism and China's response to climate change [J]. *Environmental Politics*，2012，21（2）：287 – 307.

② Baum D.，Yagüe – Blanco J. L.，Escobar J. Capacity development strategy empowering the decentralized governments of Ecuador towards local climate action [J]. *Journal of Cleaner Production*，2021，285：125320.

③ Xu C. The fundamental institutions of China's reforms and development [J]. *Journal of Economic Literature*，2011，49：1076 – 1151.

④ Lo K. How authoritarian is the environmental governance of China? [J]. *Environmental Science & Policy*，2015，54：152 – 159.

⑤ Wang A. The search for sustainable legitimacy：Environmental law and bureaucracy in China [J]. *Harvard Environmental Law Review*，2013，37：367 – 440.

⑥ Lengyel A. Spatial perspectives on sustainability priorities：Key stakeholders' insights [J]. *Journal of Cleaner Production*，2023，420：138341.

⑦ Bo S. Environmental regulations，political incentives and local economic activities：evidence from China [J]. *Oxford Bulletin of Economics and Statistics*，2021，83（3）：812 – 835.

⑧ Wu M.，Cao X. Greening the career incentive structure for local officials in China：Does less pollution increase the chances of promotion for Chinese local leaders? [J]. *Journal of Environmental Economics and Management*，2021，107：102440.

⑨ Pu Z.，Fu J. Economic growth，environmental sustainability and China mayors' promotion [J]. *Journal of Cleaner Production*，2018，172：454 – 465.

⑩ Lin B.，Xu C. Does environmental decentralization aggravate pollution emissions? Microscopic evidence from Chinese industrial enterprises [J]. *Science of the Total Environment*，2022，829：154640.

⑪ Chen Y. J.，Li P.，Lu Y. Career concerns and multitasking local bureaucrats：Evidence of a target-based performance evaluation system in China [J]. *Journal of Development Economics*，2018，133：84 – 101.

的焦点（Wu et al.，2013）[①]。在这种情况下，不少地方官员投入最低限度资源以实现环境目标（Wang et al.，2020）[②]。其次，环境政策和与经济结构调整相关的长期经济政策具有时间滞后的特点，即政策执行成本是在短期内产生的，收益却只能在长期内实现。此外，有些政策的产出具有快速、可见和易于衡量等特征，地方官员通常优先投入最大努力实现这些政策目标。例如，梁嘉琪和朗拜因（Liang and Langbein，2015）指出，2006 年新的地方官员绩效评价体系的实施减少了公众易感知的污染物 SO_2，而较难察觉的 COD 没有受到影响[③]。此外，2007 年中央政府启动"国家重点监控企业"计划，将重点工业污染企业纳入国家层面的专项监控。地方官员倾向于大幅度减少受监管行业的产出，以履行环境政策，同时将资源重新分配给不受监管行业，以弥补受监管行业利润的损失（Bo，2021）[④]。地方官员通过该实施策略确保其责任合同中环境目标的实现，但实际上延迟了工业转型这一棘手问题的解决（Eaton and Kostka，2014）[⑤]。因此，为了实现绩效考核中设定的目标，地方官员往往采取短期利润最大化行为，而不是长期发展行为。

委托代理理论的主流观点认为，中央政府和地方官员之间存在委托代理关系，中央政府作为委托人制定地方官员的绩效考核目标，地方官员作为代理人努力追求这些目标的实现，但中央政府无法观测其付出努力的程度（Kostka and Mol，2013；Tang et al.，2018；Greenstone et al.，2022）[⑥⑦⑧]。地方官员面临着

① Wu J.，Deng Y. H.，Huang J.，Morck R.，Yeung B. Incentives and Outcomes：China's environmental policy. NBER Working Paper，No. 18754，2013. http：//dx. doi. org/10. 3386/w18754.

② Wang Q.，Fu Q.，Shi Z.，Yang X. Transboundary water pollution and promotion incentives in China ［J］. *Journal of Cleaner Production*，2020，261：121120.

③ Liang J.，Langbein L. Performance management，high-powered incentives，and environmental policies in China ［J］. *International Public Management Journal*，2015，18（3）：346 – 385.

④ Bo S. Environmental regulations，political incentives and local economic activities：Evidence from China ［J］. *Oxford Bulletin of Economics and Statistics*，2021，83（3）：812 – 835.

⑤ Eaton S.，Kostka G. Authoritarian environmentalism undermined？ local leaders' time horizons and environmental policy implementation ［J］. *China Quarterly*，2014，218：359 – 380.

⑥ Kostka G.，Mol A. P. J. Implementation and participation in China's local environmental politics：Challenges and innovations ［J］. *Journal of Environmental Policy & Planning*，2013，15（1）：3 – 16.

⑦ Tang X.，Liu Z.，Yi H. Performance ranking and environmental governance：an empirical study of the mandatory target system ［J］. *Review of Policy Research*，2018，35（5）：750 – 772.

⑧ Greenstone M.，He G.，Jia R.，Liu T. Can technology solve the principal-agent problem？ evidence from China's war on air pollution ［J］. *American Economic Review：Insights*，2022，4（1）：54 – 70.

促进经济发展和解决环境问题等多重任务，环境绩效目标在地方官员拥挤的议程上争夺实现空间（Chen et al.，2018；Zhu and Chertow，2019；Wu et al.，2020）①②③。因此，中央政府试图创建一个激励相容机制，激励地方官员努力执行环境政策，实现预定的环境目标（Liang，2014；Liang and Langbein，2015）④⑤。

　　本章讨论地方官员付出努力追求两项任务的实现，即投入努力实施环境政策以实现环境保护，以及投入努力实施经济政策以实现经济增长。从委托代理理论的角度，采用多任务委托代理模型（Holmstrom and Milgrom，1991）⑥ 对不同激励机制在政策实施中的作用进行全面比较。首先揭示现行激励机制中地方官员政策执行行为存在的偏差，然后重新设计一种替代激励机制，即长期绩效导向激励机制，重点考察长期绩效导向激励机制是否是一种有效的激励机制，激励地方官员在环境政策和经济政策执行之间取得平衡。其中，在现行激励机制中，环境绩效和经济绩效被分配了不同的激励强度，相当于地方官员绩效评价系统中两项任务的考核权重。在长期绩效导向激励机制中，中央政府只将长期绩效纳入地方官员绩效评价体系。长期绩效由环境绩效和长期经济政策实施所产生的长期经济绩效组成。本章的研究框架如图 4 – 1 所示。

　　① Chen Y. J. , Li P. , Lu Y. Career concerns and multitasking local bureaucrats：Evidence of a target-based performance evaluation system in China ［J］. *Journal of Development Economics*，2018，133：84 – 101.

　　② Zhu J. , Chertow M. R. Authoritarian but responsive：Local regulation of industrial energy efficiency in Jiangsu, China ［J］. *Regulation & Governance*，2019，13（3）：384 – 404.

　　③ Wu H. , Li Y. , Hao Y. , Ren S. , Zhang P. Environmental decentralization, local government competition, and regional green development：Evidence from China ［J］. *Science of the Total Environment*，2020，708：135085.

　　④ Liang J. Who maximizes（or satisfices）in performance management? An empirical study of the effects of motivation-related institutional contexts on energy efficiency policy in China ［J］. *Public Performance & Management Review*，2014，38（2）：284 – 315.

　　⑤ Liang J. , Langbein L. Performance management, high-powered incentives, and environmental policies in China ［J］. *International Public Management Journal*，2015，18（3）：346 – 385.

　　⑥ Holmstrom B. , Milgrom P. Multitask principal-agent analyses：Incentive contracts, asset ownership, and job design ［J］. *Journal of Law Economics & Organization*，1991，7：24 – 52.

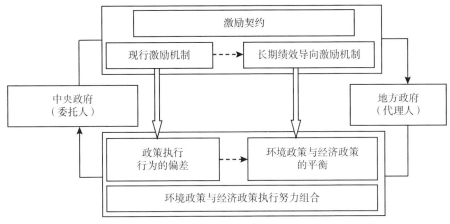

图4-1　研究框架

4.2　现行激励机制下环境政策执行偏差分析

本节首先讨论现行激励机制中的最优激励契约和努力组合，然后论证现行激励机制中政策执行的行为偏差。

4.2.1　基本假设和模型构建

假设4.1：地方政府作为代理人执行两项任务，即执行环境保护政策和经济增长政策，在执行两项政策上付出的努力水平分别记为 e_1 和 e_2（Wang and Lei，2020）[①]，$e_1 \geq 0$，$e_2 \geq 0$；地方政府知晓自己的努力程度 e_1 和 e_2，但是作为委托人的中央政府无法观测到地方政府的努力程度。

假设4.2：地方政府执行环境保护和经济增长政策的努力的成本函数（孙早和席建成，2015）[②] 为：

$$c(e_1, e_2) = \frac{1}{2}c_1 e_1^2 + \frac{1}{2}c_2 e_2^2 + r\sqrt{c_1 c_2} e_1 e_2$$

① Wang X., Lei P. Does strict environmental regulation lead to incentive contradiction? Evidence from China [J]. *Journal of Environmental Management*，2020，269：110632.

② 孙早，席建成. 中国式产业政策的实施效果：产业升级还是短期经济增长 [J]. 中国工业经济，2015（7）：52-67.

其中，c_1，c_2 分别为执行两项政策努力程度的边际成本系数，假设 $c_1 > c_2$，$r\sqrt{c_1 c_2}e_1 e_2$ 为同时执行两项政策所产生的增量成本。r 为两项任务之间的相关系数，它反映了两项任务之间的相关程度，根据 Laffont 和 Martimort（2009）[1] 对替代性任务和互补性任务的定义可知，$0 < r \leq 1$，表示两项任务具有替代性，地方政府执行两项任务的成本大于其单独执行环境保护政策的成本和单独执行经济增长政策的成本之和；$r = 0$，表示两项任务相互独立，地方政府执行两项任务的成本等于其单独执行环境保护政策的成本和单独执行经济增长政策的成本之和；$-1 \leq r < 0$，表示两项任务具有互补性，地方政府执行两项任务的成本小于其单独执行环境保护政策的成本和单独执行经济增长政策的成本之和。

假设 4.3：地方政府在两项任务上的努力程度分别产生环境效益 $x_1 = e_1 + \varepsilon_1$ 和经济效益 $x_2 = e_2 + \varepsilon_2$（Yang et al.，2021）[2]，两种效益相互独立。其中，ε_1 和 ε_2 为随机干扰变量，其满足正态分布 $\varepsilon_1 \sim N(0, \sigma_1^2)$ 和 $\varepsilon_2 \sim N(0, \sigma_2^2)$，$\sigma_1^2 > \sigma_2^2$，这表明环境效益和经济效益不仅取决于地方政府在两项任务上所付出的努力程度，还受到外部随机因素的影响。中央政府可以观测到地方政府付出的努力所产生的环境效益和经济效益。

假设 4.4：中央政府采取线性激励方式对地方政府创造的环境效益和经济效益进行相应的激励（Holmstrom and Milgrom，1987）[3]。中央政府对地方政府的激励函数为 $s(x) = w_0 + \beta_1 x_1 + \beta_2 x_2$，$0 \leq \beta_1$，$\beta_2 \leq 1$。其中，$w_0$ 表示中央政府给予地方政府的固定转移支付，β_1，β_2 表示中央政府给予地方政府两项绩效的激励强度。

假设 4.5：假设中央政府是风险中性的，其效用函数 $U_c = \alpha x_1 + x_2 - s(x)$，其中 $\alpha（\alpha > 0）$ 表示中央政府对环境保护的偏好程度（陈小亮等，2018）[4]。地方政府是风险规避的，其效用函数具有不变的绝对风险规避特征，表示为 $U_l = -e^{-\rho(s-c)}$，其中 ρ 表示地方政府对风险的规避程度，$\rho > 0$，ρ 越大说明地方政府

① Laffont J. J. , Martimort D. *The Theory of Incentives*：*The Principal-agent Model*［M］. Princeton：Princeton university press，2009.

② Yang X. , Yan J. , Tian K. , Yu Z. , Li R. Y. , Xia S. Centralization or decentralization? the impact of different distributions of authority on China's environmental regulation［J］. *Technological Forecasting and Social Change*，2021，173：121172.

③ Holmstrom B. , Milgrom P. Aggregation and linearity in the provision of intertemporal incentives［J］. *Econometrica*，1987，55（2）：303 – 328.

④ 陈小亮，李三希，陈彦斌. 地方政府激励机制重构与房价调控长效机制建设［J］. 中国工业经济，2018（11）：79 – 97.

越不愿意承担风险 （Wang et al. ，2021）[①]。

根据以上假设，模型中的主要参数如表 4 - 1 所示。

表 4 - 1　　　　　　　　　　　　　　模型的主要参数

参数	解释	参数	解释
e_1	执行环境政策的努力水平	e_2	执行经济政策的努力水平
c_1	执行环境政策的努力的成本系数	c_2	执行经济政策的努力的成本系数
x_1	执行环境政策所创造的绩效	x_2	执行经济政策所创造的绩效
σ_1^2	环境政策绩效方差	σ_2^2	经济政策绩效方差
β_1	执行环境政策的激励强度	β_2	执行经济政策的激励强度
r	两项任务的相关系数	ρ	地方官员风险偏好程度
α	中央政府环境绩效偏好		

由于地方官员具有风险规避性，其风险收益可以用确定性等价收益代替。地方政府的确定性等价收益为：

$$CE_l = E(s(x) - c(e_1, e_2)) - \frac{1}{2}\rho\beta_1^2\sigma_1^2 - \frac{1}{2}\rho\beta_2^2\sigma_2^2$$

$$= w_0 + \beta_1 e_1 + \beta_2 e_2 - \frac{1}{2}c_1 e_1^2 - \frac{1}{2}c_2 e_2^2 - r\sqrt{c_1 c_2}e_1 e_2 - \frac{1}{2}\rho\beta_1^2\sigma_1^2 - \frac{1}{2}\rho\beta_2^2\sigma_2^2 \quad (4.1)$$

其中，$\frac{1}{2}\rho\beta_1^2\sigma_1^2 + \frac{1}{2}\rho\beta_2^2\sigma_2^2$ 表示地方官员的风险成本。

由于中央政府是风险中性的，中央政府的期望收益为：

$$U_c = E(\alpha x_1 + x_2 - s(x)) = (\alpha - \beta_1)e_1 + (1 - \beta_2)e_2 - w_0 \quad (4.2)$$

综上所述，中央政府与地方政府间的委托代理模型为：

$$\max_{\beta_1, \beta_2} (\alpha - \beta_1)e_1 + (1 - \beta_2)e_2 - w_0 \, (OBJ)$$

$$\text{s. t.} \begin{cases} \max_{e_1, e_2} CE_l & (IC) \\ CE_l \geqslant CE_0 & (IR) \end{cases} \quad (4.3)$$

其中，IC 为激励相容约束，IR 为参与约束，CE_0 表示地方政府参与博弈的

① Wang W. ，Sun X. ，Zhang M. Does the central environmental inspection effectively improve air pollution？An empirical study of 290 prefecture-level cities in China ［J］. *Journal of Environmental Management*，2021，286：112274.

保留收益。

4.2.2 现行激励机制下最优激励契约和努力水平

1. 最优契约

在完全信息情形下，中央政府可以观察到地方政府在两项任务中的努力水平，记两项任务的努力水平为（e_{10}，e_{20}）。中央可以无成本监督地方政府，没有必要给予地方政府更多激励，激励相容约束 IC 不起作用，而参与约束 IR 保证地方官员的参与。在完全信息下，中央政府的最优化问题是：

$$\max_{e_1,e_2} U_c = (\alpha - \beta_1)e_1 + (1 - \beta_2)e_2 - w_0 \quad (OBJ)$$

$$\text{s. t.} \quad CE_l \geqslant CE_0 \quad\quad (IR)$$

(4.4)

将式（4.4）（IR）代入式（4.4）（OBJ），求解上述问题的一阶导数，得到中央政府对两项任务的最优激励强度和地方政府最优努力水平。

$$\beta_{10}^* = 0 \quad\quad (4.5)$$

$$\beta_{20}^* = 0 \quad\quad (4.6)$$

$$e_{10}^* = \frac{c_2 \alpha - r\sqrt{c_1 c_2}}{c_1 c_2 (1 - r^2)} \quad\quad (4.7)$$

$$e_{20}^* = \frac{c_1 - r\sqrt{c_1 c_2}\alpha}{c_1 c_2 (1 - r^2)} \quad\quad (4.8)$$

在完全信息情形下，中央政府对两项任务的最优激励强度均为 0，这意味着地方政府的风险成本 $\rho\beta_i^2\sigma_i^2/2 = 0 (i = 1, 2)$，即地方政府不承担任何风险，所有风险都由中央政府承担；中央政府的固定转移支付等于地方政府的保留收益加上两项任务执行努力的成本。地方政府两项任务的执行努力与中央政府激励系数无关，此时中央政府可以观测到地方政府的最优努力水平 e_{10}^* 和 e_{20}^*，并通过调整固定转移支付 w_0，任何努力水平都可以使契约得以实现。若中央政府观察到地方政府选择 $e_{10} < e_{10}^*$，$e_{20} < e_{20}^*$，就会改变固定转移支付使 $w_0 < CE_0 < w_0^*$，从而激励地方政府选择最优努力 e_{10}^* 和 e_{20}^*。

2. 次优契约

在次优契约情形下，地方官员的努力水平不可观测，从而有可能发生道德风险。地方官员选择环境政策努力水平和经济政策的努力水平，实现自身效用最大化。因此，最优努力水平（e_1^*，e_2^*）满足激励相容约束。

通过求解式（4.3）（IC）的一阶导数，得到次优契约情形下的最优努力水平：

$$e_1^* = \frac{c_2\beta_1 - r\sqrt{c_1c_2}\beta_2}{c_1c_2(1-r^2)} \qquad (4.9)$$

$$e_2^* = \frac{c_1\beta_2 - r\sqrt{c_1c_2}\beta_1}{c_1c_2(1-r^2)} \qquad (4.10)$$

参与约束显然应该为紧，即 $CE_l = CE_0$。将式（4.3）（IC）和式（4.3）（IR）代入中央政府的目标函数式（4.3）（OBJ），并对 β_1、β_2 求一阶导数，得到中央政府对地方政府的最优激励强度：

$$\beta_1^* = \Omega\left[\alpha(1+\rho c_2\sigma_2^2) - r\sqrt{c_1c_2}\rho\sigma_2^2\right] \qquad (4.11)$$

$$\beta_2^* = \Omega\left[(1+\rho c_1\sigma_1^2) - r\sqrt{c_1c_2}\alpha\rho\sigma_1^2\right] \qquad (4.12)$$

其中，$\Omega = \dfrac{1}{(1+\rho c_2\sigma_2^2)(1+\rho c_1\sigma_1^2) - r^2 c_1c_2\rho^2\sigma_1^2\sigma_2^2} > 0$。

通过对比现行激励机制下两种任务的最优激励强度，得到命题4.1。

命题4.1：在现行激励机制次优契约情形下，中央政府对地方政府实施环境政策的最优激励强度低于中央政府对地方政府实施经济政策的最优激励强度。

证明：根据式（4.11）和式（4.12），可得：

$$\beta_1^* - \beta_2^* = \Omega\left[(\alpha-1) + \rho\sqrt{c_2}\sigma_2^2(\alpha\sqrt{c_2} - r\sqrt{c_1}) + \rho\sqrt{c_1}\sigma_1^2(-\sqrt{c_1} + \alpha r\sqrt{c_2})\right]$$

假设 $g(\alpha) = (\alpha\sqrt{c_2} - r\sqrt{c_1}) + (-\sqrt{c_1} + \alpha r\sqrt{c_2}) = -(\sqrt{c_1} + r\sqrt{c_1}) + \alpha(\sqrt{c_2} + r\sqrt{c_2})$

由于 $c_1 > c_2$ 和 $0 < \alpha < 1$，则：

$$g(\alpha) < 0$$

由于 $c_1 > c_2$，$-1 \leq r \leq 1$ 和 $\sigma_1^2 > \sigma_2^2$，则：

$$-\sqrt{c_1} + \alpha r\sqrt{c_2} < 0$$

$$\rho\sqrt{c_2}\sigma_2^2 < \rho\sqrt{c_1}\sigma_1^2$$

根据上面三个不等式，可得：

$$\rho\sqrt{c_2}\sigma_2^2(\alpha\sqrt{c_2} - r\sqrt{c_1}) + \rho\sqrt{c_1}\sigma_1^2(-\sqrt{c_1} + \alpha r\sqrt{c_2}) < 0$$

由于 $0 < \alpha < 1$ 和 $\Omega = \dfrac{1}{(1+\rho c_2\sigma_2^2)(1+\rho c_1\sigma_1^2) - r^2 c_1c_2\rho^2\sigma_1^2\sigma_2^2} > 0$，则：

$$\beta_1^* - \beta_2^* = \Omega \big[(\alpha - 1) + \rho \sqrt{c_2} \sigma_2^2 (\alpha \sqrt{c_2} - r \sqrt{c_1}) + \rho \sqrt{c_1} \sigma_1^2 (-\sqrt{c_1} + \alpha r \sqrt{c_2}) \big] < 0_{\circ}$$

通过对比现行激励机制下地方政府的努力组合水平，得到命题4.2。

命题4.2：在现行激励机制的最优契约和次优契约的情形下，地方政府实施环境政策的努力水平低于实施经济政策的努力水平。

证明：由式（4.7）和式（4.8），可得：

$$e_{10}^* - e_{20}^* = \frac{\alpha(c_2 + r \sqrt{c_1 c_2}) - (c_1 + r \sqrt{c_1 c_2})}{c_1 c_2 (1 - r^2)}$$

由于 $0 < \alpha < 1$ 和 $c_1 > c_2$，则：

$$\frac{\alpha}{c_1 + r \sqrt{c_1 c_2}} < \frac{1}{c_2 + r \sqrt{c_1 c_2}}$$

显然，$e_{10}^* < e_{20}^*$。

由式（4.9）和式（4.10），可得：

$$e_1^* - e_2^* = \frac{(c_2 + r \sqrt{c_1 c_2})\beta_1^* - (c_1 + r \sqrt{c_1 c_2})\beta_2^*}{c_1 c_2 (1 - r^2)}$$

根据命题4.1可得 $\beta_1^* < \beta_2^*$，则：

$$\frac{\beta_1^*}{c_1 + r \sqrt{c_1 c_2}} < \frac{\beta_2^*}{c_2 + r \sqrt{c_1 c_2}}$$

显然，$e_1^* < e_2^*$。

4.2.3 环境政策执行偏差分析

根据式（4.11）和式（4.12），β_1^*，β_2^* 分别对 α 求一阶导数，可得：

$$\partial \beta_1^* / \partial \alpha = \Omega(1 + \rho c_2 \sigma_2^2) > 0 \qquad (4.13)$$

$$\partial \beta_2^* / \partial \alpha = -\Omega r \rho \sigma_1^2 \sqrt{c_1 c_2} < 0 \qquad (4.14)$$

假设中央政府环境绩效偏好的基准水平为 α_0，实施环境政策和经济政策对应的最优激励强度分别为 $\beta_1^*(\alpha_0)$ 和 $\beta_2^*(\alpha_0)$。如果中央政府的环境绩效偏好降低，即 $\alpha < \alpha_0$，则实施环境政策的激励强度下降，实施经济政策的激励强度上升，即 $\beta_1^*(\alpha) < \beta_1^*(\alpha_0)$ 和 $\beta_2^*(\alpha) > \beta_2^*(\alpha_0)$。相应地，地方政府实施经济政策的努力水平增加，实施环境政策的努力水平减少。如果中央政府的环境绩效偏好增强，即 $\alpha > \alpha_0$，则实施环境政策的激励强度增大，实施经济政策的激励强度减小，即 $\beta_1^*(\alpha) > \beta_1^*(\alpha_0)$ 和 $\beta_2^*(\alpha) < \beta_2^*(\alpha_0)$。相应地，地方政府实施经济政策的努力

水平减小, 实施环境政策的努力水平增大。

因此, 随着中央政府下调环境绩效偏好, 地方官员绩效考核体系中的环境绩效考核权重降低, 而经济绩效考核权重提高, 地方官员降低环境政策执行的努力程度, 提高经济政策执行的努力程度。反之, 中央政府调高环境政绩偏好, 地方官员绩效考核体系中的环境绩效考核权重提高, 而经济绩效考核权重降低, 地方官员提高环境政策执行的努力程度, 降低经济政策执行的努力程度。

4.3　长期绩效导向激励机制下环境政策与经济政策的平衡

随着中国经济进入高质量发展阶段, 中央政府更加关注地方官员通过优化资源配置实现经济结构升级转型。经济结构升级转型被认为是经济长期增长的重要源泉之一, 也是推动绿色发展的重要途径。为此, 中央政府制定了《 “十四五” 全国清洁生产推行方案》《 “十四五” 数字经济发展规划》 等促进经济结构转型的系列政策。此外, 在 “绿水青山就是金山银山” 这一科学论断的指导下, 中央政府倡导生态就是经济, 保护生态就是发展生产力 (Pan, 2021)[①]。因此, 中央政府应该对现行激励机制进行相应的调整, 重点关注长期绩效, 包括环境绩效和执行长期经济政策所创造的经济绩效。例如, 除了环境绩效目标外, “十四五” 规划还引入数字经济核心产业增加值占 GDP 的比例等考核目标。鉴于此, 本章引入长期绩效导向激励机制, 中央政府将长期绩效作为地方官员绩效考核目标。

1. 长期绩效导向激励机制下最优激励契约和努力水平

假定地方政府所创造的长期绩效为 $e_1 + he_2$, 其中, h 表示地方政府执行长期经济政策所付出的努力水平占其执行经济政策的努力水平的比例, $0 < h < 1$。中央政府对地方政府的线性激励契约调整为 $s'(x) = w_1 + \beta(e_1 + he_2)$, 其中, β 为中央政府对地方政府创造的长期绩效的激励强度。

中央政府的期望收入调整为:

$$U'_c = (1-\beta)e_1 + h(1-\beta)e_2 - w_1 \tag{4.15}$$

地方官员的确定性等价收入调整为:

---

① 　 Pan J. *Lucid Waters and Lush Mountains are Invaluable Assets* [M]. In: China's global vision for ecological civilization, Springer, Singapore, 2021.

$$CE'_l = w_1 + \beta(e_1 + he_2) + (1-h)e_2 - \frac{1}{2}c_1e_1^2 - \frac{1}{2}c_2e_2^2 - r\sqrt{c_1c_2}e_1e_2$$

$$-\frac{1}{2}\rho\beta^2(\sigma_1^2 + h^2\sigma_2^2) - \frac{1}{2}\rho(1-h)^2\sigma_2^2 \tag{4.16}$$

在完全信息（最优契约）情形下，中央政府给予地方政府的最优长期激励强度为0。地方政府两项任务（e_{10}^{**}，e_{20}^{**}）的最优努力水平分别为：

$$e_{10}^{**} = \frac{c_2 - r\sqrt{c_1c_2}}{c_1c_2(1-r^2)} \tag{4.17}$$

$$e_{20}^{**} = \frac{c_1 - r\sqrt{c_1c_2}}{c_1c_2(1-r^2)} \tag{4.18}$$

在不完全信息（次优契约）情形下，中央政府与地方官员之间的委托代理模型调整为：

$$\max_{\beta} U'_c = (1-\beta)e_1 + (1-\beta)he_2 - w_1$$

$$\text{s. t.} \begin{cases} \max_{e_1,e_2} CE'_l & (IC') \\ CE'_l \geqslant CE'_0 & (IR') \end{cases} \tag{4.19}$$

由激励相容约束（4.19）（IC'）分别对 e_1、e_2 求一阶导数，得到次优契约情形下地方政府实施两项任务的最优努力程度：

$$e_1^{**} = \frac{\beta(c_2 - hr\sqrt{c_1c_2}) - (1-h)r\sqrt{c_1c_2}}{c_1c_2(1-r^2)} \tag{4.20}$$

$$e_2^{**} = \frac{\beta(c_1h - r\sqrt{c_1c_2}) + (1-h)c_1}{c_1c_2(1-r^2)} \tag{4.21}$$

通过求解委托代理模型式（4.19），得到长期绩效导向激励机制下中央政府对地方政府的最优激励强度：

$$\beta^* = \frac{c_2 + h^2c_1 - 2hr\sqrt{c_1c_2}}{c_2 + h^2c_1 - 2hr\sqrt{c_1c_2} + \rho c_1c_2(1-r^2)(\sigma_1^2 + h^2\sigma_2^2)} \tag{4.22}$$

2. 现行激励机制和长期绩效导向激励机制的对比分析

对比两种激励机制最优契约情形下的两项任务努力水平，得到命题4.3。

命题4.3：在最优契约情形下，长期绩效导向激励机制中地方政府执行环境政策的努力水平高于现行激励机制下地方政府执行环境政策的努力水平，长期绩效导向激励机制中地方政府执行经济政策的努力水平低于现行激励机制中地方政府执行经济政策的努力水平。

证明：根据式（4.7）、式（4.8）、式（4.17）和式（4.18），可得：

$$e_{10}^{**} - e_{10}^* = \frac{(1-\alpha)c_2}{c_1 c_2 (1-r^2)}$$

$$e_{20}^{**} - e_{20}^* = \frac{-(1-\alpha)r\sqrt{c_1 c_2}}{c_1 c_2 (1-r^2)}$$

由于 $0 < \alpha < 1$，则：

$$e_{10}^{**} > e_{10}^*, \quad e_{20}^{**} < e_{20}^*$$

命题 4.3 表明，在长期绩效导向激励机制的最优契约中，地方官员倾向于增加环境政策执行的努力水平，减少经济政策执行的努力水平。这表明长期绩效导向激励机制在激励地方官员执行环境政策方面比现行激励机制更为有效。

令 $h_1 = [1 - \beta_2^* - c_2(\beta^* - \beta_1^*)/(r\sqrt{c_1 c_2})]/(1-\beta^*)$，

$\qquad h_2 = [1 - \beta_2^* - r\sqrt{c_1 c_2}(\beta^* - \beta_1^*)/c_1]/(1-\beta^*)$，

$\quad A = r\sqrt{c_1}(\beta_2^* - \beta^*)/(\beta_1^* - \beta^*)$，$B = \sqrt{c_1}(\beta_2^* - \beta^*)/[r(\beta_1^* - \beta^*)]$，

$\quad C = r\sqrt{c_1}(1 - \beta_2^*)/(\beta^* - \beta_1^*)$，$D = [\sqrt{c_1}(1 - \beta_2^*)]/[r(\beta^* - \beta_1^*)]$。

比较两种激励机制下次优契约中的努力水平，得到命题 4.4。在基于目标的中国地方官员绩效评价体系中，经济绩效的考核权重普遍高于环境绩效的考核权重（Wang，2013）。因此，本章将 $\beta^* > \beta_2^* > \beta_1^*$ 视为第一种情景，将 $\beta_2^* > \beta^* > \beta_1^*$ 视为第二种情景，将 $\beta_2^* > \beta_1^* > \beta^*$ 视为第三种情景。

命题 4.4：在现行激励机制和长期绩效导向激励机制次优契约中，

（1）若 $\beta^* > \beta_2^* > \beta_1^*$，

（a）$-1 \leqslant r \leqslant 0$，则 $e_1^{**} - e_1^* > 0$，$e_2^{**} - e_2^* > 0$；

（b）$0 < r \leqslant 1$，
$$\begin{cases} \begin{cases} A \leqslant \sqrt{c_2} \leqslant B \text{ 且 } h \geqslant h_1, \\ \sqrt{c_2} > B \text{ 且 } h_1 \leqslant h \leqslant h_2, \end{cases} \text{则 } e_1^{**} - e_1^* > 0, \ e_2^{**} - e_2^* > 0 \\ \sqrt{c_2} > B \text{ 且 } h > h_2, \text{ 则 } e_1^{**} - e_1^* > 0, \ e_2^{**} - e_2^* < 0 \\ \begin{cases} \sqrt{c_2} < A, \\ A \leqslant \sqrt{c_2} \leqslant B \text{ 且 } h < h_1, \\ \sqrt{c_2} > B \text{ 且 } h < h_1, \end{cases} \text{则 } e_1^{**} - e_1^* < 0, \ e_2^{**} - e_2^* > 0 \end{cases}$$

（2）若 $\beta_2^* > \beta^* > \beta_1^*$，

（a）　$-1 \leqslant r \leqslant 0$，$\begin{cases} \begin{cases} \sqrt{c_2} < A \text{ 且 } h < h_2, \\ A \leqslant \sqrt{c_2} \leqslant B \text{ 且 } h < h_2, \text{则 } e_1^{**} - e_1^* > 0, \ e_2^{**} - e_2^* > 0 \\ \sqrt{c_2} > B, \end{cases} \\ \begin{cases} \sqrt{c_2} < A \text{ 且 } h_2 \leqslant h \leqslant h_1, \\ A \leqslant \sqrt{c_2} \leqslant B \text{ 且 } h \geqslant h_2, \end{cases} \text{则 } e_1^{**} - e_1^* > 0, \ e_2^{**} - e_2^* < 0 \\ \sqrt{c_2} < A \text{ 且 } h > h_1, \text{ 则 } e_1^{**} - e_1^* < 0, \ e_2^{**} - e_2^* < 0 \end{cases}$

（b）　$0 < r \leqslant 1$，$\begin{cases} \begin{cases} \sqrt{c_2} < C \text{ 且 } h_1 \leqslant h \leqslant h_2, \\ C \leqslant \sqrt{c_2} \leqslant D \text{ 且 } h \leqslant h_2, \end{cases} \text{则 } e_1^{**} - e_1^* > 0, \ e_2^{**} - e_2^* > 0 \\ \begin{cases} \sqrt{c_2} < C \text{ 且 } h > h_2, \\ C \leqslant \sqrt{c_2} \leqslant D \text{ 且 } h > h_2, \text{则 } e_1^{**} - e_1^* > 0, \ e_2^{**} - e_2^* < 0 \\ \sqrt{c_2} > D, \end{cases} \\ \sqrt{c_2} < C \text{ 且 } h < h_1, \text{ 则 } e_1^{**} - e_1^* < 0, \ e_2^{**} - e_2^* > 0 \end{cases}$

（3）若 $\beta_2^* > \beta_1^* > \beta^*$，

（a）　$-1 \leqslant r \leqslant 0$，$\begin{cases} \sqrt{c_2} < C \text{ 且 } h < h_1, \text{ 则 } e_1^{**} - e_1^* > 0, \ e_2^{**} - e_2^* > 0 \\ \begin{cases} \sqrt{c_2} < C \text{ 且 } h_1 \leqslant h \leqslant h_2, \\ C \leqslant \sqrt{c_2} \leqslant D \text{ 且 } h < h_2, \end{cases} \text{则 } e_1^{**} - e_1^* < 0, \ e_2^{**} - e_2^* > 0 \\ \begin{cases} \sqrt{c_2} < C \text{ 且 } h > h_2, \\ C \leqslant \sqrt{c_2} \leqslant D \text{ 且 } h \geqslant h_2, \text{则 } e_1^{**} - e_1^* < 0, \ e_2^{**} - e_2^* < 0 \\ \sqrt{c_2} > D, \end{cases} \end{cases}$

（b）　$0 < r \leqslant 1$，$\begin{cases} \sqrt{c_2} < A \text{ 且 } h > h_1, \text{ 则 } e_1^{**} - e_1^* > 0, \ e_2^{**} - e_2^* < 0 \\ \begin{cases} \sqrt{c_2} < A \text{ 且 } h < h_2, \\ A \leqslant \sqrt{c_2} \leqslant B \text{ 且 } h < h_2, \end{cases} \text{则 } e_1^{**} - e_1^* < 0, \ e_2^{**} - e_2^* > 0 \\ \begin{cases} \sqrt{c_2} < A \text{ 且 } h_2 \leqslant h \leqslant h_1, \\ A \leqslant \sqrt{c_2} \leqslant B \text{ 且 } h \geqslant h_2, \end{cases} \text{则 } e_1^{**} - e_1^* < 0, \ e_2^{**} - e_2^* < 0 \end{cases}$

证明：根据式（4.9）、式（4.10）、式（4.20）和式（4.21），可得：

$$e_1^{**} - e_1^* = \frac{c_2(\beta - \beta_1) - r\sqrt{c_1 c_2}[(1 - \beta_2) - h(1 - \beta)]}{c_1 c_2(1 - r^2)}$$

$$e_2^{**} - e_2^* = \frac{c_1[(1 - \beta_2) - h(1 - \beta)] - r\sqrt{c_1 c_2}(\beta - \beta_1)}{c_1 c_2(1 - r^2)}$$

令 $e_1^{**} - e_1^* = 0$，$e_2^{**} - e_2^* = 0$，可得

$$h_1 = [1 - \beta_2^* - c_2(\beta^* - \beta_1^*)/(r\sqrt{c_1 c_2})]/(1 - \beta^*)$$

$$h_2 = [1 - \beta_2^* - r\sqrt{c_1 c_2}(\beta^* - \beta_1^*)/c_1]/(1 - \beta^*)$$

令 $A = r\sqrt{c_1}(\beta_2^* - \beta^*)/(\beta_1^* - \beta^*)$，$B = \sqrt{c_1}(\beta_2^* - \beta^*)/[r(\beta_1^* - \beta^*)]$，

$C = r\sqrt{c_1}(1 - \beta_2^*)/(\beta^* - \beta_1^*)$，$D = [\sqrt{c_1}(1 - \beta_2^*)]/[r(\beta^* - \beta_1^*)]$，

$E = c_2(\beta^* - \beta_1^*)/[r\sqrt{c_1 c_2}]$，$F = [r\sqrt{c_1 c_2}(\beta^* - \beta_1^*)]/c_1$。

由于 $E/F = 1/r^2 \geq 1$，

若 $\beta^* > \beta_1^*$ 且 $-1 \leq r \leq 0$，则 $E \leq F$，因此 $h_1 \geq h_2$；

若 $\beta^* > \beta_1^*$ 且 $0 < r \leq 1$，则 $E \geq F$，因此 $h_1 \leq h_2$；

若 $\beta^* < \beta_1^*$ 且 $-1 \leq r \leq 0$，则 $E \geq F$，因此 $h_1 \leq h_2$；

若 $\beta^* < \beta_1^*$ 且 $0 < r \leq 1$，则 $E \leq F$，因此 $h_1 \geq h_2$。

根据最优激励强调的组合情况，分三种情形进行讨论：

情形 1：若 $\beta^* > \beta_2^* > \beta_1^*$，则 $1 - \beta_2^* > 1 - \beta^*$。

根据两项任务的相关系数，分两种情况进行讨论：

（a）若 $-1 \leq r \leq 0$，则 $h_1 \geq h_2 > 1 > h$，此时对 $\forall h \in (0, 1)$，$e_1^{**} - e_1^* > 0$，$e_2^{**} - e_2^* > 0$。

（b）若 $0 < r \leq 1$ 且 $h_1 > 1$，则 $\sqrt{c_2} < A$；若 $0 < r \leq 1$ 且 $h_2 > 1$，则 $\sqrt{c_2} < B$。根据 h_1、h_2 和 1 的大小关系，分三种情况进行讨论：

Ⅰ 若 $A \leq \sqrt{c_2} \leq B$，则 $h_1 \leq 1 \leq h_2$。当 $A \leq \sqrt{c_2} \leq B$ 时，若 $h_1 \leq h < 1$，则 $e_1^{**} - e_1^* > 0$；若 $h < 1 \leq h_2$，则 $e_2^{**} - e_2^* > 0$。

若 $\sqrt{c_2} > B$，则 $h_1 \leq h_2 < 1$。当 $\sqrt{c_2} > B$ 时，若 $h_1 < h < 1$，则 $e_1^{**} - e_1^* > 0$；若 $0 < h < h_2$，则 $e_2^{**} - e_2^* > 0$。

Ⅱ 当 $\sqrt{c_2} > B$ 时，若 $h_1 < h < 1$，则 $e_1^{**} - e_1^* > 0$；若 $h_2 < h$，则 $e_2^{**} - e_2^* < 0$。

Ⅲ 若 $\sqrt{c_2} < A$，则 $h_2 \geq h_1 > 1 > h$，此时对 $\forall h \in (0, 1)$，$e_1^{**} - e_1^* < 0$，$e_2^{**} - e_2^* > 0$；

当 $A \leq \sqrt{c_2} \leq B$ 时，若 $0 < h < h_1$，则 $e_1^{**} - e_1^* < 0$；若 $h < 1 \leq h_2$，则 $e_2^{**} -$

$e_2^* > 0$。

当 $\sqrt{c_2} > B$ 时，若 $0 < h < h_1$，则 $e_2^{**} - e_1^* < 0$；若 $0 < h < h_2$，则 $e_2^{**} - e_2^* > 0$。

情形2：若 $\beta_2^* > \beta^* > \beta_1^*$，则 $\beta^* - \beta_1^* > 0$，$1 - \beta_2^* < 1 - \beta^*$。

根据两项任务的相关系数，分两种情况进行讨论：

（a）当 $-1 \leq r \leq 0$ 时，分三种情况进行讨论：

Ⅰ 若 $\sqrt{c_2} < A$，则 $h_2 \leq h_1 < 1$。当 $\sqrt{c_2} < A$ 时，若 $0 < h < h_1$，则 $e_1^{**} - e_1^* > 0$；若 $0 < h < h_2$，则 $e_2^{**} - e_2^* > 0$。

若 $A \leq \sqrt{c_2} \leq B$，则 $h_2 \leq 1 \leq h_1$。当 $A \leq \sqrt{c_2} \leq B$ 时，若 $h < 1 < h_1$，则 $e_1^{**} - e_1^* > 0$；若 $0 < h < h_2$，则 $e_2^{**} - e_2^* > 0$。

若 $\sqrt{c_2} > B$，则 $h_1 \geq h_2 > 1$，此时对 $\forall h \in (0, 1)$，$e_1^{**} - e_1^* > 0$，$e_2^{**} - e_2^* > 0$。

Ⅱ 当 $\sqrt{c_2} < A$ 时，若 $0 < h < h_1$，则 $e_1^{**} - e_1^* > 0$；若 $h_2 \leq h < 1$，则 $e_2^{**} - e_2^* < 0$。

当 $A \leq \sqrt{c_2} \leq B$ 时，若 $h < 1 < h_1$，则 $e_1^{**} - e_1^* > 0$；若 $h_2 \leq h < 1$，则 $e_2^{**} - e_2^* < 0$。

Ⅲ 当 $\sqrt{c_2} < A$ 时，若 $h_1 \leq h < 1$，则 $e_1^{**} - e_1^* < 0$；若 $h_2 \leq h < 1$，则 $e_2^{**} - e_2^* < 0$。

（b）若 $0 < r \leq 1$ 且 $h_1 > 0$，则 $\sqrt{c_2} < C$；若 $0 < r \leq 1$ 且 $h_2 > 0$，则 $\sqrt{c_2} < D$。根据 h_1、h_2 和 1 的大小关系，分三种情况进行讨论：

Ⅰ 若 $\sqrt{c_2} < C$，则 $h_2 \geq h_1 > 0$。当 $\sqrt{c_2} < C$ 时，若 $h_1 \leq h < 1$，则 $e_1^{**} - e_1^* > 0$；若 $0 < h < h_2$，则 $e_2^{**} - e_2^* > 0$。

若 $C \leq \sqrt{c_2} \leq D$，则 $h_1 \leq 0 \leq h_2$。当 $C \leq \sqrt{c_2} \leq D$ 时，若 $h_1 \leq 0 < h$，则 $e_1^{**} - e_1^* > 0$；若 $0 < h \leq h_2$，则 $e_2^{**} - e_2^* > 0$。

Ⅱ 当 $\sqrt{c_2} < C$ 时，若 $h_1 \leq h < 1$，则 $e_1^{**} - e_1^* > 0$；若 $h_2 \leq h < 1$，则 $e_2^{**} - e_2^* < 0$。

当 $C \leq \sqrt{c_2} \leq D$ 时，若 $h_1 \leq 0 < h$，则 $e_1^{**} - e_1^* > 0$；若 $h_2 < h < 1$，则 $e_2^{**} - e_2^* < 0$。

若 $\sqrt{c_2} > D$，则 $h_1 \leq h_2 < 0$。当 $\sqrt{c_2} > D$ 时，若 $h_1 \leq h_2 < 0 < h$，则对 $\forall h \in (0, 1)$，$e_1^{**} - e_1^* > 0$，$e_2^{**} - e_2^* < 0$。

Ⅲ 当 $\sqrt{c_2} < C$ 时，若 $h < h_1$，则 $e_1^{**} - e_1^* < 0$；若 $0 < h < h_2$，则 $e_2^{**} - e_2^* > 0$。

情形3：若 $\beta_2^* > \beta_1^* > \beta^*$，则 $\beta^* - \beta_1^* < 0$，$1 - \beta_2^* < 1 - \beta^*$。

根据两项任务的相关系数，分两种情况进行讨论：

（a）当 $-1 \leq r \leq 0$ 时，根据 h_1、h_2 和 0 的大小关系，分三种情况进行讨论：

Ⅰ 若 $\sqrt{c_2} < C$，则 $h_2 \geq h_1 > 0$。当 $\sqrt{c_2} < C$ 时，若 $0 < h < h_1$，则 $e_1^{**} - e_1^* > 0$；

若 $0 < h < h_2$，则 $e_2^{**} - e_2^* > 0$。

Ⅱ 当 $\sqrt{c_2} < C$ 时，若 $h_1 \leqslant h < 1$，则 $e_1^{**} - e_1^* < 0$；若 $0 < h < h_2$，则 $e_2^{**} - e_2^* > 0$。

若 $C \leqslant \sqrt{c_2} \leqslant D$，则 $h_1 \leqslant 0 \leqslant h_2$。当 $C \leqslant \sqrt{c_2} \leqslant D$ 时，若 $h_1 < h$，则 $e_1^{**} - e_1^* < 0$；若 $0 < h < h_2$，则 $e_2^{**} - e_2^* > 0$。

Ⅲ 当 $\sqrt{c_2} < C$ 时，若 $h_1 \leqslant h < 1$，则 $e_1^{**} - e_1^* < 0$；若 $h_2 \leqslant h < 1$，则 $e_2^{**} - e_2^* < 0$。

当 $C \leqslant \sqrt{c_2} \leqslant D$ 时，若 $h_1 < h$，则 $e_1^{**} - e_1^* < 0$；若 $h_2 \leqslant h < 1$，则 $e_2^{**} - e_2^* < 0$。

若 $\sqrt{c_2} > D$，则 $h_1 \leqslant h_2 < 0$。由于 $0 < h < 1$，则 $e_1^{**} - e_1^* < 0$，$e_2^{**} - e_2^* < 0$。

（b）当 $0 < r \leqslant 1$ 时，由于 $c_1 > c_2$ 且 $\beta_2^* - \beta^* > \beta_1^* - \beta^*$，则 $\sqrt{c_2} < B$，这与 $h_2 \geqslant 1$ 相冲突，因此 $h_1 \geqslant h_2$，$h_2 < 1$。

根据 h_1 和 1 的大小关系，分三种情况进行讨论：

Ⅰ 若 $\sqrt{c_2} < A$，则 $h_2 \leqslant h_1 < 1$。当 $\sqrt{c_2} < A$ 时，若 $h_1 \leqslant h < 1$，则 $e_1^{**} - e_1^* > 0$；若 $h_2 \leqslant h < 1$，则 $e_2^{**} - e_2^* < 0$。

Ⅱ 当 $\sqrt{c_2} < A$ 时，若 $h < h_1$，则 $e_1^{**} - e_1^* < 0$；若 $0 < h < h_2$，则 $e_2^{**} - e_2^* > 0$。

若 $A \leqslant \sqrt{c_2} \leqslant B$，则 $h_2 < 1 < h_1$。当 $A \leqslant \sqrt{c_2} \leqslant B$ 时，若 $h < h_1$，则 $e_1^{**} - e_1^* < 0$；若 $0 < h < h_2$，则 $e_2^{**} - e_2^* > 0$。

Ⅲ 当 $\sqrt{c_2} < A$ 时，若 $h < h_1$，则 $e_1^{**} - e_1^* < 0$；若 $h_2 \leqslant h < 1$，则 $e_2^{**} - e_2^* < 0$。

当 $A \leqslant \sqrt{c_2} \leqslant B$ 时，若 $h < h_1$，则 $e_1^{**} - e_1^* < 0$；若 $h_2 \leqslant h < 1$，则 $e_2^{**} - e_2^* < 0$。

命题 4.4 表明，在长期绩效导向激励机制下，地方政府官员通过调整努力组合，可以创造不同的环境绩效和经济绩效。当长期绩效最优激励强度与其他参数组合相匹配时，长期绩效导向激励机制实现了理想的激励效果。具体而言，在长期绩效导向激励机制下，地方官员有动力分配更多的努力执行环境政策以加强环境保护，或者同时分配更多的努力执行环境政策和经济政策以追求经济发展和环境保护的双赢。当其他约束条件确定时，长期绩效导向激励机制的激励效果取决于地方政府执行长期经济政策的努力水平占其执行经济政策的努力水平的比例。

命题 4.4 还表明，无论最优激励强度如何组合，长期绩效导向激励机制的激励效果都可以根据两个任务之间的相关性分为两大类。当两项任务互补时，在第一种情景下，地方官员倾向于分配更高的努力执行经济政策和环境政策，第二种情景下实现理想激励效果的概率高于第三种情景下实现理想激励效果的概率。当两项任务为互补性任务时，地方官员分配更高的努力执行经济政策和环境政策的概率高于两项任务为替代性任务时的概率。当两项任务是替代性任务时，第二种情景下实现理想激励效果的概率最高，这种情景恰好与中国目前的情况相吻合，如命题4.4（2）（b）所示。因此，中央政府可以充分利用地方官员的多任务权衡和适当的激励强度，实现环境保护和经济增长的双赢。

4.4 长期绩效导向激励机制下最优激励强度的影响因素

如式（4.22）所示，中央政府对长期绩效的最优激励强度与地方官员的风险厌恶程度、两项任务的绩效方差、地方官员努力的成本系数、长期经济政策执行的努力比例以及两项任务的相关系数有关。

4.4.1 地方官员风险规避程度与两种任务绩效方差的影响

分别计算 β^* 关于 ρ、σ_1^2、σ_2^2 的一阶偏导，可以得到以下结果：

$$\frac{\partial \beta^*}{\partial \rho} = -\frac{\left[c_2 + h^2 c_1 - 2hr\sqrt{c_1 c_2} - \lambda(hc_1 - r\sqrt{c_1 c_2})\right] c_1 c_2 (1-r^2)(\sigma_1^2 + h^2 \sigma_2^2)}{\left[c_2 + h^2 c_1 - 2hr\sqrt{c_1 c_2} + \rho c_1 c_2 (1-r^2)(\sigma_1^2 + h^2 \sigma_2^2)\right]^2} < 0$$

$$(4.23)$$

$$\frac{\partial \beta^*}{\partial \sigma_1^2} = -\frac{\left[c_2 + h^2 c_1 - 2hr\sqrt{c_1 c_2} - \lambda(hc_1 - r\sqrt{c_1 c_2})\right] \rho c_1 c_2 (1-r^2)}{\left[c_2 + h^2 c_1 - 2hr\sqrt{c_1 c_2} + \rho c_1 c_2 (1-r^2)(\sigma_1^2 + h^2 \sigma_2^2)\right]^2} < 0$$

$$(4.24)$$

$$\frac{\partial \beta^*}{\partial \sigma_2^2} = -\frac{\left[c_2 + h^2 c_1 - 2hr\sqrt{c_1 c_2} - \lambda(hc_1 - r\sqrt{c_1 c_2})\right] \rho h^2 c_1 c_2 (1-r^2)}{\left[c_2 + h^2 c_1 - 2hr\sqrt{c_1 c_2} + \rho c_1 c_2 (1-r^2)(\sigma_1^2 + h^2 \sigma_2^2)\right]^2} < 0$$

$$(4.25)$$

由式（4.23）至式（4.25）可知，长期绩效的最优激励强度与地方官员风险厌恶程度、两项任务绩效方差负相关。随着地方官员风险规避程度和两项任务绩效方差的增加，中央政府降低对地方官员的最优激励强度。

4.4.2 环境政策执行努力成本系数的影响

由 β^* 对 c_1 求一阶偏导，可得：

$$\frac{\partial \beta^*}{\partial c_1} = \frac{\rho c_2 (\sigma_1^2 + h^2 \sigma_2^2)(1-r^2)(hr\sqrt{c_1 c_2} - c_2)}{\left[c_2 + h^2 c_1 - 2hr\sqrt{c_1 c_2} + \rho c_1 c_2 (1-r^2)(\sigma_1^2 + h^2 \sigma_2^2)\right]^2}$$

$$(4.26)$$

命题 4.5：（1）若 $hr\sqrt{c_1c_2}-c_2>0$，则 $\partial\beta^*/\partial c_1>0$，$0<r\leqslant 1$，随着 e_1^{**} 减少，e_2^{**} 增加。（2）若 $hr\sqrt{c_1c_2}-c_2<0$，则 $\partial\beta^*/\partial c_1<0$，需分两种情况讨论：（a）当 $0<r\leqslant 1$ 时，随着 e_2^{**} 减少，e_1^{**} 增加；（b）当 $-1\leqslant r<0$ 时，$\partial e_1^{**}/\partial c_1<0$，$\partial e_2^{**}/\partial c_1<0$。

证明：（1）当 $hr\sqrt{c_1c_2}-c_2>0$，即 $hr\sqrt{c_1c_2}/c_2>1$ 时，易知 $\partial\beta^*/\partial c_1>0$。

由于 $hr\sqrt{c_1c_2}>c_2$，则 $0<r\leqslant 1$。

根据式（4.20）和式（4.21），可得：

$$e_2^{**}=\frac{1+\beta h-r\sqrt{c_1c_2}e_1^{**}}{c_2}$$

由于 $\dfrac{\partial e_2^{**}}{\partial e_1^{**}}=\dfrac{-r\sqrt{c_1c_2}}{c_2}<0$ 且 $hr\sqrt{c_1c_2}/c_2>1$，则地方政府增加 e_2^{**}（e_2^{**} 增量为 $r\sqrt{c_1c_2}/c_2$）所创造的长期绩效（长期绩效增量为 $hr\sqrt{c_1c_2}/c_2$）大于地方政府减少 e_1^{**}（e_1^{**} 的减少量为 1）所减少的长期绩效（长期绩效减少量为 1）。

（2）当 $hr\sqrt{c_1c_2}-c_2<0$，即 $hr\sqrt{c_1c_2}/c_2<1$ 时，$\partial\beta^*/\partial c_1<0$。此时，分两种情况进行讨论：

（a）若 $0<r\leqslant 1$，则 $\dfrac{\partial e_2^{**}}{\partial e_1^{**}}<0$。由于 $hr\sqrt{c_1c_2}/c_2<1$，则地方政府减少 e_2^{**}（e_2^{**} 减少量为 $r\sqrt{c_1c_2}/c_2$）所减少的长期绩效（长期绩效减少量为 $hr\sqrt{c_1c_2}/c_2$）低于地方政府增加 e_1^{**}（e_1^{**} 增量为 1）所创造的长期绩效（长期绩效增量为 1）。

（b）由 e_1^{**}、e_2^{**} 分别对 c_1 求一阶偏导，可得：

$$\frac{\partial e_1^{**}}{\partial c_1}=\frac{\beta^{*\prime}c_1(c_2-hr\sqrt{c_1c_2})-\beta(c_2-hr\sqrt{c_1c_2}/2)+(1-h)r\sqrt{c_1c_2}/2}{c_1^2c_2(1-r^2)}$$

$$\frac{\partial e_2^{**}}{\partial c_1}=\frac{\beta^{*\prime}c_1(c_1h-r\sqrt{c_1c_2})+\beta r\sqrt{c_1c_2}/2}{c_1^2c_2(1-r^2)}$$

由于 $\partial\beta^*/\partial c_1<0$ 且 $-1\leqslant r<0$，则 $\partial e_1^{**}/\partial c_1<0$，$\partial e_2^{**}/\partial c_1<0$。

命题 4.5 给出了环境政策执行努力的成本系数对长期绩效最优激励强度的影响。当同时实施两项任务的增量成本系数大于经济政策执行努力成本系数与长期经济政策执行努力占比之比时，随着环境政策执行努力的成本系数增加/减少，中央政府对长期绩效的最优激励强度增加/减少；由于两项任务是替代性任务，地方官员倾向于增加经济政策执行努力，减少环境政策执行努力。当同时实施两项任务的增量成本系数小于经济政策执行努力成本系数与长期经济政策执行努力占比之比时，随着环境政策执行努力的成本系数增加/减少，中央政府对长期绩效的最优激励强度减少/增加；如果经济政策执行和环境政策执行是替代性任务，那么地方官员倾向于增加环境政策的执行努力，减少经济政策的执行努力；如果经济政策执行和环境政策执行是互补性任务，随着环境政策执行努力的成本系数增加/减少，地方官员倾向于减少/增加两项任务的努力水平。

4.4.3 经济政策执行努力成本系数的影响

由 β^* 对 c_2 求一阶导数，可得：

$$\frac{\partial \beta^*}{\partial c_2} = \frac{\rho c_1 h (\sigma_1^2 + h^2 \sigma_2^2)(1 - r^2)(r \sqrt{c_1 c_2} - h c_1)}{[c_2 + h^2 c_1 - 2hr \sqrt{c_1 c_2} + \rho c_1 c_2 (1 - r^2)(\sigma_1^2 + h^2 \sigma_2^2)]^2} \tag{4.27}$$

命题 4.6：（1）若 $r \sqrt{c_1 c_2} - h c_1 > 0$，则 $\partial \beta^* / \partial c_2 > 0$，$0 < r \le 1$，随着 e_2^{**} 减少，e_1^{**} 增加。（2）若 $r \sqrt{c_1 c_2} - h c_1 < 0$，则 $\partial \beta^* / \partial c_2 < 0$，且需分两种情况讨论：（a）当 $0 < r \le 1$ 时，随着 e_1^{**} 减少，e_2^{**} 增加；（b）当 $-1 \le r < 0$ 时，$\partial e_1^{**} / \partial c_2 < 0$，$\partial e_2^{**} / \partial c_2 < 0$。

证明：（1）若 $r \sqrt{c_1 c_2} - h c_1 > 0$，即 $r \sqrt{c_1 c_2} / c_1 > h$，则 $\partial \beta^* / \partial c_2 > 0$。

由于 $r \sqrt{c_1 c_2} > h c_1$，$0 < r \le 1$。

根据式（4.20）和式（4.21），可得：

$$e_1^{**} = \frac{\beta - r \sqrt{c_1 c_2} e_2^{**}}{c_1}$$

由于 $\dfrac{\partial e_1^{**}}{\partial e_2^{**}} = \dfrac{-r \sqrt{c_1 c_2}}{c_1} < 0$ 且 $r \sqrt{c_1 c_2} / c_1 > h$，则地方政府增加 e_1^{**}（e_1^{**} 增量为 $r \sqrt{c_1 c_2} / c_1$）所创造的长期绩效（长期绩效增量为 $r \sqrt{c_1 c_2} / c_1$）大于地方政府减少 e_2^{**}（e_2^{**} 的减少量为 1）所减少的长期绩效（长期绩效减少量为 h）。

（2）若 $r \sqrt{c_1 c_2} - h c_1 < 0$ 即 $r \sqrt{c_1 c_2} / c_1 < h$，则 $\partial \beta^* / \partial c_2 < 0$。此时，分两种情况进行讨论：

（a）若 $0 < r \le 1$，则 $\dfrac{\partial e_1^{**}}{\partial e_2^{**}} < 0$。由于 $r \sqrt{c_1 c_2} / c_1 < h$，则地方政府增加 e_2^{**}（e_2^{**} 增量为 1）所创造的长期绩效（长期绩效增量为 h）大于地方政府减少 e_1^{**}（e_1^{**} 的减少量为 $r \sqrt{c_1 c_2} / c_1$）所减少的长期绩效（长期绩效减少量为 $r \sqrt{c_1 c_2} / c_1$）。

（b）由 e_1^{**}、e_2^{**} 分别对 c_2 求一阶偏导，可得：

$$\frac{\partial e_1^{**}}{\partial c_2} = \frac{\beta^{*\prime}c_2(c_2 - hr\sqrt{c_1c_2}) + \beta hr\sqrt{c_1c_2}/2 + (1-h)r\sqrt{c_1c_2}/2}{c_1c_2^2(1-r^2)}$$

$$\frac{\partial e_2^{**}}{\partial c_2} = \frac{\beta^{*\prime}c_2(c_1h - r\sqrt{c_1c_2}) + \beta r\sqrt{c_1c_2}/2 - [\beta c_1 h + (1-h)c_1]}{c_1^2c_2(1-r^2)}$$

由于 $\partial\beta^*/\partial c_2 < 0$ 且 $-1 \leqslant r < 0$，则 $\partial e_1^{**}/\partial c_2 < 0$，$\partial e_2^{**}/\partial c_2 < 0$。

命题 4.6 说明了经济政策执行努力成本系数对长期绩效最优激励强度的影响。当同时执行两项任务的增量成本系数大于长期经济政策执行努力占比与环境政策执行努力成本系数的乘积时，随着经济政策执行努力成本系数的增大/减小，中央政府对长期绩效的最优激励强度增大/减小；由于两项任务是替代性任务，地方官员倾向于增加环境政策执行努力，减少经济政策执行努力。当同时执行两项任务的增量成本系数小于长期经济政策执行努力占比与环境政策执行努力成本系数的乘积时，随着经济政策执行努力的成本系数增加/减少，中央政府降低/增加对长期绩效的最优激励强度；如果经济政策执行和环境政策执行是替代性任务，那么地方官员倾向于增加经济政策执行努力，减少环境政策执行努力；如果经济政策执行和环境政策执行是互补性任务，随着经济政策执行努力成本系数的增加/减少，地方官员倾向于减少/增加两项任务的努力水平。

4.4.4　长期经济政策执行努力占比的影响

由 β^* 对 h 求一阶偏导，可得：

$$\frac{\partial\beta^*}{\partial h} = \frac{2\rho c_1c_2(\sigma_1^2 + h^2\sigma_2^2)(1-r^2)(h - r\sqrt{c_1c_2})}{[c_2 + h^2c_1 - 2hr\sqrt{c_1c_2} + \rho c_1c_2(1-r^2)(\sigma_1^2 + h^2\sigma_2^2)]^2} \tag{4.28}$$

当 $h - r\sqrt{c_1c_2} > 0$，即 $h > r\sqrt{c_1c_2}$ 时，$\partial\beta^*/\partial h > 0$。当长期经济政策执行努力占比大于同时执行两项任务的增量成本系数时，随着长期经济政策执行努力占比的增加/减少，中央政府提高/降低长期绩效的最优激励强度。

当 $h - r\sqrt{c_1c_2} < 0$，即 $h < r\sqrt{c_1c_2}$ 时，$\partial\beta^*/\partial h < 0$。如果两个任务是替代性任务，且长期经济政策执行努力占比小于同时执行两项任务的增量成本系数，那么随着长期经济政策执行努力占比增加/减少，中央政府降低/提高长期绩效的最优激励强度。

4.4.5　两项任务相关系数的影响

由 β^* 对 r 求一阶偏导数，可得：

$$\frac{\partial \beta^*}{\partial r} = \frac{2\rho c_1 c_2 (\sigma_1^2 + h^2 \sigma_2^2)[r(c_2 + h^2 c_1) - hr^2\sqrt{c_1 c_2} - h\sqrt{c_1 c_2}]}{[c_2 + h^2 c_1 - 2hr\sqrt{c_1 c_2} + \rho c_1 c_2 (1 - r^2)(\sigma_1^2 + h^2 \sigma_2^2)]^2} \tag{4.29}$$

令 $h_3 = r\sqrt{c_1 c_2}/c_1$，$h_4 = \sqrt{c_1 c_2}/rc_1$，得到命题 4.7。

命题 4.7：（1）当 $0 < r \leqslant 1$ 时，存在以下三种情形：（a）当 $0 < h < h_3$ 时，$\partial \beta^*/\partial r > 0$，随着 e_2^{**} 减少，e_1^{**} 增加；（b）当 $h > h_4$ 时，$\partial \beta^*/\partial r > 0$，随着 e_1^{**} 减少，e_2^{**} 增加；（c）当 $h_3 < h < h_4$ 时，$\partial \beta^*/\partial r < 0$，随着 e_1^{**} 减少，e_2^{**} 增加。（2）当 $-1 \leqslant r < 0$ 时，$h > h_3$，因此 $\partial \beta^*/\partial r < 0$。

证明：构造变量 h 的一元二次方程 $r(c_2 + h^2 c_1) - hr^2\sqrt{c_1 c_2} - h\sqrt{c_1 c_2} = 0$，求解得到两个根：$h_3 = r\sqrt{c_1 c_2}/c_1$，$h_4 = \sqrt{c_1 c_2}/rc_1$。

根据两项任务的相关系数，分两种情况进行讨论：

（1）若 $0 < r \leqslant 1$，则 $0 < h_3 < h_4$，分以下三种情况进行讨论：

（a）若 $0 < h < h_3$，即 $h < r\sqrt{c_1 c_2}/c_1$，则 $r(c_2 + h^2 c_1) - hr^2\sqrt{c_1 c_2} - h\sqrt{c_1 c_2} > 0$，此时 $\partial \beta^*/\partial r > 0$。由于 $e\dfrac{\partial e_1^{**}}{\partial e_2^{**}} < 0$ 且 $h < r\sqrt{c_1 c_2}/c_1$，则地方政府增加 e_1^{**}（e_1^{**} 增量为 $r\sqrt{c_1 c_2}/c_1$）所创造的长期绩效（长期绩效增量为 $r\sqrt{c_1 c_2}/c_1$）大于地方政府减少 e_2^{**}（e_2^{**} 的减少量为 1）所减少的长期绩效（长期绩效减少量为 h）。

（b）若 $h > h_4$，即 $\sqrt{c_1 c_2}/rc_1 < h$，则 $r(c_2 + h^2 c_1) - hr^2\sqrt{c_1 c_2} - h\sqrt{c_1 c_2} > 0$，此时 $\partial \beta^*/\partial r > 0$。由于 $\sqrt{c_1 c_2}/rc_1 < h$，则 $r\sqrt{c_1 c_2}/c_1 < r^2 h$。由于 $\dfrac{\partial e_1^{**}}{\partial e_2^{**}} < 0$ 且 $r\sqrt{c_1 c_2}/c_1 < r^2 h$，则地方政府增加 e_2^{**}（e_2^{**} 增量为 1）所创造的长期绩效（长期绩效增量为 h）大于地方政府减少 e_1^{**}（e_1^{**} 的减少量为 $r\sqrt{c_1 c_2}/c_1$）所减少的长期绩效（长期绩效减少量为 $r\sqrt{c_1 c_2}/c_1$）。

（c）若 $h_3 < h < h_4$，即 $r\sqrt{c_1 c_2}/c_1 < h < \sqrt{c_1 c_2}/rc_1$，则 $r(c_2 + h^2 c_1) - hr^2\sqrt{c_1 c_2} - h\sqrt{c_1 c_2} < 0$，此时 $\partial \beta^*/\partial r < 0$。

由于 $\dfrac{\partial e_1^{**}}{\partial e_2^{**}} = \dfrac{-r\sqrt{c_1 c_2}}{c_1} < 0$ 且 $r\sqrt{c_1 c_2}/c_1 < h < \sqrt{c_1 c_2}/rc_1$，则地方政府增加 e_2^{**}（e_2^{**} 增量为 1）所创造的长期绩效（长期绩效增量为 h）大于地方政府减少 e_1^{**}（e_1^{**} 的减少量为 $r\sqrt{c_1 c_2}/c_1$）所减少的长期绩效（长期绩效减少量为 $r\sqrt{c_1 c_2}/c_1$）。

（2）若 $-1 \leqslant r < 0$，则 $h_4 < h_3 < 0$，分以下三种情况进行讨论：

若 $h_4 < h < h_3$，则 $\partial \beta^*/\partial r > 0$；若 $h < h_4$ 或 $h > h_3$，则 $\partial \beta^*/\partial r < 0$。

由于 $h > 0$，仅 $h > 0 > h_3$ 成立。

因此，若 $-1 \leqslant r < 0$，则 $h > h_3$，此时 $\partial \beta^* / \partial r < 0$。

命题 4.7 阐明了两项任务的相关系数对长期绩效最优激励强度的影响。首先，当两项任务是替代性任务，那么存在以下三种情况：（1）当长期经济政策执行努力占比小于某一阈值时，随着两项任务的可替代性程度增加/减少，中央政府提高/降低长期绩效的最优激励强度；地方官员有动力增加环境政策执行努力，减少经济政策执行努力。（2）当长期经济政策执行努力占比大于另一个阈值时，随着两项任务的可替代性程度增加/减少，中央政府提高/降低长期绩效最优激励强度；地方官员倾向于增加经济政策执行努力，减少环境政策执行努力。（3）当长期经济政策执行努力占比介于上述两个阈值之间时，随着两项任务的可替代性程度增加/减少，中央政府降低/提高长期绩效最优激励强度；地方官员倾向于增加经济政策执行努力，减少环境政策执行努力。其次，当两项任务是互补性任务时，随着两项任务的互补程度增加/减少，中央政府降低/提高长期绩效最优激励强度。

基于以上分析，表 4 - 2 总结了各参数对长期绩效最优激励强度的影响。

表 4 - 2　　　　　　　　各参数对长期绩效最优激励强度的影响

参数	条件	β^*	参数	条件	β^*
$\rho(\uparrow)$	-	$\downarrow$	$h(\uparrow)$	$h > r\sqrt{c_1 c_2}$	$\uparrow$
$\sigma_1^2(\uparrow)$	-	$\downarrow$		$h < r\sqrt{c_1 c_2}$	$\downarrow$
$\sigma_2^2(\uparrow)$	-	$\downarrow$		$0 < r \leqslant 1$　$r\sqrt{c_1 c_2}/c_1 > h > 0$	$\uparrow$
$c_1(\uparrow)$	$hr\sqrt{c_1 c_2}/c_2 > 1$	$\uparrow$	$r(\uparrow)$	$h > \sqrt{c_1 c_2}/rc_1$	$\uparrow$
	$hr\sqrt{c_1 c_2}/c_2 < 1$	$\downarrow$		$r\sqrt{c_1 c_2}/c_1 < h < \sqrt{c_1 c_2}/rc_1$	$\downarrow$
$c_2(\uparrow)$	$r\sqrt{c_1 c_2}/c_1 > h$	$\uparrow$		$-1 \leqslant r < 0$　$h > r\sqrt{c_1 c_2}/c_1$	$\downarrow$
	$r\sqrt{c_1 c_2}/c_1 < h$	$\downarrow$			

注：↑表示增大；↓表示递减；－表示无约束条件。

4.5　数值算例与分析

邀请 64 位地方官员进行访谈，以厘清参数之间的大致比例关系。地方官员来自省、市、县/区各级发改委（局）、生态环境厅（局）、工业和信息化厅（局）。运用数值模拟的方法对长期绩效导向激励机制的激励效果和长期绩效最优激励强度的选择进行分析。采用 Matlab2018a 软件进行数值模拟，分别改变这些参数的取值进行敏感性分析，发现随着这些参数值的变化，仿真结果有所变化，但影响趋势与本书所列结果相类似。

4.5.1 长期绩效导向激励机制的激励效应

本节采用数值模拟仅呈现命题 4.4（2）（b）所刻画的情景下的激励效应。在图 4－2 中，将长期绩效导向激励机制下环境政策和经济政策执行努力都大于现行激励机制下环境政策和经济政策执行努力的区域标注为"EEW"区域，将长期绩效导向激励机制下环境政策执行努力大于现行激励机制下环境政策执行努力，而长期绩效导向激励机制下经济政策执行努力小于现行激励机制下经济政策执行努力的区域标注为"ENP"区域，将长期绩效导向激励机制下环境政策执行努力小于现行激励机制下环境政策执行努力，而长期绩效导向激励机制下经济政策执行努力大于现行激励机制下经济政策执行努力的区域标注为"ECP"区域。

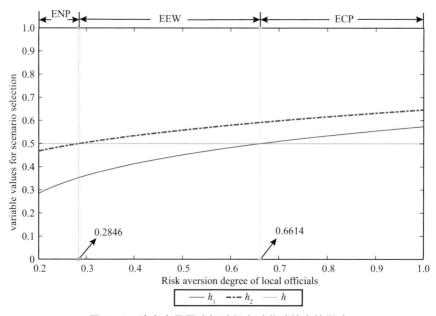

图 4－2 地方官员风险规避程度对激励效应的影响

1. 地方官员风险规避程度的影响

当 $c_1 = 1$、$c_2 = 0.5$、$\sigma_1^2 = 5$、$\sigma_2^2 = 1.7$、$\alpha = 0.9$、$h = 0.5$、$r = 0.5$ 时，ρ 的取值范围是 $[0.2, 1]$，此时 $\sqrt{c_2} < C$ 成立。由图 4－2 可知，当 ρ 取值范围较小

（$0.2 \leqslant \rho < 0.2846$）时，$h_2 < h$ 成立，因此该区域为"ENP"区域；当 ρ 处于中间取值范围（$0.2846 \leqslant \rho \leqslant 0.6614$）时，$h_1 \leqslant h$ 和 $h_2 \geqslant h$ 成立，因此该区域为"EEW"区域；当 ρ 的取值范围较大（$0.6614 < \rho \leqslant 1$）时，$h_1 > h$ 成立，因此该区域为"ECP"区域。

2. 环境政策绩效方差的影响

当 $c_1 = 1$、$c_2 = 0.5$、$\sigma_2^2 = 1.7$、$\rho = 0.15$、$\alpha = 0.9$、$h = 0.5$、$r = 0.9$ 时，σ_1^2 的取值范围是 $[2, 9]$，此时 $\sqrt{c_2} < C$ 成立。由图 4-3 可知，当 σ_1^2 取值范围较小（$2 \leqslant \sigma_1^2 < 3.6203$）时，$h_2 < h$ 成立，因此该区域为"ENP"区域；当 σ_1^2 取值范围处于中间（$3.6203 \leqslant \sigma_1^2 \leqslant 7.2873$）时，$h_1 \leqslant h$ 和 $h_2 \geqslant h$ 成立，因此该区域为"EEW"区域；当 σ_1^2 取值范围较大（$7.2873 < \sigma_1^2 \leqslant 9$）时，$h_1 > h$ 成立，因此该区域为"ECP"区域。

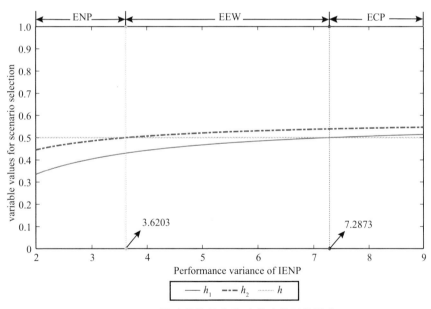

图 4-3　环境政策绩效方差对激励效果的影响

3. 经济政策绩效方差的影响

当 $c_1 = 1$、$c_2 = 0.5$、$\sigma_1^2 = 5$、$\rho = 0.5$、$\alpha = 0.9$、$h = 0.5$、$r = 0.5$ 时，σ_2^2 的取值范围为 $[0.28, 5]$，此时 $\sqrt{c_2} < C$ 成立。由图 4-4 可知，当 σ_2^2 取值范围较小

（$0.28 \leqslant \sigma_2^2 < 1.206$）时，$h_2 < h$ 成立，因此该区域为"ENP"区域；当 σ_2^2 取值范围处于中间（$1.206 \leqslant \sigma_2^2 \leqslant 2.2782$）时，$h_1 \leqslant h$ 和 $h_2 \geqslant h$ 成立，因此该区域为"EEW"区域；当 σ_2^2 取值范围较大（$2.2782 < \sigma_2^2 \leqslant 5$）时，$h_1 > h$ 成立，因此该区域为"ECP"区域。

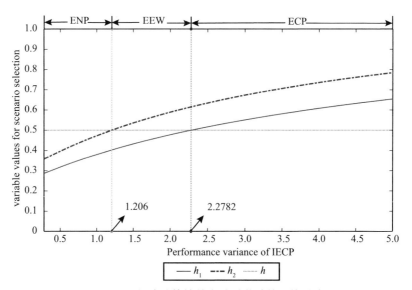

图 4 - 4　经济政策绩效方差对激励效果的影响

4. 环境政策执行努力成本系数的影响

当 $c_2 = 0.5$、$\sigma_1^2 = 5$、$\sigma_2^2 = 1.7$、$\rho = 0.5$、$\alpha = 0.9$、$h = 0.5$、$r = 0.5$ 时，c_1 的取值范围是 [0.5, 2]，此时 $\sqrt{c_2} < C$ 成立。由图 4 - 5 可知，当 c_1 取值范围较小（$0.5 \leqslant c_1 < 0.6464$）时，$h_1 > h$ 成立，因此该区域为"ECP"区域；当 c_1 取值范围处于中间（$0.6464 \leqslant c_1 \leqslant 1.4468$）时，$h_1 \leqslant h$ 和 $h_2 \geqslant h$ 成立，因此该区域为"EEW"区域；当 c_1 取值范围较大（$1.4468 < c_1 \leqslant 2$）时，$h_2 < h$ 成立，因此，该区域为"ENP"区域。

5. 经济政策执行努力成本系数的影响

当 $c_1 = 1$、$\sigma_1^2 = 5$、$\sigma_2^2 = 1.7$、$\rho = 0.5$、$\alpha = 0.9$、$h = 0.5$、$r = 0.5$ 时，c_2 的取值范围是 [0.3, 1]，此时 $\sqrt{c_2} < C$ 成立。由图 4 - 6 可知，当 c_2 取值范围较小（$0.3 \leqslant c_2 < 0.4066$）时，$h_2 < h$ 成立，因此该区域为"ENP"区域；当 c_2 取值范围处于中间（$0.4066 \leqslant c_2 \leqslant 0.5901$），$h_1 \leqslant h$ 和 $h_2 \geqslant h$ 成立，因此该区域为

"EEW"区域；当c_2取值范围较大（$0.5901 < c_2 \leqslant 1$）时，$h_1 > h$成立，因此该区域为"ECP"区域。

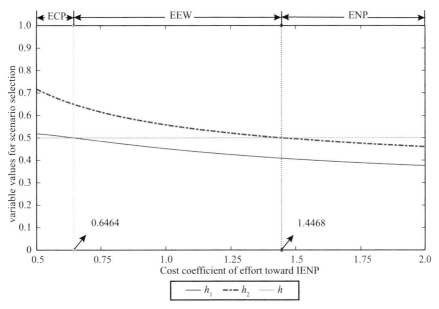

图 4 - 5　环境政策执行努力成本系数对激励效应的影响

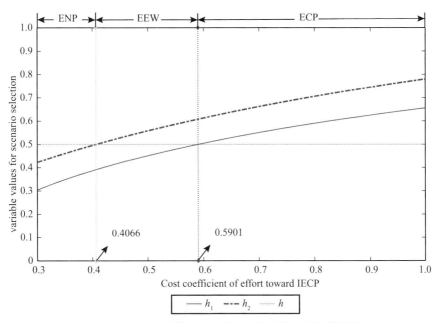

图 4 - 6　经济政策执行努力成本系数对激励效果的影响

6. 两项任务之间可替代性程度的影响

当 $c_1 = 1$、$c_2 = 0.5$、$\sigma_1^2 = 5$、$\sigma_2^2 = 1.7$、$\rho = 0.5$、$\alpha = 0.9$、$h = 0.55$ 时，r 的取值范围为 $[0.2, 1)$，此时 $\sqrt{c_2} < C$ 成立。由图 4-7 可知，当 r 取值范围较小 $(0.2 \leqslant r < 0.434)$ 时，$h_2 < h$ 成立，因此该区域为"ENP"区域；当 r 取值范围处于中间 $(0.434 \leqslant r \leqslant 0.7572)$ 时，$h_1 \leqslant h$ 和 $h_2 \geqslant h$ 成立，因此该区域为"EEW"区域；当 r 取值范围较大 $(0.7572 < r < 1)$ 时，$h_1 > h$ 成立，因此该区域为"ECP"区域。

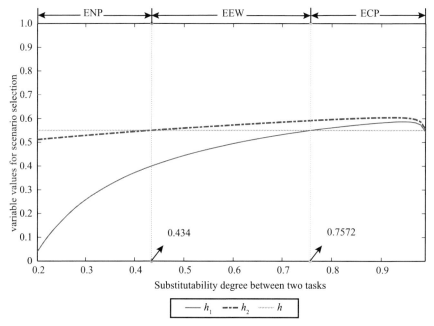

图 4-7　两项任务间可替代性程度对激励效果的影响

综上所述，表 4-3 总结了不同参数对长期绩效导向激励机制激励效果的影响。特别是当经济政策绩效方差为低/高时，该区域为"ENP/ECP"区域。当环境政策/经济政策执行努力的成本系数较低时，该区域为"ECP/ENP"区域。当环境政策/经济政策执行努力的成本系数较高时，该区域为"ENP/ECP"区域。

表4-3　　　　　　　　　　不同参数对激励效果的影响

参数	地方政府风险规避程度			两项任务间的替代程度		
参数值	低	中	高	低	中	高
激励效应	ENP	EEW	ECP	ENP	EEW	ECP
参数	环境政策绩效方差			经济政策绩效方差		
参数值	低	中	高	低	中	高
激励效应	ENP	EEW	ECP	ENP	EEW	ECP
参数	环境政策执行努力的成本系数			经济政策执行努力的成本系数		
参数值	低	中	高	低	中	高
激励效应	ECP	EEW	ENP	ENP	EEW	ECP

4.5.2　长期绩效最优激励强度的选择

1. 地方政府风险规避程度的影响

仿真参数设置为 $c_1 = 1$，$c_2 = 0.5$，$\sigma_1^2 = 5$，$\sigma_2^2 = 1.7$，$h = 0.5$，ρ 的取值范围为 $[0, 1]$，r 的取值为 0.5 和 -0.5。图4-8刻画了地方官员风险规避程度对长期绩效最优激励强度的影响。

由图4-8可知，长期绩效最优激励强度随着地方官员风险规避程度的增加而降低。图4-8还表明对任意一个可行的地方官员风险规避程度，互补性任务情形下的长期绩效最优激励强度均大于替代性任务情形下的长期绩效最优激励强度。

2. 两项任务绩效方差的影响

仿真参数设置为 $c_1 = 1$，$c_2 = 0.5$，$\rho = 0.5$，$h = 0.5$，r 的取值为 0.5 和 -0.5。其余参数设置为两组数值：（1）$\sigma_2^2 = 1.7$，σ_1^2 的取值范围为 $(1.7, 9)$；（2）$\sigma_1^2 = 7$，σ_2^2 的取值范围为 $(0, 7)$。两项任务绩效方差对长期绩效最优激励强度的影响如图4-9所示。

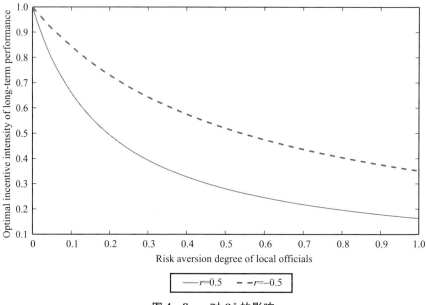

图 4 - 8 ρ 对 β^* 的影响

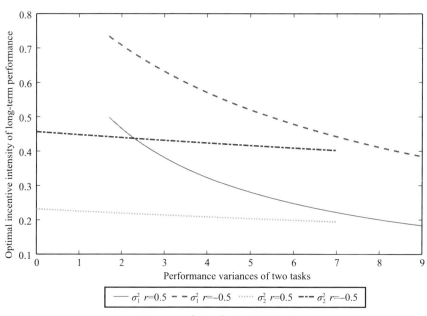

图 4 - 9 σ_1^2 和 σ_2^2 对 β^* 的影响

由图4-9可知，长期绩效最优激励强度随着两项任务绩效方差的增大而减小。图4-9还表明，长期绩效最优激励强度受环境政策绩效方差的影响更为显著。对任意一个可行的任务绩效方差，互补性任务情形下的长期绩效最优激励强度均大于替代性任务情形下的长期绩效最优激励强度。

3. 环境政策执行努力成本系数的影响

仿真参数设置为 $c_2 = 0.1$，$\sigma_1^2 = 5$，$\sigma_2^2 = 7.1$，$\rho = 0.5$，(h, r) 的取值分别是 $(0.2, 0.5)$、$(0.7, 0.5)$、$(0.2, -0.5)$、$(0.7, -0.5)$，c_1 的取值范围是 $(0.1, 2]$。环境政策执行努力成本系数对长期绩效最优激励强度的影响如图4-10所示。

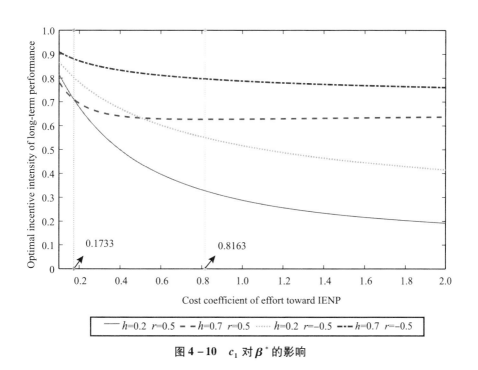

图4-10　c_1 对 β^* 的影响

由图4-10可知，当 (h, r) 的取值分别为 $(0.2, 0.5)$、$(0.2, -0.5)$ 和 $(0.7, -0.5)$ 时，$hr\sqrt{c_1 c_2} - c_2 < 0$ 成立，随着 c_1 增加，β^* 减少。当 $h = 0.7$ 和 $r = 0.5$ 时，c_1 存在一个阈值（$c_1 = 0.8163$），当 c_1 小于该阈值时，$hr\sqrt{c_1 c_2} - c_2 < 0$ 成立，随着 c_1 增加，β^* 减少；当 c_1 大于该阈值时，$hr\sqrt{c_1 c_2} - c_2 > 0$ 成立，随着 c_1 增加，β^* 也增加。

图 4 - 10 还表明，对任意一个可行的环境政策执行努力成本系数，互补性任务情形下的长期绩效最优激励强度均大于替代性任务情形下的长期绩效最优激励强度。当两项任务为互补性任务时，对任意一个可行的环境政策执行努力成本系数，在长期经济政策投入更多努力的地方官员能获得更高的激励。当两项任务为替代性任务时，当环境政策执行努力的成本系数低于/高于门槛值（$c_1 = 0.1733$）时，在长期经济政策投入较低/较高努力的地方官员会获得更高的激励。

4. 经济政策执行努力成本系数的影响

仿真参数设置为 $c_1 = 1$，$\sigma_1^2 = 5$，$\sigma_2^2 = 1.7$，$\rho = 0.5$ 时，(h, r) 的取值分别为 $(0.2, 0.5)$、$(0.7, 0.5)$、$(0.2, -0.5)$、$(0.7, -0.5)$，c_2 的取值范围为 $(0, 1)$。经济政策执行努力成本系数对长期绩效最优激励强度的影响如图 4 - 11 所示。

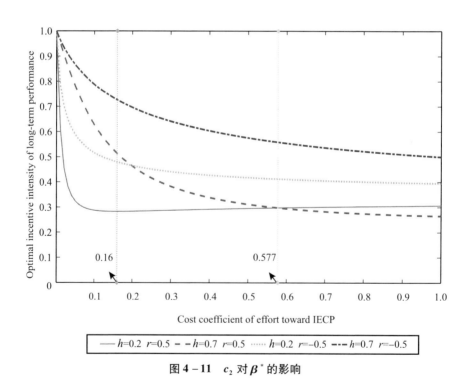

图 4 - 11 c_2 对 β^* 的影响

由图 4 – 11 可知，当 $h = 0.2$ 和 $r = 0.5$，c_2 存在一个阈值（$c_2 = 0.16$），当 c_2 小于该阈值时，$r\sqrt{c_1 c_2} - hc_1 < 0$ 成立，随着 c_2 的增加，β^* 增加；当 c_2 大于该阈值时，$r\sqrt{c_1 c_2} - hc_1 > 0$ 成立，随着 c_2 增加，β^* 也增加。当（h，r）的取值分别为（0.7，0.5），（0.2，– 0.5）和（0.7，– 0.5）时，$r\sqrt{c_1 c_2} - hc_1 < 0$ 成立，随着 c_2 增加，β^* 减少。

图 4 – 11 还表明，对任意一个可行的经济政策执行努力成本系数，互补性任务情形下的长期绩效最优激励强度均大于替代性任务情形下的长期绩效最优激励强度。当两项任务为互补性任务时，对任意一个可行的经济政策执行努力成本系数，长期经济政策投入努力更高的地方官员会获得更高的激励。当两项任务为替代性任务时，当经济政策执行努力成本系数低于/高于门槛值（$c_2 = 0.0577$）时，在长期经济政策投入较高/较低努力的地方官员获得的激励更高。

5. 长期经济政策努力占比的影响

仿真参数设置为 $c_1 = 1$，$c_2 = 0.5$，$\sigma_1^2 = 5$，$\sigma_2^2 = 1.7$，$\rho = 0.5$，r 的取值分别为 0.5、– 0.5，h 的取值范围为（0，1）。长期经济政策努力占比对长期绩效最优激励强度的影响如图 4 – 12 所示。

由图 4 – 12 可知，当 $r = 0.5$，h 存在一个阈值（$h = 0.3536$），当 h 小于该阈值时，$h - r\sqrt{c_1 c_2} < 0$ 成立，随着 h 增加，β^* 减少；当 h 大于该阈值时，$h - r\sqrt{c_1 c_2} > 0$ 成立，随着 h 增加，β^* 增加。当 $r = – 0.5$ 时，$h - r\sqrt{c_1 c_2} > 0$ 成立，随着 h 增加，β^* 也增加。图 4 – 12 还表明，对任意一个可行的长期经济政策努力占比，互补性任务情形下的长期绩效最优激励强度均大于替代性任务情形下的长期绩效最优激励强度。

6. 两项任务间相关系数的影响

仿真参数设置为 $c_1 = 1$，$c_2 = 0.6$，$\sigma_1^2 = 5$，$\sigma_2^2 = 1.7$，$\rho = 0.5$，h 的取值分别为 0.2、0.7，r 的取值范围为（– 1，1）。两项任务之间的相关系数对长期绩效最优激励强度的影响如图 4 – 13 所示。

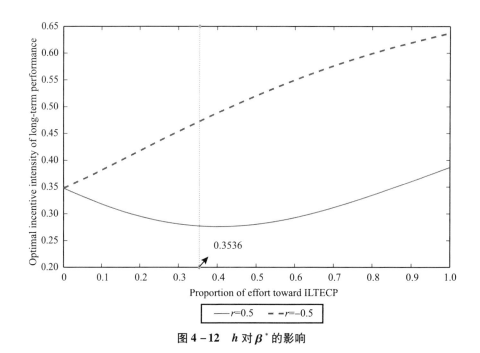

图 4 - 12　h 对 β^* 的影响

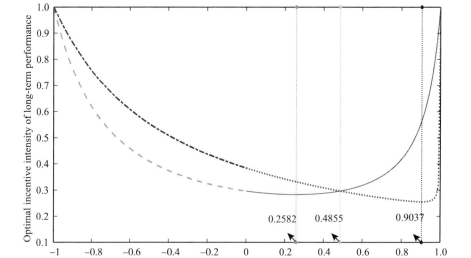

图 4 - 13　r 对 β^* 的影响

由图 4 – 13 可知，当 $h = 0.2$ 时，r 存在一个阈值（$r = 0.2582$），当 r 小于该阈值时，$h_3 < h < h_4$ 成立，随着 r 增加，β^* 减少；当 r 大于该阈值时，$0 < h < h_3$ 成立，随着 r 增加，β^* 也增加。当 $h = 0.7$ 时，r 存在阈值（$r = 0.9037$），当 r 小于该阈值时，$h_3 < h < h_4$ 成立，随着 r 增加，β^* 减少；当 r 大于该阈值时，$0 < h < h_3$ 成立，随着 r 增加，β^* 也增加。当 $-1 \leq r < 0$，$h_3 < h$ 成立，随着 r 增加，β^* 减少。

图 4 – 13 还表明，当两个任务为互补性任务时，对任意一个可行的两项任务间的互补程度，在长期经济政策投入更多努力的地方官员将获得更高的激励。当两项任务为替代性任务时，两项任务间的替代性程度低于/高于阈值（$r = 0.4855$）时，在长期经济政策投入较高/较低努力的地方官员会被给予更多的激励。

不同参数对长期绩效最优激励强度的影响可以总结为以下三个方面：第一，对于任意一个可行的地方官员风险规避程度/两项任务绩效方差/地方官员努力程度的成本系数/长期经济政策执行努力占比，互补性任务情形下的长期绩效最优激励强度均大于替代性任务情形下的长期绩效最优激励强度。第二，当两项任务为互补性任务时，对于任意一个可行的环境政策执行努力成本系数/经济政策执行努力成本系数/两项任务之间的互补程度，在长期经济政策付出更高努力的地方官员获得更高的激励。第三，当两项任务是替代性任务，且环境政策执行努力成本系数低于/高于阈值时，在长期经济政策投入较低/较高努力的地方官员会获得更高的激励。当两项任务是可替代任务，并且经济政策执行努力成本系数/两项任务之间的可替代程度低于/高于阈值时，在长期经济政策投入更高/更低努力的地方官员会获得更高的激励。

4.6　研究结论与启示

为了解决环境政策未被地方官员充分执行的问题，本章运用委托代理模型分析现行激励机制下政策执行产生非预期效果的成因，引入长期绩效导向激励机制，激励地方官员追求环境政策和经济政策执行的平衡，以实现经济增长和环境保护的长期双赢。分析现行激励机制和长期绩效导向激励机制下环境政策和经济政策执行的努力水平，以及长期绩效导向激励机制的激励效果和最优激励强度的选择。

　　研究表明：第一，现行激励机制下地方官员的政策执行行为可能产生偏差，而长期绩效导向激励机制可以实现理想的激励效果。特别地，当两项任务为替代性任务时，长期绩效导向激励机制下的第二种情景实现理想激励效果的概率是在三种情景中最高的。这一情景恰好与中国的现状相吻合。这些结果表明中央政府可以利用对地方官员的多任务激励，激励其执行长期经济政策和环境政策。中央政府应将服务业增加值占国内生产总值的比重、战略性新兴产业增加值占规模以上工业增加值的比重等长期经济绩效目标纳入绩效评价体系。

　　第二，两项任务之间的相关关系对地方官员努力组合和长期绩效最优激励强度的调整有显著影响。互补性任务情形下地方政府分配给环境政策和经济政策更多努力的概率高于替代性任务情形。互补性任务情形下长期绩效最优激励强度高于替代性任务情形下长期绩效最优激励强度。因此，中央政府应督促地方官员通过以下举措，使经济增长和环境保护转变为互补性任务：（1）应用系统学的方法建设辖区，实现经济和环境领域的平衡发展；（2）建设紧凑型城市，以提高环境效率（节约资源）和经济效率（促进集聚经济）；（3）采用基于自然的解决方案，促进辖区碳中和，同时实现环境和经济效益，并助力韧性城市建设；（4）将环境和可持续性团体的倡导纳入辖区的发展政策中。

第5章

中央政府奖惩机制下地方政府
环境治理行为演化研究

经济发展过程中兼顾环境保护是人们关注的热点问题。在经济增长和晋升激励驱动下，地方政府存在强烈的动机强化经济发展，并通过直接介入或间接引导的方式来干预资源分配以实现其利益最大化的目标。然而，环境治理不到位引致环境质量难以维系。因此，中央政府有必要对地方政府实施奖惩政策，推动其积极应对环境问题。为此，本章旨在解决以下问题：中央政府是给予地方政府环境治理补贴，还是对地方政府环境治理懈怠行为进行惩罚，以促使地方政府积极投入进行环境治理？中央政府是否可以通过静态奖惩政策和动态奖惩政策有效影响地方政府的环境治理行为？静动态惩罚和补贴组合机制中，哪种机制最能鼓励地方政府采取环境治理策略？为了回答上述问题，本章运用演化博弈理论，分析动静态奖惩机制（静态惩罚＋静态补贴、静态惩罚＋动态补贴、动态惩罚＋静态补贴、动态惩罚＋动态补贴）对地方政府环境治理行为决策的影响，寻求最优奖惩机制促使地方政府进行有效的环境治理。

5.1 基 本 假 设

假设 5.1：博弈参与方为中央政府和地方政府两个不同的群体，参与方为有限理性，各自的目标是实现效用最大化。

假设 5.2：中央政府对地方政府环境治理行为加以监管，当发现其消极或不进行环境治理时将给予处罚，但也可能因为监管成本等原因而对地方政府行为不进行干预。故中央政府的策略集为 {监管, 不监管}。中央政府要求地方政府进行环境治理以解决当地污染问题，但可能影响当地经济发展，降低当地经济绩效。地方政府基于绩效需要，可能以牺牲环境为代价换取短期的经济利益，选择不进行环境治理，从而导致地方环境质量下降。因此，地方政府的策略集为｛治理，不治理｝。中央政府监管的概率为 $x(x \in [0, 1])$，不监管的概率为 $1-x$；地方政府进行环境治理的概率为 $y(y \in [0, 1])$，不治理的概率为 $1-y$。

假设 5.3：中央政府监督地方政府进行环境治理，若地方政府选择环境治理，中央政府从中获得环境收益 π_c，中央政府监督成本为 c_0。为此，地方政府所支付的环境治理成本为 c_1，中央政府对地方政府环境治理行为进行激励，给予的补贴为 S，地方政府因环境治理投入而损失部分经济收益 R。假定中央政府与地方政府的经济收益分配比例为 β，中央政府损失的经济收益为 βR，地方政府损失的经济收益为 $(1-\beta)R$。

假设 5.4：中央政府监督地方政府进行环境治理，若地方政府选择不进行环境治理，将资源投入经济增长任务中从而获得额外经济收益。为了简化分析，假定地方政府不进行环境治理的额外经济收益为 R，则中央获得的经济收益为 βR，但同时损失一部分环境收益，假定环境收益损失亦为 π_c。地方政府获得额外经济收益 $(1-\beta)R$ 的同时，需承担来自中央政府对地方政府环境治理失职的惩罚 F。

假设 5.5：中央政府不监督地方政府环境治理行为，若地方政府进行环境治理，中央政府从中获得环保收益 π_c，损失经济收益 βR；地方政府不仅需要支付环境治理成本，还损失了经济收益 $(1-\beta)R$。

假设 5.6：中央政府不监督地方政府环境治理行为，若地方政府不进行环境治理，中央政府损失环境收益 π_c，获得经济收益 βR；地方政府获得经济收益 $(1-\beta)R$，同时不需要承担因环境治理失职的惩罚。

根据上述假设，模型参数设置和含义见表 5-1。

表 5-1 参数及其含义

参数	描述
R	地方政府不进行环境治理所获得的额外经济收益
β	中央政府与地方政府间额外经济收益的分配比例
π_c	地方政府环境治理产生的环境收益
c_0	中央政府的监督成本
c_1	地方政府环境治理成本
F	中央政府对地方政府的惩罚金额
S	中央政府对地方政府的补贴金额

5.2　静态奖惩机制下地方政府环境治理行为演化分析

5.2.1　"静态惩罚 + 静态补贴"机制下的模型构建

基于表 5 – 1 的参数设定，构建静态惩罚和静态补贴组合机制下地方政府与中央政府之间的演化博弈模型，该模型作为比较的基准，故也称为基准演化博弈模型。其收益矩阵如表 5 – 2 所示。

表 5 – 2　　　　　　　　"静态惩罚 + 静态补贴"机制下收益矩阵

博弈主体		地方政府	
		治理（y）	不治理（$1 - y$）
中央政府	监督（x）	$\pi_c - c_0 - S - \beta R,$ $S - c_1 - (1 - \beta) R$	$\beta R - \pi_c - c_0 + F,$ $(1 - \beta) R - F$
	不监督（$1 - x$）	$\pi_c - \beta R,$ $-(1 - \beta) R - c_1$	$\beta R - \pi_c,$ $(1 - \beta) R$

中央政府实施"监督"和"不监督"策略的期望收益分别为 U_{c1} 和 U_{c2}，依据收益矩阵可得：

$$U_{c1} = y(\pi_c - c_0 - \beta R - S) + (1 - y)(\beta R - \pi_c - c_0 + F) \tag{5.1}$$

$$U_{c2} = y(\pi_c - \beta R) + (1 - y)(\beta R - \pi_c) \tag{5.2}$$

地方政府实施"治理"与"不治理"策略的期望收益分别为 U_{g1}、U_{g2}，依据收益矩阵可得：

$$U_{g1} = x[S - (1 - \beta) R - c_1] + (1 - x)[-(1 - \beta) R - c_1] \tag{5.3}$$

$$U_{g2} = x[(1 - \beta) R - F] + (1 - x)(1 - \beta) R \tag{5.4}$$

则中央政府和地方政府的平均期望收益为：

$$U_c = x U_{c1} + (1 - x) U_{c2}$$
$$U_g = y U_{g1} + (1 - y) U_{g2} \tag{5.5}$$

复制动态方程是用来描述演化博弈中个体策略变化过程的方程。因此，中央政府选择"监督"策略的复制动态方程 $F(x)$ 和地方政府选择"治理"策略的

复制动态方程 $F(y)$ 分别为：

$$F(x) = \frac{dx}{dt} = x(U_{c1} - U_c) = x(1-x)[F - c_0 - (F+S)y] \qquad (5.6)$$

$$F(y) = \frac{dy}{dt} = y(U_{g1} - U_g) = y(1-y)[(F+S)x - 2(1-\beta)R - c_1] \qquad (5.7)$$

5.2.2 地方政府环境治理行为偏差分析

1. 演化稳定性分析

令复制动态方程式（5.6）和式（5.7）为 0，即 $F(x) = 0$，$F(y) = 0$，得到复制动态方程的局部演化均衡点，分别为（0，0）、（0，1）、（1，0）、（1，1）和 (x_0, y_0)，其中 $x_0 = \dfrac{2(1-\beta)R + c_1}{F+S}$，$y_0 = \dfrac{F - c_0}{F+S}$。

通过动态系统的雅可比矩阵的行列式和迹来判断均衡结果。当复制动态系统的均衡点满足条件 $DetJ > 0$ 且 $TrJ < 0$ 时，系统达到局部稳定。由式（5.6）和式（5.7）得到雅可比矩阵及其行列式和迹的表达式：

$$J = \begin{bmatrix} (1-2x)[F-c_0-(F+S)y] & -x(1-x)(F+S) \\ y(1-y)(F+S) & (1-2y)[(F+S)x - 2(1-\beta)R - c_1] \end{bmatrix}$$

$$(5.8)$$

$$DetJ = \{(1-2x)(1-2y)[(F+S)x - 2(1-\beta)R - c_1][F-c_0-(F+S)y]$$
$$+ xy(1-x)(1-y)(F+S)^2\}$$

$$(5.9)$$

$$TrJ = (1-2x)[(F+S)x - 2(1-\beta)R - c_1] + (1-2y)[F-c_0-(F+S)y]$$

$$(5.10)$$

各个均衡点的稳定性分析结果以及演化路径如表 5-3 和图 5-1 所示。

表 5-3　　　"静态惩罚 + 静态补贴" 机制下央地政府间演化稳定策略

均衡点	$DetJ$	符号	TrJ	符号	状态
（0，0）	$-[2(1-\beta)R + c_1](F - c_0)$	负	$F - c_0 - 2(1-\beta)R - c_1$	不定	鞍点
（0，1）	$-[(1-\beta)R + c_1](c_0 + S)$	负	$2(1-\beta)R + c_1 - S - c_0$	不定	鞍点

续表

均衡点	$DetJ$	符号	TrJ	符号	状态
$(1,0)$	$-(F-c_0)[F+S-2(1-\beta)R-c_1]$	负	$S+c_0-c_1-2(1-\beta)R$	不定	鞍点
$(1,1)$	$(c_0+S)[2(1-\beta)R+c_1-F-S]$	负	$2(1-\beta)R+c_1+c_0-F$	不定	鞍点
(x_0,y_0)	$x_0y_0(1-x_0)(1-y_0)(F+S)^2$	正	0	0	中心点

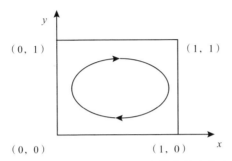

图 5 - 1　基准模型中央地方政府博弈的演化路径

由表 5 - 3 可知，当 $F<c_0$ 且 $2(1-\beta)R+c_1>F+S$ 或 $F<c_0$ 且 $2(1-\beta)R+c_1<F+S$ 时，$(0,0)$ 是局部演化均衡点。这表明当中央政府的监督成本大于对地方政府不治理行为的惩罚额度时，中央政府采取不监督策略。此时由于中央政府的奖惩约束力度不够，地方政府进行环境治理的动力不足，最终地方政府不采取环境治理策略。当 $F>c_0$ 且 $2(1-\beta)R+c_1>F+S$ 或者 $F>c_0$ 且 $2(1-\beta)R+c_1>F+S$ 时，$(1,0)$ 是局部演化均衡点。这表明当中央政府的惩罚力度大于监督带来的成本，中央政府会实施监督策略；地方政府不进行环境治理的净收益大于其进行环境治理的净收益，显然地方政府不会进行环境治理。当 $F>c_0$ 且 $2(1-\beta)R+c_1<F+S$ 时，不存在演化稳定均衡点，如图 5 - 1 所示。基于演化结果分析可知，有两个均衡点可能会成为演化稳定策略，哪一个是演化均衡策略取决于初始状态和各参数的实际取值。

2. 环境治理行为分析

地方政府进行环境治理不仅增加了自身的环境治理成本，还带来部分经济损失，而地方政府不进行环境治理，可以通过经济发展获得额外收益。中央政府的奖惩目的是弥补地方政府在环境治理中的损失。为此，中央政府给予地方政府的惩罚力度应当大于其实施监督的成本，且地方政府进行环境治理的净收益应大于其不进行环境治理的净收益，即 $2(1-\beta)R + c_1 < F + S$，以达到央地政府之间收益的平衡。然而，在满足条件 $F > c_0$ 且 $2(1-\beta)R + c_1 < F + S$ 时，演化系统不存在稳定策略点，双方行为互相作用并反复试探，形成以中心点 (x_0, y_0) 的稳定极限闭环（如图 5-1 所示），系统始终无法渐进稳定到该点 (x_0, y_0)。因此，在环境监督成本固定的情形下，中央政府奖惩机制是影响地方政府是否进行环境治理的关键因素。

命题 5.1：在"静态惩罚 + 静态补贴"机制下，中央政府与地方政府间不存在演化稳定策略，任何微小变化将对博弈双方的策略选择产生较大影响。在环境监督成本固定的情形下，中央政府奖惩政策是地方政府环境治理行为的关键影响因素。

5.3 动态奖惩机制下地方政府环境治理行为演化分析

5.3.1 "动态惩罚 + 静态补贴"机制下地方政府环境治理行为演化

1. 演化博弈分析

在"静态惩罚 + 静态补贴"机制下，满足条件 $F > c_0$ 且 $2(1-\beta)R + c_1 < F + S$ 时，系统不存在演化稳定策略。为此，本章引入中央政府的动态奖惩机制，假设中央政府对地方政府的奖惩政策与地方政府的策略选择概率有关，即中央政府给予地方政府的惩罚力度是随着地方政府不进行环境治理的概率增加而增加，记为 $F_1(y) = F(1-y)$。将其代入复制动态方程式（5.6）和式（5.7）中，中央政府选择"监督"策略的复制动态方程 $F(x)$ 和地方政府选择"治理"策略的复制动态方程 $F(y)$ 变为：

$$F(x) = \frac{dx}{dt} = x(U_{g1} - U_g) = x(1-x)\left[F(1-y) - c_0 - (F(1-y) + S)y\right]$$

$$(5.11)$$

$$F(y) = \frac{dy}{dt} = y(U_{c1} - U_c) = y(1-y)\left[(F(1-y) + S)x - 2(1-\beta)R - c_1\right]$$

$$(5.12)$$

令式（5.11）和式（5.12）为 0，即 $F(x) = 0$，$F(y) = 0$，当满足条件 $F > c_0$ 且 $2(1-\beta)R + c_1 < F + S$ 时，动态复制方程的局部演化均衡点分别为（0，0）、

$(0, 1)$、$(1, 0)$、$(1, 1)$ 和 (x_1, y_1)。其中：

$$x_1 = \frac{(-S + \sqrt{S^2 + 4SF + 4Fc_0})[2(1-\beta)R + c_1]}{2F(S + c_0)}$$

$$y_1 = \frac{2F + S - \sqrt{S^2 + 4SF + 4Fc_0}}{2F}$$

该动态系统的雅可比矩阵为：

$$J_1 = \begin{bmatrix} (1-2x)[Fy^2 - (2F+S)y + F - c_0] & x(1-x)(2Fy - 2F - S) \\ y(1-y)[F(1-y) + S] & (1-2y)[(F(1-y)+S)x - 2(1-\beta)R - c_1] - y(1-y)Fx \end{bmatrix}$$

$$\tag{5.13}$$

系统各个均衡点的稳定性分析结果如表 5-4 所示。

表 5-4　　　"动态惩罚 + 静态补贴"机制下央地政府间演化稳定策略

均衡点	$DetJ_1$	符号	TrJ_1	符号	状态
$(0, 0)$	$-[2(1-\beta)R + c_1](F - c_0)$	负	$-2(1-\beta)R - c_1 + F - c_0$	不定	鞍点
$(0, 1)$	$-[2(1-\beta)R + c_1](c_0 + S)$	负	$2(1-\beta)R + c_1 - c_0 - S$	不定	鞍点
$(1, 0)$	$[F + S - 2(1-\beta)R - c_1](c_0 - F)$	负	$S + c_0 - 2(1-\beta)R - c_1$	不定	鞍点
$(1, 1)$	$[2(1-\beta)R + c_1 - S](c_0 + S)$	负/正	$2(1-\beta)R + c_1 + c_0$	正	鞍点/不稳定点
(x_1, y_1)	$x_1 y_1(1-x_1)(1-y_1) \times [(1-y_1)F + S][S + 2F(1-y_1)]$	正	$-y_1(1-y_1)Fx_1$	负	ESS

由表 5-4 的分析结果可知，(x_1, y_1) 是系统的演化稳定点，演化轨迹是逐渐趋于均衡点 (x_1, y_1) 的螺旋曲线。与中央政府实行"静态惩罚 + 静态补贴"政策相比，随着时间的推移，"动态惩罚 + 静态补贴"政策下系统演化跳出闭环路径模式，出现演化稳定策略。

2. 行为演化影响因素分析

由中央政府实施监督的概率 x_1 对监督成本 c_0、惩罚金额 F 和补贴金额 S 分别求一阶偏导，可得：

$$\frac{\partial x_1}{\partial c_0} < 0$$

$$\frac{\partial x_1}{\partial F} < 0$$

$$\frac{\partial x_1}{\partial S} < 0$$

中央政府实施监督的概率与监督成本、惩罚金额和补贴金额均为负相关。这意味着随着中央政府监督成本/中央政府对地方政府征收的惩罚金额/中央政府给予地方政府的补贴金额的增加，中央政府进行环境治理监督的意愿降低。中央政府对环境治理的监督成本和补贴太大，将给中央政府带来较大的财政压力，降低了中央政府的监督意愿。随着中央政府对地方政府征收的惩罚金额的增大，地方政府不采取环境治理的成本增加，进行环境治理的意愿提高，中央政府实施监督的意愿下降。

由地方政府实施环境治理的概率 y_1 对监督成本 c_0、惩罚金额 F 和补贴金额 S 分别求一阶偏导，可得：

$$\frac{\partial y_1}{\partial c_0} < 0$$

$$\frac{\partial y_1}{\partial F} > 0$$

$$\frac{\partial y_1}{\partial S} < 0$$

地方政府实施环境治理的概率与监督成本和补贴呈负相关关系，与惩罚力度呈正相关关系。具体而言，随着中央政府监督成本增加，中央政府监督概率减少，使得地方政府环境治理的概率也相应减少；随着中央政府惩罚力度的加大，地方政府环境治理的概率增加；随着中央政府给予地方政府补贴金额的增加，中央政府监督概率减少，地方政府的环境治理的概率也随之减少。综上分析得到以下两个命题：

命题 5.2：中央政府实施监督的成本越高，实施监督的积极性越低，则地方政府采取环境治理策略的概率越低；中央政府惩罚力度越大，地方政府进行环境治理的意愿提高，中央政府的监督概率降低；中央政府补贴提高，中央政府监督的概率降低，地方政府采取环境治理的意愿降低。

命题 5.3："动态惩罚＋静态补贴"机制下系统存在演化稳定策略，$(x_1,\ y_1)$ 是系统的演化稳定策略。

5.3.2 "静态惩罚＋动态补贴"机制下地方政府环境治理行为演化

1. 演化稳定分析

假设中央政府给予地方政府环境治理的补贴金额随着地方政府采取环境治理

策略的概率增加而减少，记为 $S_1(y) = S(1-y)$。将其代入复制动态方程式 (5.6) 和式 (5.7) 中，中央政府选择"监督"策略的复制动态方程 $F(x)$ 和地方政府选择"治理"策略的复制动态方程 $F(y)$ 变为：

$$F(x) = \frac{dx}{dt} = x(U_{g1} - U_g) = x(1-x)\left[F - c_0 - (F + S(1-y))y\right] \quad (5.14)$$

$$F(y) = \frac{dy}{dt} = y(U_{c1} - U_c) = y(1-y)\left[(F + (1-y)S)x - 2(1-\beta)R - c_1\right]$$

$$(5.15)$$

令式 (5.14) 和式 (5.15) 为 0，即 $F(x) = 0$，$F(y) = 0$，满足条件 $F > c_0$ 且 $2(1-\beta)R + c_1 < F + S$ 时，复制动态方程的均衡点分别为 (0, 0)、(0, 1)、(1, 0)、(1, 1) 和 (x_2, y_2)。其中：

$$x_2 = \frac{\left(F + S - \sqrt{(F-S)^2 + 4Sc_0}\right)\left[2(1-\beta)R + c_1\right]}{2S(F - c_0)}$$

$$y_2 = \frac{F + S - \sqrt{(F-S)^2 + 4Sc_0}}{2S}$$

该动态系统的雅可比矩阵为：

$$J_2 = \begin{bmatrix} (1-2x)\left[Sy^2 - (S+F)y + F - c_0\right] & x(1-x)(2Sy - S - F) \\ y(1-y)\left[F + S(1-y)\right] & \begin{aligned}&(1-2y)\left[(F+(1-y)S)x - 2(1\\&-\beta)R - c_1\right] - y(1-y)Sx\end{aligned} \end{bmatrix}$$

$$(5.16)$$

系统各个均衡点的稳定性分析结果如表 5-5 所示。

表 5-5　　"静态惩罚 + 动态补贴"机制下央地政府间演化稳定策略

均衡点	$DetJ_2$	符号	TrJ_2	符号	状态
(0, 0)	$-\left[2(1-\beta)R + c_1\right](F - c_0)$	负	$F - c_0 - 2(1-\beta)R - c_1$	不定	鞍点
(0, 1)	$-\left[2(1-\beta)R + c_1\right]c_0$	负	$S + c_0 - 2(1-\beta)R - c_1$	不定	鞍点
(1, 0)	$\left[F + S - 2(1-\beta)R - c_1\right](c_0 - F)$	负	$2(1-\beta)R + c_1 - c_0$	不定	鞍点
(1, 1)	$\left[2(1-\beta)R + c_1 - F\right]c_0$	不定	$2(1-\beta)R + c_1 - F + c_0$	不定	不确定
(x_2, y_2)	$\begin{aligned}&x_2 y_2(1-x_2)(1-y_2) \times\\&\left[F + S(1-y_2)\right]\left[F + S - 2Sy_2\right]\end{aligned}$	不定	$-y_2(1-y_2)Sx_2$	负	渐近稳定点

由表 5 - 5 可知，当 $F > S$ 时，$DetJ_2 \big|_{(x_2, y_2)} > 0$，$(x_2, y_2)$ 是系统的演化稳定点。当 $F < S$ 时，若 $0 < x_2 < \dfrac{F + S}{2S} < 1$，则 $DetJ_2 \big|_{(x_2, y_2)} > 0$，$(x_2, y_2)$ 仍是系统的演化稳定点，系统演化轨迹是逐渐趋于均衡点 (x_2, y_2) 的螺旋曲线。由此可见，补贴对中央政府的监督行为具有抑制效应，较高的监督概率无法实现稳定均衡。若 $\dfrac{F + S}{2S} < x_2 < 1$，则 $DetJ_2 \big|_{(x_2, y_2)} > 0$，系统不存在演化稳定策略。

命题 5.4："静态惩罚 + 动态补贴"机制下系统存在演化稳定策略。当中央政府给予地方政府的惩罚力度大于补贴力度时，(x_2, y_2) 为演化稳定策略。当中央政府给予地方政府的惩罚力度小于补贴力度，且监督概率小于某个阈值时，(x_2, y_2) 为演化稳定策略。

2. 行为演化影响因素分析

由中央政府实施监督的概率 x_2 对监督成本 c_0、惩罚金额 F 和补贴金额 S 分别求一阶偏导，可得：

$$\frac{\partial x_2}{\partial c_0} < 0$$

$$\frac{\partial x_2}{\partial F} < 0$$

$$\frac{\partial x_2}{\partial S} < 0$$

由地方政府实施环境治理的概率 y_2 对监督成本 c_0、惩罚金额 F 和补贴金额 S 分别求一阶偏导，可得：

$$\frac{\partial y_2}{\partial c_0} < 0$$

$$\frac{\partial y_2}{\partial F} > 0$$

$$\frac{\partial y_2}{\partial S} < 0$$

中央政府采取监督策略的概率与监督成本、惩罚额度、补贴额度呈负相关关系。地方政府实施环境治理的概率与监督成本和补贴额度呈负相关关系，而与惩罚金额呈正相关关系。

5.3.3 "动态补贴 + 动态惩罚" 机制下地方政府环境治理行为演化

1. 演化稳定分析

假设中央政府对地方政府征收的罚金和中央政府给予地方政府的补贴金额都随着地方政府采取环境治理的概率增加而减少，记为 $F_1(y) = F(1-y)$ 和 $S_1(y) = S(1-y)$。将它们代入复制动态方程式（5.6）和式（5.7）中，中央政府选择"监督"策略的复制动态方程 $F(x)$ 和地方政府选择"治理"策略的复制动态方程 $F(y)$ 变为：

$$F(x) = \frac{dx}{dt} = x(U_{g1} - U_g) = x(1-x)\left[F(1-y) - c_0 - (F+S)(1-y)y\right]$$

$$(5.17)$$

$$F(y) = \frac{dy}{dt} = y(U_{c1} - U_c) = y(1-y)\left[(F+S)x(1-y) - 2(1-\beta)R - c_1\right]$$

$$(5.18)$$

令式（5.17）和式（5.18）为 0，即 $F(x) = 0$，$F(y) = 0$。当满足条件 $F > c_0$，$2(1-\beta)R + c_1 < F+S$ 时，复制动态方程的局部均衡点分别为 $(0, 0)$、$(0, 1)$、$(1, 0)$、$(1, 1)$ 和 (x_3, y_3)。其中

$$x_3 = \frac{\left(-S + \sqrt{S^2 + 4c_0(F+S)}\right)\left[2(1-\beta)R + c_1\right]}{2c_0(F+S)}$$

$$y_3 = \frac{2F + S - \sqrt{S^2 + 4c_0(F+S)}}{2(F+S)}$$

该动态系统的雅可比矩阵为：

$$J_3 = \begin{bmatrix} (1-2x)\left[(1-y)(F \\ -(F+S)y) - c_0\right] & -x(1-x)\left[2F+S+(F+S)(1-2y)\right] \\ y(1-y)^2(F+S) & (1-2y)\left[(F+S)x(1-y) - 2(1-\beta)R \\ -c_1\right] - y(1-y)(F+S)x \end{bmatrix}$$

$$(5.19)$$

系统各均衡点的稳定性分析结果如表 5 - 6 所示。

表5-6　　　"动态惩罚和动态补贴"机制下央地政府间演化稳定策略

均衡点	$DetJ_3$	符号	TrJ_3	符号	状态
$(0, 0)$	$-[2(1-\beta)R+c_1](F-c_0)$	负	$F-c_0-2(1-\beta)R-c_1$	不定	鞍点
$(0, 1)$	$-[2(1-\beta)R+c_1]c_0$	负	$2(1-\beta)R+c_1-c_0$	不定	鞍点
$(1, 0)$	$[F+S-2(1-\beta)R-c_1](c_0-F)$	负	$S-2(1-\beta)R-c_1-c_0$	不定	鞍点
$(1, 1)$	$(2\beta R+c_1)c_0$	正	$2\beta R+c_1+c_0$	正	不稳定
(x_3, y_3)	$x_3y_3(1-y_3)^2(1-x_3)\times$ $(F+S)[2F+S-2(F+S)y_3]$	不定	$-x_3y_3(1-y_3)(F+S)$	负	渐进稳定点

当 $0<y_3<\dfrac{2F+S}{2(F+S)}<1$ 时，$DetJ_3\big|_{(x_3,y_3)}>0$，$(x_3, y_3)$ 是系统的演化稳定点。演化轨迹是逐渐趋于均衡点 (x_3, y_3) 的螺旋曲线。当 $\dfrac{2S+F}{2(F+S)}<y_3<1$ 时，$DetJ_3\big|_{(x_3,y_3)}<0$，系统不存在演化稳定点。

命题5.5：在"动态惩罚 + 动态补贴"机制下，系统存在演化稳定策略。当地方政府采取治理策略的概率小于某个阈值时，(x_3, y_3) 为系统演化稳定策略。

2. 行为演化影响因素分析

由中央政府实施监督的概率 x_3 对监督成本 c_0、惩罚金额 F 和补贴金额 S 分别求一阶偏导，可得：

$$\frac{\partial x_3}{\partial c_0}<0$$

$$\frac{\partial x_3}{\partial F}<0$$

$$\frac{\partial x_3}{\partial S}<0$$

由地方政府实施环境治理的概率 y_3 对监督成本 c_0、惩罚金额 F 和补贴金额 S 分别求一阶偏导，可得：

$$\frac{\partial y_3}{\partial c_0}<0$$

$$\frac{\partial y_3}{\partial F}>0$$

$$\frac{\partial y_3}{\partial S} < 0$$

中央政府采取监督的概率与监督成本、惩罚金额、补贴金额呈负相关关系。地方政府实施治理的概率与监督成本、补贴金额呈负相关关系，而与惩罚金额呈正相关关系。

5.4　数值算例与分析

中央政府实施"静态惩罚＋静态补贴"机制时，动态系统不存在演化稳定点。而在其他三种动态奖惩机制下，动态系统存在渐进稳定点。要判断何种机制是最优的，通过对比分析博弈主体行为的概率，较为复杂。因此，本节通过模拟各种机制下动态系统演化路径，对比分析得到最优的奖惩机制，为政府奖惩政策设计提供理论依据。

5.4.1　四种机制下地方政府环境治理行为演化的仿真分析

根据基本假设和实际政策对系统参数进行赋值，如表 5 - 7 所示。运用 Mat-lab2018a 软件进行数值模拟，模拟各种机制下动态系统演化稳定路径，探究各个参数变化对博弈参与方演化稳定策略影响。

表 5 - 7　　　　　　　　　　动态系统各参数赋值

参数	x	y	R	β	c_0	c_1	F	S
取值	0.5	0.2	9.5	0.6	8.6	9.2	30	9.2

1．"静态惩罚＋静态补贴"机制

在"静态惩罚＋静态补贴"机制中，当地方政府采取环境治理的初始概率分别为 0.2 和 0.7 时，中央政府实施监督的概率为 0.5，地方政府环境治理行为的演化路径如图 5 - 2 所示。

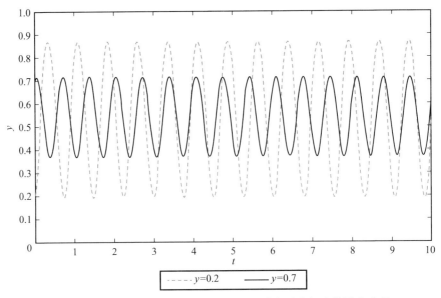

图 5 - 2 "静态惩罚 + 静态补贴" 机制下地方政府行为的演化路径

从图 5 - 2 可知，当中央政府的监督概率为 0.5 时，地方政府采取环境治理的初始概率为 0.2 时，随着时间的推移，地方政府采取环境治理的概率在区间 [0.2, 0.88] 内波动。当地方政府采取环境治理的初始概率为 0.7 时，随着时间的推移，地方政府采取环境治理的概率在区间 [0.38, 0.71] 内波动。可见，当地方政府采取环境治理的初始概率越大时，随着时间推移，策略选择的振荡区间越小。

由图 5 - 3 可知，在 "静态惩罚 + 静态补贴" 机制下，中央政府和地方政府之间的行为策略进化路径呈现出一个闭环。这也验证了命题 5.1，即 (x_0, y_0) 是复制动态系统的中心点，此时系统不存在演化均衡点。

2. "动态惩罚 + 静态补贴" 机制

在 "动态惩罚 + 静态补贴" 机制下，为了与基准模型参数保持一致，假设中央政府监督概率的初始值为 0.5，地方政府采取环境治理的初始概率为 0.2。"静态惩罚 + 静态补贴" 和 "动态惩罚 + 静态补贴" 机制下地方政府环境治理行为的演化路径，如图 5 - 4 所示。"动态惩罚 + 静态补贴" 机制下中央政府与地方政府的策略选择演化路径，如图 5 - 5 所示。

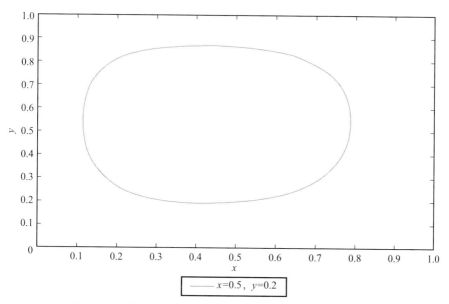

图 5 - 3　"静态惩罚 + 静态补贴"机制下动态系统演化路径

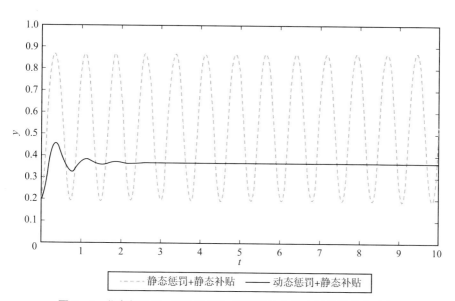

图 5 - 4　"动态惩罚 + 静态补贴"机制下地方政府行为的演化路径

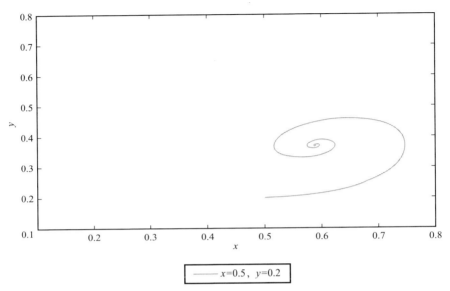

图 5 - 5 "动态惩罚 + 静态补贴"机制下动态系统演化路径

由图 5 - 4 可知，地方政府环境治理行为在短期内震荡，随着时间推移，地方政府采取环境治理的概率在 0.38 的水平上保持稳定状态。可见，地方政府在一个较低的概率水平达到稳定状态。

由图 5 - 5 可知，在"动态惩罚 + 静态补贴"机制下，中央政府和地方政府的博弈演化路径在右下方呈螺旋轨迹，双方渐近稳定于均衡点 (x_1, y_1)，这也验证了命题 5.3。然而，中央政府要保持较高的监督水平，才能促使地方政府采取环境治理策略。

3. "静态惩罚 + 动态补贴"机制

在"静态惩罚 + 动态补贴"机制下，假设中央政府监督概率的初始值为 0.5，地方政府采取环境治理的初始概率为 0.2。"静态惩罚 + 静态补贴"和"静态惩罚 + 动态补贴"机制下地方政府环境治理行为的演化路径，如图 5 - 6 所示。"静态惩罚 + 动态补贴"机制下中央政府与地方政府的策略选择演化路径，如图 5 - 7 所示。

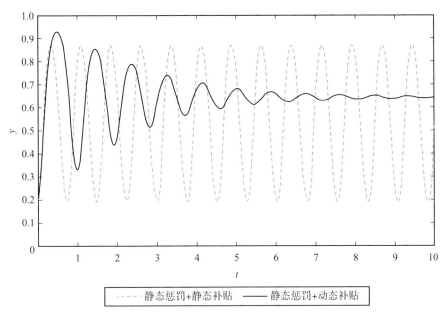

图 5 - 6 "静态惩罚 + 动态补贴"机制下地方政府行为的演化路径

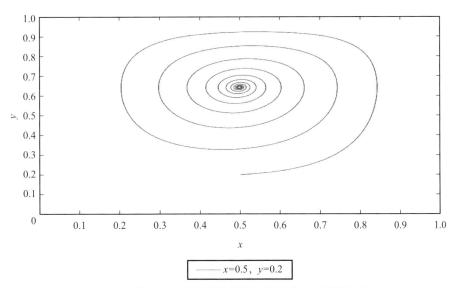

图 5 - 7 "静态惩罚 + 动态补贴"机制下动态系统演化路径

由图 5 - 6 可知，地方政府的环境治理策略在经历短期激烈震荡后，会在 0.64 的水平上保持稳定状态。可见，在"静态惩罚 + 动态补贴"机制下，地方政府的环境治理策略会在一个较高的概率水平达到稳定状态。这说明经过双方的反复博弈，地方政府采取环境治理策略的意愿较大。

由图 5 - 7 可知，中央政府和地方政府的博弈行为演化路径在中上方呈螺旋轨迹，并且渐近稳定于均衡点 (x_2, y_2)。这验证了命题 5.4 的结论。此外，动态系统达到稳定状态时，中央政府的监督概率相对较低。这意味着，在"静态惩罚 + 动态补贴"机制下，中央政府保持适度的监督水平，就可以促使地方政府采取环境治理策略，这是比较理想的状态。

4. "动态惩罚 + 动态补贴"机制

在"动态惩罚 + 动态补贴"机制下，假设中央政府监督概率的初始值为 0.5，地方政府采取环境治理的初始概率为 0.2。"静态惩罚 + 静态补贴"和"动态惩罚 + 动态补贴"机制下地方政府环境治理行为的演化路径，如图 5 - 8 所示。"动态惩罚 + 动态补贴"机制下中央政府与地方政府的策略选择演化路径，如图 5 - 9 所示。

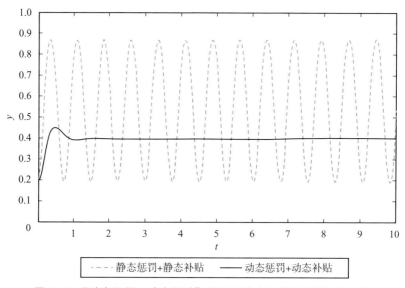

图 5 - 8　"动态惩罚 + 动态补贴"机制下地方政府行为的演化路径

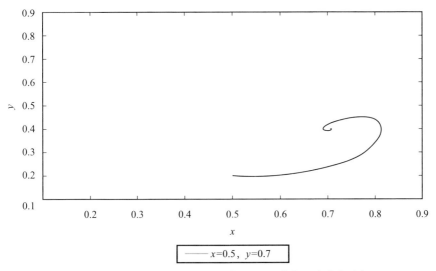

图 5 – 9　"动态惩罚 + 动态补贴"机制下动态系统演化路径

由图 5 – 8 可知，地方政府环境治理策略在经历短期小幅震荡后，会在 0.4 的水平上保持稳定状态。可见，在"动态惩罚 + 动态补贴"机制下，地方政府的环境治理策略在一个较低的概率水平达到稳定状态。这说明经过双方的反复博弈，地方政府采取环境治理策略的意愿较小。

由图 5 – 9 可知，中央政府和地方政府的博弈行为演化路径在右下方呈螺旋轨迹，并且渐近稳定于均衡点（x_3，y_3）。动态系统达到稳定状态时，中央政府的监督概率相对较高。这意味着，中央政府要保持较高的监督水平，才能促使地方政府采取环境治理策略。

5. 四种机制下演化结果比较

中央政府的奖惩政策能够提高地方政府环境治理的概率。中央政府不同的奖惩机制对地方政府策略选择的影响效果，如图 5 – 10 和图 5 – 11 所示。

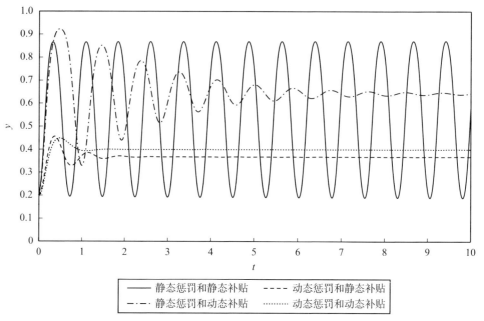

图 5 – 10　四种机制下地方政府行为的演化路径

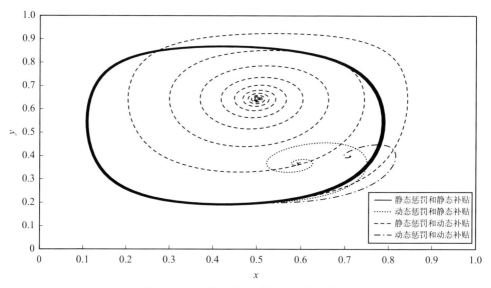

图 5 – 11　四种机制下动态系统演化路径

由图 5 – 10 可知，在"静态惩罚 + 静态补贴"机制下，地方政府采取环境治理的概率上下波动，无法达到稳定状态。在"动态惩罚 + 静态补贴""静态惩罚 + 动态补贴""动态惩罚 + 动态补贴"机制下，地方政府采取环境治理的概率能够达到稳定状态。其中，"静态惩罚 + 动态补贴"机制下地方政府采取环境治理的概率最大，"动态惩罚 + 动态补贴"机制下地方政府采取环境治理的概率次之，"动态惩罚 + 静态补贴"机制下地方政府采取环境治理的概率最小。

由图 5 – 11 可知，在"静态惩罚 + 静态补贴"机制下，动态系统无法达到稳定状态。在"动态惩罚 + 静态补贴""静态惩罚 + 动态补贴""动态惩罚 + 动态补贴"机制下，动态系统能够达到稳定状态。其中，"静态惩罚 + 动态补贴"机制下地方政府采取环境治理的概率最大，中央政府采取监督的概率最小；"动态惩罚 + 动态补贴"机制下中央政府采取监督的概率高于"动态惩罚 + 静态补贴"机制下中央政府采取监督的概率，但"动态惩罚 + 动态补贴"机制下地方政府采取环境治理的概率仅略高于"动态惩罚 + 静态补贴"机制下地方政府采取环境治理的概率。因此，中央政府需权衡是否有必要通过较高的监督成本来小幅度提升地方政府采取环境治理的概率。

5.4.2　参数变化对央地政府行为演化的影响分析

为了更好展现各参数变化对博弈双方行为演化的影响路径，以"静态惩罚 + 动态补贴"最优机制为例，对比分析各参数不同取值下动态系统的演化路径。

1. 惩罚金额变动对博弈双方行为的影响

保持其他参数不变，中央政府惩罚力度的取值分别为 $F = 25$，$F = 30$，$F = 35$，中央政府监督概率的演化趋势如图 5 – 12 所示，地方政府环境治理概率的演化趋势如图 5 – 13 所示，动态系统的演化路径如图 5 – 14 所示。

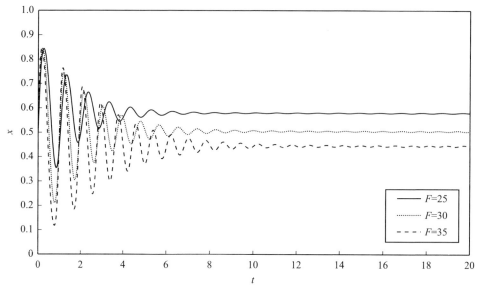

图 5 - 12　惩罚金额变动对中央政府行为演化路径的影响

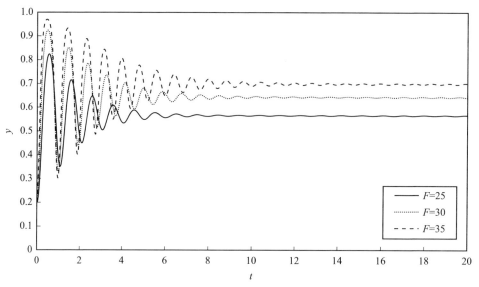

图 5 - 13　惩罚金额变动对地方政府行为演化路径的影响

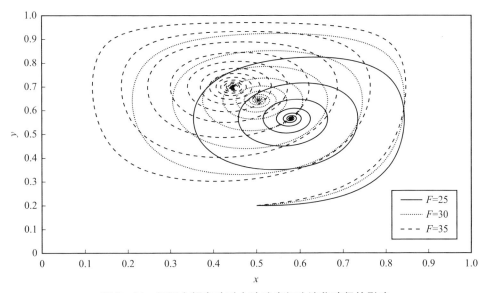

图 5 - 14　惩罚金额变动对央地政府行为演化路径的影响

由图 5 - 12 可知，随着中央政府惩罚力度加大，当其行为演化到稳定状态时，其进行监督的意愿降低，监督概率从 0.58 减少至 0.42。这是由于中央政府惩罚力度增大，地方政府不采取环境治理的成本增加，倾向于更多地投资环境治理，中央政府的监督概率降低。由图 5 - 13 可知，随着中央政府惩罚力度加大，地方政府不进行环境治理的成本上升，其进行环境治理的概率从 0.58 增加至 0.7。由图 5 - 14 可知，随着中央政府惩罚力度加大，双方博弈的演化螺旋曲线从右下方逐渐向左上方移动，中央政府的惩罚力度对双方行为策略选择影响效果显著，地方政府环境治理的概率增加，中央监督的概率减少。

2. 补贴金额变动对博弈双方行为的影响

保持其他参数不变，中央政府补贴力度分别取 $S = 6.2$，$S = 9.2$，$S = 12.2$，中央政府监督概率的演化趋势如图 5 - 15 所示，地方政府环境治理概率的演化趋势如图 5 - 16 所示，动态系统的演化路径如图 5 - 17 所示。

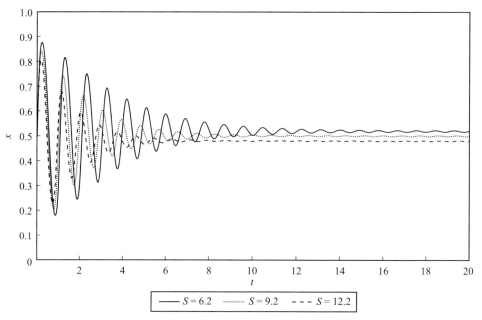

图 5 - 15 补贴金额变动对中央政府行为演化路径的影响

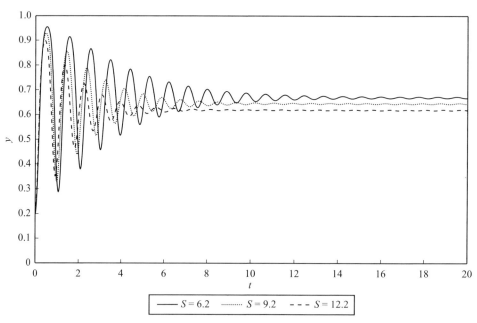

图 5 - 16 补贴金额变动对地方政府行为演化路径的影响

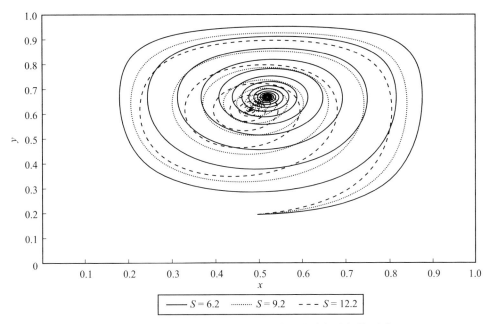

图 5 - 17　补贴金额变动对央地政府行为演化路径的影响

由图 5 - 15 可知，随着中央政府补贴力度加大，当其行为演化到稳定状态时，其进行监督的意愿降低，监督概率从 0.50 减少至 0.48。由图 5 - 16 可知，随着中央政府补贴力度加大，地方政府进行环境治理的概率从 0.68 减少至 0.62。补贴越高，中央政府的财政负担越重，中央政府监督的概率降低，地方政府采取环境治理的积极性也就降低。由图 5 - 17 可知，随着中央政府补贴力度的加大，双方博弈的演化螺旋曲线从右上方逐渐向左下方移动，中央政府的补贴力度对双方行为策略选择作用方向相同，即中央政府的监督概率减少，地方政府的环境治理概率也减少。这表明在固定惩罚力度下，仅仅增加补贴不能取得理想的效果，补贴激励效应会扭曲。

5.5　研究结论与启示

本章从纵向关系视角探讨四种机制（"静态惩罚 + 静态补贴"机制、"动态惩罚 + 静态补贴"机制、"静态惩罚 + 动态补贴"机制以及"动态惩罚 + 动态补贴"机制）对地方政府环境治理策略的影响，并探寻中央政府最优奖惩机制，促进地方政府进行环境治理。

研究结果表明：（1）"静态惩罚＋静态补贴"机制下，系统不存在演化稳定策略，而其他三种机制下系统存在演化稳定策略。（2）"静态惩罚＋动态补贴"机制下地方政府采取环境治理的概率最大，中央政府采取监督的概率最小；"动态惩罚＋动态补贴"机制下中央政府采取监督的概率高于"动态惩罚＋静态补贴"机制下中央政府采取监督的概率，但"动态惩罚＋动态补贴"机制下地方政府采取环境治理的概率仅略高于"动态惩罚＋静态补贴"机制下地方政府采取环境治理的概率。（3）在最优奖惩机制（"静态惩罚＋动态补贴"）下，随着中央政府惩罚力度的加大，地方政府环境治理的概率增加，中央监督概率减少。随着中央政府补贴力度加大，中央政府的监督概率减少，地方政府的环境治理概率也减少。因此，为了实现"静态惩罚＋动态补贴"最优的激励效果，中央政府应该制定合理的补贴区间。

第6章

奖惩机制下地方政府环境
合作治理行为演化研究

由于生态环境问题具有空间上的延展性、溢出性和外部性等特征，生态环境治理问题成为区域间共同面临的棘手问题①。各行政区域单独治理的"切割式"环境治理模式会引致区域环境治理的"失灵"。区域内地方政府之间必须通过合作治理方式，才能从根本上突破区域环境治理"集体行动困境"，解决区域生态环境的供给难题。跨区域环境治理作为介于国家管理和地方微观治理之间的一种中观治理形态，为区域环境问题的解决提供了独特方案②。然而，在分税制体制下，地方政府的利益主体地位得到强化，环境合作治理过程中容易出现"搭便车"行为，即不积极参与环境合作治理的地方政府可共享另一地方政府进行环境治理所产生的环境效益。此外，地方政府的经济偏好异质性将导致其采取不同的经济发展策略，参与主体所获得的经济收益有所差异。"搭便车"行为和"政府异质性"影响了地方政府环境合作治理行为的稳定性。在此背景下，中央政府应发挥纵向协调作用，通过合理的横向生态补偿和纵向奖惩机制协调地方政府之间的利益，推动地方政府积极参与环境合作治理。因此，本章在考虑地方政府的经济偏好以及环境合作治理收益分配比等因素的基础上，构建地方政府间环境合作治理的演化博弈模型，系统分析中央政府横向生态补偿机制和奖惩机制对经济偏好异质性的地方政府环境合作治理行为的影响，探讨地方政府间环境合作治理行

---

① 党秀云，郭钰. 跨区域生态环境合作治理：现实困境与创新路径［J］. 人文杂志，2020（3）：105-111.

② 李泂旭，王贤文，刘兰剑. 府际合作有助于提升区域环境治理绩效吗？——基于结构差异视角的分析［J］. 经济体制改革，2022（2）：18-25.

为不稳定的原因及其应对策略。

6.1 基本假设

假设6.1：博弈的参与主体为地方政府A和地方政府B，博弈主体有限理性，无法完全掌握所有信息，但在学习过程中不断成长，并逐渐筛选出最优策略，最后达到稳定状态。

假设6.2：地方政府A和地方政府B的策略集为 {合作治理，不合作治理}。不合作治理意味着地方政府选择不与另一地方政府进行环境合作治理，追求辖区的经济利益而忽视区域生态环境保护；而合作治理则意味着地方政府与另一地方政府合作进行区域环境治理，共同改善区域环境质量。

假设6.3：地方政府A和地方政府B合作进行环境治理所产生的环境绩效为G，双方约定环境绩效按照一定比例进行分配，收益分配比例为r（$0 < r < 1$）。当只有一方采取合作而另一方选择在环保上消极怠工而追求辖区经济发展时，消极怠工的地方政府追求经济发展所获得的额外经济收益为f，假设地方政府A和地方政府B的经济偏好分别为α_1和α_2，那么地方政府A和地方政府B不进行环境合作治理所获得的额外经济收益分别为$\alpha_1 f$和$\alpha_2 f$。但是，地方政府不进行环境合作治理造成区域环境损失D，损失程度随着经济发展偏好的增加而增加。假定地方政府A和地方政府B的区域环境损失额分别为$\alpha_1 D$和$\alpha_2 D$。

假设6.4：地方政府A采取合作治理的概率是x，不合作治理的概率为$1-x$。地方政府B采取合作治理的概率是y，不合作治理的概率为$1-y$。

依据上述假设，主要参数的含义和取值范围如表6-1所示。

表6-1　　　　　　　　　　　　模型主要参数

参数	描述	取值范围
G	地方政府A和地方政府B合作治理产生的环境收益	$G > 0$
r	环境合作治理下地方政府间的环境收益分配比例	$0 < r < 1$
f	地方政府不进行环境治理而获得的额外经济收益	$f > 0$
α_1	地方政府A追求经济增长的偏好系数	$\alpha_1 > 0$
α_2	地方政府B追求经济增长的偏好系数	$\alpha_2 > 0$

参数	描述	取值范围
D	地方政府不参与环境合作治理带来的区域环境损失	$D > 0$
x	地方政府 A 参与环境合作治理的概率	$x \in [0, 1]$
y	地方政府 B 参与环境合作治理的概率	$y \in [0, 1]$

6.2　基准模型构建与分析

6.2.1　基准模型构建

根据上述假设条件，地方政府 A 和地方政府 B 参与环境合作治理的支付矩阵如表 6-2 所示。

表 6-2　　　　　　　　地方政府环境合作治理的支付矩阵

博弈主体		地方政府 B	
		合作 （y）	不合作 （$1-y$）
地方政府 A	合作 （x）	rG, $(1-r)G$	$r(G - \alpha_2 D)$, $(1-r)(G - \alpha_2 D) + \alpha_2 f$
	不合作 （$1-x$）	$r(G - \alpha_1 D) + \alpha_1 f$, $(1-r)(G - \alpha_1 D)$	$-r(\alpha_1 + \alpha_2)D + \alpha_1 f$, $-(1-r)(\alpha_1 + \alpha_2)D + \alpha_2 f$

根据地方政府间环境合作治理博弈的支付矩阵，用复制动态方程描述双方在有限理性条件下区域环境合作治理策略的演化过程。地方政府 A 采取合作治理和不合作治理的期望收益分别为：

$$U_{11} = yrG + (1-y)r(G - \alpha_2 D) \tag{6.1}$$

$$U_{12} = y[r(G - \alpha_1 D) + \alpha_1 f] + (1-y)[\alpha_1 f - r(\alpha_1 + \alpha_2)D] \tag{6.2}$$

地方政府 B 采取合作治理和不合作治理的期望收益分别为：

$$U_{21} = x(1-r)G + (1-x)(1-r)(G - \alpha_1 D) \tag{6.3}$$

$$U_{22} = x[(1-r)(G - \alpha_2 D) + \alpha_2 f] + (1-x)[\alpha_2 f - (1-r)(\alpha_1 + \alpha_2)D]$$
$$\tag{6.4}$$

地方政府 A 和地方政府 B 的平均期望收益分别为：

$$U_1 = xU_{11} + (1-x)U_{12} \tag{6.5}$$

$$U_2 = yU_{21} + (1-y)U_{22} \tag{6.6}$$

地方政府 A 和地方政府 B 区域环境合作治理的复制动态方程分别为：

$$F(x) = \frac{\mathrm{d}x}{\mathrm{d}t} = x(U_{11} - U_1) = x(1-x)\left[rG + \alpha_1(rD - f) - yrG\right] \tag{6.7}$$

$$F(y) = \frac{\mathrm{d}y}{\mathrm{d}t} = y(U_{21} - U_2) = y(1-y)\left[(1-r)G + \alpha_2((1-r)D - f) - x(1-r)G\right]$$

$$\tag{6.8}$$

6.2.2 基准情形下地方政府环境合作治理行为演化

1. 地方政府 A 和地方政府 B 策略演化趋势分析

根据演化稳定策略的性质可知，达到稳定状态时，演化稳定策略对微小扰动具有稳健性，即如果某些博弈方偶然发生了错误偏离，复制动态机制仍然会使其恢复到稳定点。对于地方政府 A 而言，令复制动态方程式（6.7）为 0，可以得到模型可能的稳定状态点为 $x = 0$，$x = 1$，$y_0 = M/rG$，其中 $M = rG + \alpha_1(rD - f)$。对于地方政府 B 而言，令复制动态方程组式（6.8）为 0，得到系统可能的稳定状态点为 $y = 0$，$y = 1$，$x_0 = N/[(1-r)G]$，其中 $N = (1-r)G + \alpha_2[(1-r)D - f]$，并且 $x_0 \in (0, 1)$，$y_0 \in (0, 1)$。

对于地方政府 A 而言，当 $0 \leqslant y < y_0$ 时，$F(x) > 0$，$F'(x=0) > 0$，$F'(x=1) < 0$。此时地方政府 A 的演化稳定策略为 $x = 1$。在这种情形下，当地方政府 B 采取环境合作治理的概率低于 y_0 时，地方政府 A 的治理策略逐渐由"不合作治理"转化为"合作治理"，选择"合作治理"是地方政府 A 的稳定策略。当 $y_0 < y \leqslant 1$ 时，$F(x) < 0$，$F'(x=0) < 0$，$F'(x=1) > 0$。此时，随着时间的推移，地方政府 A 的演化稳定策略为 $x = 0$。在这种情况下，当地方政府 B 采取环境合作治理的概率高于 y_0 时，地方政府 A 治理策略逐渐由"合作治理"转化为"不合作治理"，选择"不合作治理"是地方政府 A 的稳定策略。当 $y = y_0$ 时，$F(x) = 0$，此时地方政府 B 以固定概率选择环境合作治理策略，地方政府 A 选择环境合作治理与不合作治理的收益相差不大；x 的任意一点对地方政府 A 来说都是稳定策略。地方政府 A 的策略演化路径如图 6-1 所示。

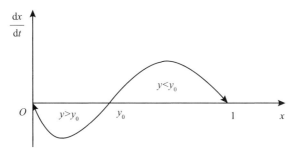

图 6 - 1　地方政府 A 的策略演化趋势

对于地方政府 B 而言，当 $0 \leqslant x < x_0$ 时，$F(y) = \mathrm{d}y/\mathrm{d}t > 0$，$F'(y = 0) > 0$，$F'(y = 1) < 0$。此时地方政府 B 的演化稳定策略为 $y = 1$。在这种情形下，当地方政府 A 采取环境合作治理的概率低于 x_0 时，地方政府 B 的策略逐渐由"不合作治理"转化为"合作治理"，选择"合作治理"是地方政府 B 的稳定策略。当 $x_0 < x \leqslant 1$ 时，$F(y) = \mathrm{d}y/\mathrm{d}t < 0$，$F'(y = 0) < 0$，$F'(y = 1) > 0$。随着时间的推移，地方政府 B 的演化稳定策略为 $y = 0$。在这种情形下，当地方政府 A 采取环境合作治理的概率高于 x_0 时，地方政府 B 的治理策略逐渐由"合作治理"转化为"不合作治理"，选择"不合作治理"是地方政府 B 的稳定策略。当 $x = x_0$ 时，$\mathrm{d}y/\mathrm{d}t = 0$，此时地方政府 A 以固定概率选择环境合作治理策略，地方政府 B 选择环境合作治理与不合作治理的收益相差不大；y 在任何一点对地方政府 B 来说都是稳定策略。地方政府 B 的策略演化路径如图 6 - 2 所示。

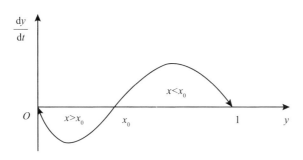

图 6 - 2　地方政府 B 的策略演化趋势

2. 基准情形下环境合作治理行为偏差分析

根据上述分析可知，在博弈策略演化过程中，博弈主体任何一方策略的微小变化都会影响到最终的均衡状态。为了进一步分析动态系统的稳定性，联立复制动态方程式（6.7）和式（6.8），得到动态系统的五个均衡点，分别为（0，0）、（0，1）、（1，0）、（1，1）、（x_0，y_0）。利用微分方程描述系统动态演化，动态系统均衡点的稳定性可以通过该系统的雅可比矩阵的局部稳定分析得到。该动态系统的雅可比矩阵为：

$$J_0 = \begin{bmatrix} (1-2x)(M-yrG) & -x(1-x)rG \\ -y(1-y)(1-r)G & (1-2y)[N-x(1-r)G] \end{bmatrix}$$

当 $DetJ_0 > 0$，$TrJ_0 < 0$ 时，系统演化动态达到局部稳定状态，其对应的点为局部演化稳定策略（ESS）。综合考虑各变量的实际意义和不同策略下的收益情况，根据参数的不同取值进一步分情况讨论动态系统均衡点的稳定性。为了便于讨论，假设 $D < f$，表明政府追求经济发展的收益大于不进行环境合作治理造成的环境损失。下面分 4 种情形展开讨论：

情形 1：$M < 0$，$N < 0$，即 $\alpha_1(f-rD) > rG$，$\alpha_2[f-(1-r)D] > (1-r)G$。

在情形 1 中，（0，0）是系统的演化稳定状态，即地方政府 A 和地方政府 B 采取不进行环境合作治理的策略。此时，地方政府 A 和地方政府 B 不合作进行环境治理而发展经济所获得的经济收益能够弥补环境损失，同时获得的经济收益与环境损失之差大于合作治理的环境收益。地方政府的经济偏好较大，难以形成环境合作治理共识，即使合作，其关系也容易变得脆弱。因此，博弈的结果是双方都采取不合作治理策略。

情形 2：$M < 0$，$N > 0$，即 $\alpha_1(f-rD) > rG$，$\alpha_2[f-(1-r)D] < (1-r)G$ 并且 $\alpha_1/\alpha_2 > [fr-r(1-r)D]/[(f(1-r)-r(1-r)D)]$。

在情形 2 中，（0，1）是系统的演化稳定状态，即地方政府 A 不进行环境合作治理而地方政府 B 采取环境合作治理策略。此时，地方政府 A 与地方政府 B 追求经济利益偏好的比值大于某个阈值，并且地方政府 A 不合作环境治理获得的净收益大于其合作进行环境治理的环境收益，地方政府 B 不合作环境治理获得的净收益小于其合作进行环境治理的环境收益，双方博弈的最终结果是地方政府 A 不合作进行环境治理而地方政府 B 合作进行环境治理。

情形 3：$M > 0$，$N < 0$，即 $\alpha_1(f-rD) < rG$，$\alpha_2[f-(1-r)D] > (1-r)G$ 并且 $0 < \alpha_1/\alpha_2 < [fr-r(1-r)D]/[(f(1-r)-r(1-r)D)]$。

在情形 3 中，（1，0）是系统演化稳定状态，即地方政府 A 进行环境合作治理而地方政府 B 不进行环境合作治理。此时，地方政府 A 与地方政府 B 追求经济利益偏好的比值小于某个阈值，并且地方政府 A 不合作环境治理获得的净收益小于其合作进行环境治理的环境收益，地方政府 B 不合作环境治理获得的净收益大于其合作进行环境治理的环境收益，双方博弈的最终结果是地方政府 A 合作进行环境治理而地方政府 B 不合作进行环境治理。

三种情形演化结果分别由图 6 - 3、图 6 - 4、图 6 - 5 所示。

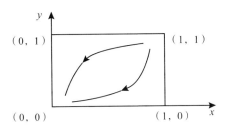

图 6 - 3　情形 1 下地方政府间博弈的演化路径

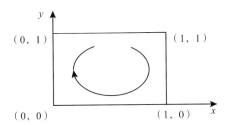

图 6 - 4　情形 2 下地方政府间博弈的演化路径

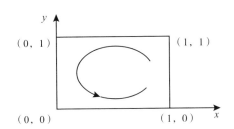

图 6 - 5　情形 3 下地方政府间博弈的演化路径

情形 4： $M > 0$，$N > 0$，即 $\alpha_1(f - rD) < rG$，$\alpha_2[f - (1 - r)D] < (1 - r)G$。

在情形 4 中，（0，1）或者（1，0）是动态系统演化稳定策略，即只有地方政府 A 或地方政府 B 采取环境合作治理策略。此时，地方政府 A 和地方政府 B 不合作进行环境治理而发展经济所获得的经济收益与环境损失之差均小于合作治理的环境收益，博弈的结果是一方采取合作治理策略，另一方采取不合作治理策略。该情形下的地方政府环境合作治理演化博弈相位图如图 6 - 6 所示。

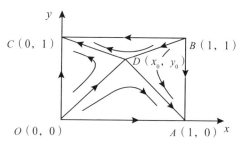

图6-6 情形4下地方政府环境合作治理演化相位图

由图6-6可知，不稳定点 O 和 B 以及鞍点 D 所形成的折线 ODB 将正方形区域 $OABC$ 划分为 $OABD$ 和 $ODBC$ 两个区域，分别代表两个稳定策略点的收敛区域。系统的演化稳定状态取决于鞍点 D 的位置，该点位置决定了两个区域 $OABD$ 和 $ODBC$ 的面积比。若鞍点的位置往左上方移动，$OABD$ 的面积越大，博弈路径以更大的概率向地方政府 A 进行环境合作治理而地方政府 B 不进行环境合作治理的方向演化；若鞍点的位置往右下方移动，$ODBC$ 的面积越大，博弈路径以更大的概率向地方政府 A 不进行环境合作治理而地方政府 B 进行环境合作治理的方向演化；若两区域面积相等，则系统收敛于两点的概率相同。随着支付矩阵中某些参数初始值的变化，演化博弈系统将收敛到不同的平衡点。但无论怎样收敛，系统稳定策略都是一方政府采取环境合作治理策略，另一方政府采取不合作环境治理策略。

综上分析可知，在无中央政府协调机制约束下，动态系统朝着一方选择合作治理而另一方选择不合作治理或者双方都不合作治理的方向演化。这表明仅靠地方政府间的合作机制难以维系双方环境合作治理关系。据此，得到命题6.1。

命题6.1：在无中央政府协调机制约束下，一地方政府选择合作环境治理而另一地方政府选择不合作环境治理，或者地方政府都选择不合作环境治理。

6.3　横向生态补偿机制下地方政府环境合作治理行为演化

6.3.1　横向生态补偿机制下模型构建与求解

在没有中央政府干预的情况下，地方政府间无法自然形成稳定的环境合作治理模式。为了鼓励地方政府积极投入资源进行环境合作治理,将横向生态补偿机制引入模型中,利用不合作一方的部分经济收益补偿合作一方的环境损失的方式,促进原本不合作的一方选择合作环境治理,同时稳定合作一方的环境合作治理行为。假设在横向生态补偿机制下,若只有一地方政府参与环境合作治理,不合作的地方政府应该给予合作治理的地方政府一定的转移补偿,转移补偿金额为 I(见表 6-3)。

表 6-3　　　　　　横向生态补偿机制下地方政府间的支付矩阵

博弈主体		地方政府 B	
		合作（y）	不合作（$1-y$）
地方政府 A	合作（x）	$rG,$ $(1-r)G$	$r(G-\alpha_2 D)+I,$ $(1-r)(G-\alpha_2 D)+\alpha_2 f-I$
	不合作（$1-x$）	$r(G-\alpha_1 D)+\alpha_1 f-I,$ $(1-r)(G-\alpha_1 D)+I$	$-r(\alpha_1+\alpha_2)D+\alpha_1 f,$ $-(1-r)(\alpha_1+\alpha_2)D+\alpha_2 f$

由表 6-3 可知,地方政府 A 采取合作环境治理和不合作环境治理的期望收益分别为:

$$U_{11} = yrG + (1-y)\left[r(G-\alpha_2 D)+I\right] \tag{6.9}$$

$$U_{12} = y\left[r(G-\alpha_1 D)+\alpha_1 f-I\right] + (1-y)\left[\alpha_1 f-r(\alpha_1+\alpha_2)D\right] \tag{6.10}$$

地方政府 B 采取合作治理和不合作治理的期望收益分别为:

$$U_{21} = x(1-r)G + (1-x)\left[(1-r)(G-\alpha_1 D)+I\right] \tag{6.11}$$

$$U_{22} = x\left[(1-r)(G-\alpha_2 D)+\alpha_2 f-I\right] + (1-x)\left[\alpha_2 f-(1-r)(\alpha_1+\alpha_2)D\right] \tag{6.12}$$

地方政府 A 的平均期望收益和地方政府 B 的平均期望收益分别为:

$$U_1 = xU_{11} + (1-x)U_{12} \tag{6.13}$$

$$U_2 = yU_{21} + (1-y)U_{22} \tag{6.14}$$

地方政府 A 区域环境合作治理的复制动态方程和地方政府 B 区域环境合作治理的复制动态方程分别为:

$$F(x) = \frac{dx}{dt} = x(U_{11}-U_1) = x(1-x)\left[rG+\alpha_1(rD-f)+I-yrG\right] \tag{6.15}$$

$$F(y) = \frac{dy}{dt} = y(U_{21}-U_2) = y(1-y)\left[(1-r)G + \alpha_2((1-r)D-f)+I-x(1-r)G\right] \tag{6.16}$$

6.3.2　横向生态补偿机制下策略演化稳定性分析

联立复制动态方程式（6.15）和复制动态方程式（6.16），求解可得动态系统的五个均衡点分别为（0，0）、（0，1）、（1，0）、（1，1）、（x_1，y_1）。其中，

$$x_1 = (M + I) / [(1 - r)G]$$
$$y_1 = (N + I) / (rG)$$

该动态系统的雅可比矩阵为：

$$J_1 = \begin{bmatrix} (1 - 2x)(M + I - yrG) & -x(1 - x)rG \\ -y(1 - y)(1 - r)G & (1 - 2y)[N + I - x(1 - r)G] \end{bmatrix}$$

当 $DetJ_1 > 0$，$TrJ_1 < 0$ 时，系统动态演化到局部稳定状态，其对应的点为局部演化稳定策略。综合考虑各变量的实际意义和不同策略下的收益情况，根据参数的不同取值分情况讨论地方政府博弈系统均衡点的稳定性。

为了便于分析，令

$$p_{min} = \min\{\alpha_1(f - rD)，\alpha_2[(f - (1 - r)D]\}$$
$$p_{max} = \max\{\alpha_1(f - rD)，\alpha_2[(f - (1 - r)D]\}$$

根据 I 的取值变化分以下三种情形展开讨论：

情形 5：当 $I \geqslant p_{max}$ 时，系统的演化稳定策略为（1，1），即博弈的结果是地方政府 A 和地方政府 B 均采取环境合作治理策略。这说明，当横向生态补偿金额大于地方政府不合作治理带来的经济收益与环境损失之差的最大值时，演化结果为两个地方政府都进行环境合作治理。动态系统演化路径如图 6 - 7 所示。这说明横向生态补偿机制能够促进地方政府间进行环境合作治理。

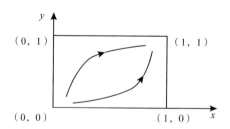

图 6 - 7　情形 5 下地方政府环境合作演化路径

情形 6：当 $p_{min} < I < p_{max}$，$p_{max} = \alpha_1(f - rD)$ 时，若 $M + I > 0$，则系统的演化稳定策略为（0，1）；若 $M + I < 0$，则系统的演化稳定策略为（0，1）或（1，0）。当 $p_{min} < I < p_{max}$，$p_{max} = \alpha_2[f - (1 - r)D]$ 时，若 $M + I > 0$，则系统的演化稳定策

略为（1，0）；若 $M+I<0$，则系统的演化稳定策略为（0，1）或（1，0）。

情形 7：当 $I\leqslant p_{\min}$ 时，动态系统演化结果与基准模型结果类似。

由情形 6 和情形 7 可知，当横向生态补偿金额小于 $p_{\max}$ 时，地方政府博弈策略朝着至少有一方不合作治理的方向演化。

命题 6.2：在横向生态补偿机制下，当横向生态补偿金额大于某个阈值时，系统演化稳定策略为地方政府都选择进行环境合作治理。

6.4　中央政府奖惩机制下地方政府环境合作治理行为演化

6.4.1　中央政府奖惩机制下模型构建与求解

本节考查中央政府能否通过设计奖惩契约对地方政府环境治理行为进行奖惩，进而促进地方政府间实施高效的环境合作治理。假设中央政府给予采取合作治理策略的地方政府一定的环境补贴，而给予不合作治理的地方政府一定的处罚，其中环境补贴金额为 S，惩罚金额为 F。中央政府奖惩机制下区域环境合作治理博弈的支付矩阵如表 6-4 所示。

表 6-4　　　　　　　　惩罚机制下环境合作治理博弈的支付矩阵

博弈主体		地方政府 B	
		合作（y）	不合作（$1-y$）
地方政府 A	合作（x）	$r(G+S)$, $(1-r)(G+S)$	$r(G-\alpha_2 D)+S$, $(1-r)(G-\alpha_2 D)+\alpha_2 f-F$
	不合作（$1-x$）	$r(G-\alpha_1 D)+\alpha_1 f-F$, $(1-r)(G-\alpha_1 D)+S$	$-r(\alpha_1+\alpha_2)D+\alpha_1 f-F$, $-(1-r)(\alpha_1+\alpha_2)D+\alpha_2 f-F$

地方政府 A 采取合作环境治理和不合作环境治理的期望收益分别为：

$$U_{11}=yr(G+S)+(1-y)[r(G-\alpha_2 D)+S] \tag{6.17}$$

$$U_{12}=y[r(G-\alpha_1 D)+\alpha_1 f-F]+(1-y)[\alpha_1 f-r(\alpha_1+\alpha_2)D-F] \tag{6.18}$$

地方政府 B 采取合作环境治理和不合作环境治理的期望收益分别为：

$$U_{21}=x(1-r)(G+S)+(1-x)[(1-r)(G-\alpha_1 D)+S] \tag{6.19}$$

$$U_{22}=x[(1-r)(G-\alpha_2 D)+\alpha_2 f-F]+(1-x)[\alpha_2 f-(1-r)(\alpha_1+\alpha_2)D-F]$$

$$\tag{6.20}$$

地方政府 A 和地方政府 B 的平均期望收益分别为：

$$U_1 = xU_{11} + (1-x)U_{12} \tag{6.21}$$

$$U_2 = yU_{21} + (1-y)U_{22} \tag{6.22}$$

地方政府 A 和地方政府 B 区域环境合作治理的复制动态方程分别为：

$$F(x) = \frac{\mathrm{d}x}{\mathrm{d}t} = x(U_{11} - U_1) = x(1-x)\left[rG + \alpha_1(rD - f) + F + S\right.$$
$$\left. - y(rG + (1-r)S) \right] \tag{6.23}$$

$$F(y) = \frac{\mathrm{d}y}{\mathrm{d}t} = y(U_{21} - U_2) = y(1-y)\left[(1-r)G + \alpha_2((1-r)D - f)\right.$$
$$\left. + S + F - x((1-r)G + rS) \right] \tag{6.24}$$

6.4.2　中央政府奖惩机制下策略演化稳定性分析

联立复制动态方程式（6.23）和式（6.24），得到动态系统的五个均衡点，分别为：$(0,0)$，$(0,1)$，$(1,0)$，$(1,1)$，(x_2, y_2)。其中：

$$x_2 = (N + F + S)/[(1-r)G + rS]$$
$$y_2 = (M + F + S)/[rG + (1-r)S]$$

该动态系统的雅可比矩阵为：

$$J_2 = \begin{bmatrix} (1-2x)(M+F+S-y(rG+(1-r)S)) & -x(1-x)(rG+(1-r)S) \\ -y(1-y)((1-r)G+rS) & (1-2y)[N+F+S-x((1-r)G+rS)] \end{bmatrix}$$

系统各均衡点的稳定性分析结果如表 6-5 所示。

表 6-5　　　　　中央政府奖惩机制下地方政府间演化稳定策略

均衡点	$DetJ_2$	TrJ_2
$(0,0)$	$(M+F+S)\times(N+F+S)$	$M+N+2(F+S)$
$(0,1)$	$[\alpha_1(rD-f)+F+rS]\times(N+F+S)$	$\alpha_1(rD-f)-N-(1-r)S$
$(1,0)$	$(M+F+S)\times[\alpha_2((1-r)D-f)+F-(1-r)S]$	$\alpha_2[(1-r)D-f]-M-rS$
$(1,1)$	$[\alpha_1(rD-f)+F+rS]\times[\alpha_2((1-r)D-f)+F+(1-r)S]$	$\alpha_1(f-rD)+\alpha_2[f-(1-r)D]-2F-S$
(x_2, y_2)	$-x_2y_2(1-x_2)(1-y_2)[rG+(1-r)S][(1-r)G+rS]$	0

为了便于分析，令

$$q_{\min} = \min\{\alpha_1(f-rD)-rS, \ \alpha_2[(f-(1-r)D]-(1-r)S\}$$
$$q_{\max} = \max\{\alpha_1(f-rD)-rS, \ \alpha_2[(f-(1-r)D]-(1-r)S\}$$

根据 F 的取值分以下三种情形展开讨论：

情形 8：当 $F \geqslant q_{\max}$ 时，系统的演化稳定策略为（1，1），即双方博弈的结果是地方政府 A 和地方政府 B 均采取环境合作治理策略。这说明当中央政府的处罚金额大于地方政府不进行环境合作治理带来的额外经济收益与环境收益、获得补贴之差的最大值时，演化结果为两个地方政府都选择进行环境合作治理。动态系统演化路径如图 6 - 8 所示。这说明中央政府奖惩机制的引入能够促进地方政府间环境合作治理。

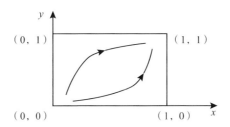

图 6 - 8　情形 8 下地方政府环境合作治理演化路径

情形 9：当 $q_{\min} < F < q_{\max}$ 且 $q_{\max} = \alpha_1(f-rD)/(r+t)$ 时，若 $M+(1+t)F>0$，则系统演化稳定策略为（0，1）；若 $M+(1+t)F<0$，则系统演化稳定策略为（0，1）或（1，0）。当 $q_{\min} < F < q_{\max}$ 且 $q_{\max} = \alpha_2[f-(1-r)D]/(r+t)$ 时，若 $M+(1+t)F>0$，则系统演化稳定策略为（1，0）；若 $M+(1+t)F<0$，则系统演化稳定策略为（0，1）或（1，0）。

情形 10：当 $F \leqslant q_{\min}$ 时，动态系统演化结果与基准模型结果类似。

由情形 9 和情形 10 可知，当惩罚金额小于 $q_{\max}$ 时，地方政府博弈策略朝着至少有一方不合作治理的方向演化。

命题 6.3：在中央政府奖惩机制下，当中央政府处罚金额大于某个阈值时，系统演化稳定策略为地方政府都选择进行环境合作治理。

6.5　数值算例与分析

本节利用 Matlab2018a 软件模拟仿真动态系统演化过程，探讨地方政府在不同机制下策略选择的演化轨迹，对各种机制下的演化稳定策略进行比较分析，从而得到最优激励机制。根据基本假设和实际情况对系统参数进行赋值，令 $x_0 = 0.5$，$y_0 = 0.5$，$G = 11$，$r = 0.6$，$f = 12$，$D = 5$。

6.5.1 基准模型的仿真结果与分析

保持其他参数不变，当 $\alpha_1 \in (0.73, 1)$，$\alpha_2 \in (0.44, 1)$，情形 1 的约束条件成立。此时，系统的演化稳定点为 $(0, 0)$，即两地方政府都不采取环境合作治理策略。当 $\alpha_1 = 0.8$，$\alpha_2 = 0.5$ 时，地方政府策略选择的演化路径如图 6-9 所示。由图 6-9 可知，在其他参数取值保持不变且地方政府经济偏好都较大时，地方政府不合作环境治理获得额外的经济收益与环境损失之差大于合作治理的环境收益，因此双方都采取不进行环境合作治理策略。仿真结果与情形 1 的分析一致。

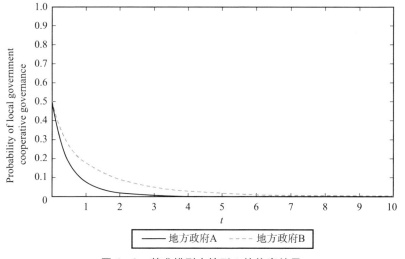

图 6-9　基准模型中情形 1 的仿真结果

保持其他参数不变，当 $\alpha_1 = 0.8$，$\alpha_2 = 0.3$ 时，情形 2 的约束条件成立。此时，系统演化稳定点为 $(0, 1)$，即地方政府 A 不采取环境合作治理策略，而地方政府 B 采取环境合作治理策略。地方政府策略选择的演化路径如图 6-10 所示。仿真结果与情形 2 的分析一致。

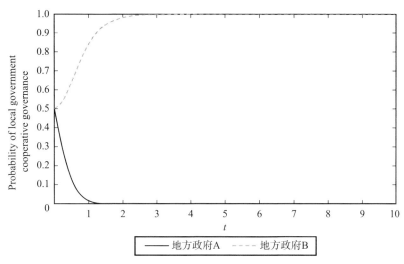

图 6 – 10　基准模型中情形 2 的仿真结果

保持其他参数不变，当 $\alpha_1 = 0.5$，$\alpha_2 = 0.6$ 时，情形 3 的约束条件成立。此时，系统演化稳定点为（1，0），即地方政府 A 采取环境合作治理策略，而地方政府 B 采取不进行环境合作治理策略。地方政府策略选择的演化路径如图 6 – 11 所示。仿真结果与情形 3 的分析一致。

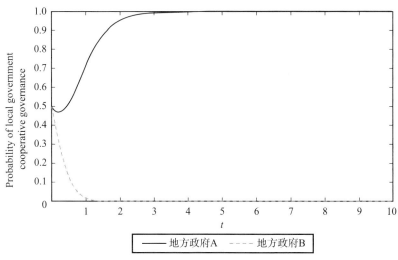

图 6 – 11　基准模型中情形 3 的仿真结果

保持其他参数不变，当 $\alpha_1 \in (0, 0.73)$，$\alpha_2 \in (0, 0.44)$ 时，情形 4 的约束条件成立。此时，双方博弈的结果是一方采取环境合作治理策略而另一方采取不合作治理策略，即策略选择为（0，1）或（1，0）。系统最终收敛于哪个策略取决于双方经济偏好的异质性。当 $\alpha_1 = 0.5$，$\alpha_2 = 0.3$ 时，地方政府策略选择的演化路径如图 6－12 所示；当 $\alpha_1 = 0.3$，$\alpha_2 = 0.4$ 时，地方政府策略选择的演化路径如图 6－13 所示。仿真结果与情形 4 的分析一致。

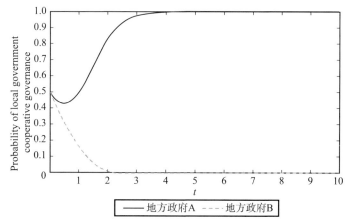

图 6－12　基准模型中情形 4 的仿真结果

（$\alpha_1 = 0.5$，$\alpha_2 = 0.3$）

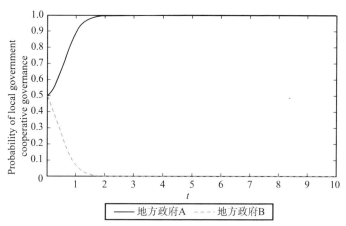

图 6－13　基准模型中情形 4 的仿真结果

（$\alpha_1 = 0.3$，$\alpha_2 = 0.4$）

根据仿真结果可知，保持其他参数不变，地方政府间经济偏好大小及相对偏好影响系统演化的结果，经济偏好越大，地方政府越容易消极应对环境治理而采取不合作治理策略；双方偏好较小时，偏好相对较大的一方倾向于不合作治理而较小的一方选择采取合作治理策略。总之，经济偏好越大，双方达成合作治理的概率越小。

6.5.2　横向生态补偿机制下仿真结果与分析

根据横向生态补偿机制下的演化博弈结果，补偿金额取值大小会影响系统演化结果。在参数取值保持与情形 1 的取值一致的情况下，当 $I > p_{\max}\{\alpha_1(f - rD), \ \alpha_2[(f - (1 - r)D)]\}$ 时，根据给定参数的取值计算得到 $I > \max$（7.2，5）。当补偿金额分别取 8、7、5 和 4 时，横向生态补偿金额对地方政府 A 和地方政府 B 策略选择的演化结果的影响，分别如图 6 - 14 中的（a）和（b）所示。

由图 6 - 14（a）可知，当 $I = 8$ 时，情形 5 条件成立，随着时间推移，地方政府 A 趋于采取环境合作治理策略，并达到稳定均衡。当 $I = 7$ 时，情形 6 条件成立，地方政府 A 刚开始会有较高的积极性参与环境合作治理，但随着时间推移，其参与环境合作治理的积极性下降，最终趋于不采取环境合作治理策略。当 $I = 5$ 或 $I = 4$ 时，情形 7 条件成立，地方政府 A 趋向于采取不进行环境合作治理策略。

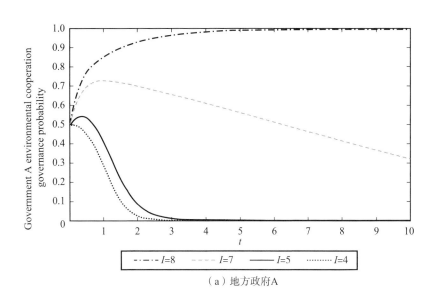

（a）地方政府A

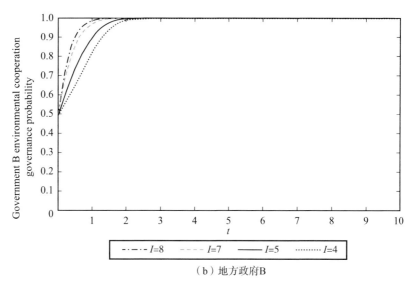

（b）地方政府B

图6－14　横向生态补偿金额对系统演化结果的影响

由图6－14（b）可知，补偿金额分别取8、7、5和4时，地方政府B都趋向于采取环境合作治理策略。这说明当地方政府双方的经济偏好相差较大，即地方政府B环境合作治理意愿较大幅度地强于地方政府A时，只要较小的补偿金额就能使地方政府B采取环境合作治理策略。政府间要达成环境合作治理契约，补偿金额应不小于地方政府忽视环境治理所获得的额外经济收益。但在实际中，转移补偿金额通常会小于额外经济收益。因此，在双方经济偏好较大时，这种补偿机制显然欠佳。

6.5.3　中央政府奖惩机制下仿真结果与分析

根据奖惩机制下的演化博弈分析，补贴金额和处罚金额这两个参数取值大小会影响系统演化结果。当参数取值与情形1的取值一致，$F > q_{max} \{ \alpha_1 (f - rD) - rS,\ \alpha_2 [(f - (1 - r) D) - (1 - r) S \}$ 时，若补贴金额 $S = 2$，根据给定的参数取值计算得到 $F > \max(4.2, 6)$。当中央政府处罚金额分别取6、5、4和3，地方政府双方参与环境合作治理的概率变化分别如图6－15的（a）和（b）所示。当参数取值与情形1的取值一致，$F > q_{max} \{ \alpha_1 (f - rD) - rS,\ \alpha_2 [(f - (1 - r) D) - (1 - r) S \}$ 时，若奖惩比例取0.6，根据给定的参数取值计算得到 $F > \max(4.1, 6)$。

当中央政府处罚金额为 7，补贴金额分别取 3、2、1 和 0，地方政府双方参与环境合作治理的概率变化如图 6 – 16 的（a）和（b）所示。

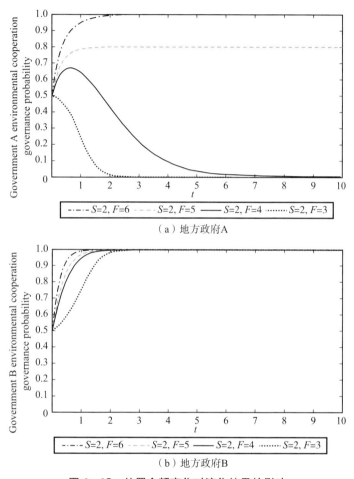

（a）地方政府A

（b）地方政府B

图 6 – 15　处罚金额变化对演化结果的影响

由图 6 – 15（a）和（b）可知，当 $F = 6$ 时，情形 8 条件成立，随着时间推移，地方政府双方均趋于采取环境合作治理策略，并达到稳定均衡状态。当 $F = 5$ 时，情形 9 条件成立，地方政府 A 环境合作治理概率将稳定在 0.8 的位置，而地方政府 B 采取环境合作治理策略。当 $F = 4$ 或 $F = 3$ 时，情形 10 条件成立，地方政府 A 将采取环境不合作治理策略，而地方政府 B 采取环境合作治理策略。

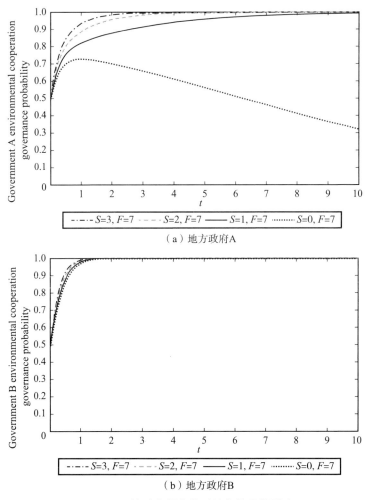

（a）地方政府A

（b）地方政府B

图 6 - 16　补贴金额变化对演化结果的影响

由图 6 - 16（a）和（b）可知，当补贴金额 S 分别为 3、2、1 时，随着时间推移，地方政府 A 趋于采取环境合作治理策略，并最终达到稳定均衡。当 $S = 0$ 时，即中央政府不采取环境补贴政策时，地方政府 A 刚开始有环境合作治理的积极性，在合作治理概率达到 0.73 的高位后，随着时间推移，合作治理积极性逐步减弱，最终趋于采取不合作治理策略。当补贴金额分别为 3、2、1 和 0 时，地方政府 B 始终采取环境合作治理策略。

6.6　研究结论与启示

基于横向府际关系视角构建地方政府间环境合作治理行为的演化博弈模型，引入横向生态补偿机制和纵向奖惩机制，探讨地方政府间环境合作治理行为演化动态，分析三种情境下动态系统的演化稳定策略，进而寻求最优机制促进地方政府间合作环境治理。

研究结果表明：（1）在没有中央政府奖惩机制和横向生态补偿政策的情形下，动态系统朝着至少有一方选择不合作治理的方向演化，无法实现政府间稳定的环境治理合作。（2）在引入横向生态补偿机制的情形下，当补偿金额大于某个阈值时，系统演化结果为地方政府双方选择进行环境合作治理。（3）在引入中央政府奖惩机制的情形下，当中央处罚金额大于某个阈值时，演化结果趋向于地方政府双方选择进行环境合作治理。

鉴于此，中央政府应当结合地方政府自身的异质性，加强环境治理监督约束机制，设计合理的奖惩政策，完善区域之间横向生态补偿制度等，确保地方政府进行合作治理所获得的收益大于不合作治理的经济额外收益，以实现区域环境合作治理高效高质量执行，促进经济由粗放式增长向兼顾环境治理的高质量增长模式转换，最终实现区域整体环境质量的改善。

第 3 部分

企业绿色发展激励机制研究

第7章

奖惩组合政策下企业环境治理行为演化研究

面对日益严峻的环境问题，我国政府积极倡导绿色发展理念，推进生态文明建设，促进经济增长和环境保护良性互动。在此背景下，绿色管理成为企业管理发展的新趋势，越来越多的企业将实施前瞻性环境治理视为企业获取可持续竞争优势、提高竞争力的重要途径（Buysse and Verbeke, 2003）[1]。然而，环境治理绩效的长期性与企业短期业绩追逐存在冲突，企业要在环境治理资源分配上协调合法性追求与谋利性倾向，导致企业策略性环境治理行为的产生。为此，政府部门应不断加强企业环境治理的监管工作，应用奖惩政策来推动企业更加积极地进行环境治理，对前瞻性环境治理行为给予环保补贴支持，而对策略性环境治理行为则给予惩戒（Kumar and Shetty, 2018）[2]。因此，系统研究如何设计政府奖惩政策激励更多的企业从策略性环境治理转向前瞻性环境治理，这对政府完善奖惩政策激励企业主动承担环境治理责任具有重要的指导意义。

分析企业环境治理行为的动机是研究企业环境治理行为形成的逻辑起点（Seroka – Stolka and Fijorek, 2020）[3]。企业环境治理动机决定其环境治理行为，

① Buysse K. , Verbeke A. Proactive environmental strategies: a stakeholder management perspective [J]. *Strategic Management Journal*, 2003, 24 (5): 453 – 470.

② Kumar S. , Shetty S. Corporate participation in voluntary environmental programs in India: determinants and deterrence [J]. *Ecological Economics*, 2018, 147: 1 – 10.

③ Seroka – Stolka O. , Fijorek K. Enhancing corporate sustainable development: proactive environmental strategy, stakeholder pressure and the moderating effect of firm size [J]. *Business Strategy and the Environment*, 2020, 29 (6): 2338 – 2354.

以及企业最终绩效（Čater et al.，2009；Chan et al.，2022）①②。企业开展环境治理的动机主要有遵守监管规定、利润及业绩驱动、可见性驱动、社会利益驱动等（Jiang et al.，2019；Potrich et al.，2019）③④。前瞻性环境治理和策略性环境治理诠释了企业基于不同动机所形成的两种环境治理行为，治理动机的差异将导致两种环境治理行为对企业绩效的改善空间产生不同的影响。前瞻性环境治理是指在实现社会利益驱动下，企业将环境治理视为获取可持续竞争优势的机遇，企业环保投入超出节能减排要求，自愿积极治理环境问题（和苏超等，2016）⑤。策略性环境治理是指在监管规定要求下，企业把环境治理视为经营负担，将部分环境治理资源挪用至生产业务，付出最低投入对节能减排要求做出被动应答，以减少政府对其环保责任履行不到位的惩罚⑥。在实践中，企业经常实施广泛的环境治理行为，包括前瞻性和策略性环境治理行为⑦，其他环境治理行为位于从策略性环境治理到前瞻性环境治理演变的中间位置⑧⑨。

　　由于我国监管制度框架不够完善，企业主动承担环境治理责任的意识不强，遵守监管规定仍是我国企业实施环境治理的主要动机⑩。企业在实施环境治理的

①　Cater T.，Prašnikar J.，Čater B. Environmental strategies and their motives and results in Slovenian business practice［J］. *Economic and Business Review*，2009，11（1）：55 – 74.

②　Chan R. Y. K.，Lai J. W. M.，Kim N. Strategic motives and performance implications of proactive versus reactive environmental strategies in corporate sustainable development［J］. *Business Strategy and the Environment*，2022，31（5）：2127 – 2142.

③　Jiang K.，You D. M.，Merrill R.，et al. Implementation of a multiagent environmental regulation strategy under Chinese fiscal decentralization：An evolutionary game theoretical approach［J］. *Journal of Cleaner Production*，2019，214：902 – 915.

④　Potrich L.，Cortimiglia M. N.，de Medeiros J. F. A systematic literature review on firm-level proactive environmental management［J］. *Journal of Environmental Management*，2019，243：273 – 286.

⑤　和苏超，黄旭，陈青. 管理者环境认知能够提升企业绩效吗——前瞻型环境战略的中介作用与商业环境不确定性的调节作用［J］. 南开管理评论，2016，19（6）：49 – 57.

⑥　陈贵梧. 策略性企业社会责任行为决策的"三圈模型"：一个概念性框架［J］. 暨南学报（哲学社会科学版），2019，41（6）：119 – 132.

⑦　Baah C.，Opoku – Agyeman D.，Acquah I. S. K.，Issau K. Understanding the influence of environmental production practices on firm performance：a proactive versus reactive approach［J］. *Journal of Manufacturing Technology Management*，2021，32（2）：266 – 289.

⑧　Pondeville S.，Swaen V.，Rongé Y. D. Environmental management control systems：The role of contextual and strategic factors［J］. *Management Accounting Research*，2013，24（4）：317 – 332.

⑨　戴璐，支晓强. 影响企业环境管理控制措施的因素研究［J］. 中国软科学，2015（4）：108 – 120.

⑩　叶强生，武亚军. 转型经济中的企业环境战略动机：中国实证研究［J］. 南开管理评论，2010，13（3）：53 – 59.

过程中存在非真实性问题①②，存在着与政府监管制度的博弈。为此，国内外学者应用博弈模型研究政府如何推动企业"真实"地实施环境治理行为，对企业环境治理的激励机制和企业环境治理行为演化展开一系列探讨，但较少从动机视角分析企业环境治理行为，政府奖惩组合政策对不同动机下环境治理行为演化动态的影响也缺乏深入研究。此外，企业前瞻性环境治理将改善企业整体市场声誉。随着绿色消费理念不断深入人心，企业前瞻性环境治理行为将赢得更多消费者认可，企业从前瞻性环境治理获得的声誉收益也将不断提高③④。现有研究较少关注企业前瞻性环境治理获得的声誉收益变化如何影响政府奖惩组合政策的制定。

　　本章基于"动机—行为—绩效"分析框架，分析监管规定被动反应下策略性环境治理行为及其绩效、社会利益驱动下前瞻性环境治理行为及其绩效，深入探讨政府奖惩组合政策（静态惩罚和静态补贴、动态惩罚和静态补贴、静态惩罚和动态补贴、动态惩罚和动态补贴）对我国企业环境治理行为演化的影响，模拟分析声誉收益的变化如何影响政府奖惩政策的制定，获得最优奖惩组合政策，以期为政府制定合理的奖惩政策推动企业主动承担环境治理责任提供理论依据。

7.1　基准演化博弈模型构建与分析

7.1.1　建模原理

　　企业基于监管规定被动反应、实现社会利益两种不同动机形成策略性环境治理、前瞻性环境治理两种环境治理行为。治理动机和治理行为的差异导致环境治理绩效的不同。当前，主动实施前瞻性环境治理的企业的占比仍然不高。为实现绿色成为普遍形态的发展，地方政府应该合理实施奖惩组合政策，对前瞻性环境治理行为给予环保补贴支持，对策略性环境治理行为给予惩戒，促进企业环境治

---

①　吴昊旻，张可欣. 长计还是短谋：战略选择、市场竞争与企业环境责任履行［J］. 现代财经（天津财经大学学报），2021，41（7）：19－38.

②　梁雁茹，徐建中. 企业生态创新驱动系统激励政策优化研究［J/OL］. 中国管理科学：1－11［2024－01－09］. https：//doi. org/10. 16381/j. cnki. issn1003－207x. 2021. 2118.

③　Yalabik B. ，Fairchild R. J. Customer，regulatory，and competitive pressure as drivers of environmental innovation［J］. *International Journal of Production Economics*，2011，131（2）：519－527.

④　解学梅，朱琪玮. 合规性与战略性绿色创新对企业绿色形象影响机制研究：基于最优区分理论视角［J］. 研究与发展管理，2021，33（4）：2－14.

理动机转变，激励更多的企业从策略性环境治理向前瞻性环境治理转变，进而改善环境治理绩效，如图 7-1 所示。

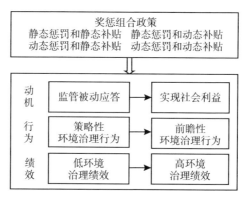

图 7-1 奖惩组合政策下企业环境治理行为演变

7.1.2 基本假设与支付矩阵

假设 7.1：考虑由有限理性的地方政府和企业组成的动态系统。地方政府的策略集为｛严格监管，宽松监管｝，企业的策略集为｛前瞻性环境治理，策略性环境治理｝。博弈双方根据对方策略以及自身环境适应性选择策略，地方政府严格监管的概率为 x，宽松监管的概率为 $1-x$，$x \in [0, 1]$；企业实施前瞻性环境治理的概率为 y，策略性环境治理的概率为 $1-y$，$y \in [0, 1]$。

假设 7.2：地方政府严格监管企业环境治理行为，付出的监管成本为 c_0；若企业选择前瞻性环境治理，地方政府给予企业补贴奖励，补贴金额为 S；若企业选择策略性环境治理，地方政府对企业征收罚金，惩罚金额为 D。

假设 7.3：当企业选择前瞻性环境治理时，地方政府获得的环境效益为 π，企业支付的环境治理成本为 c_1，企业因前瞻性环境治理提升其市场声誉，获得的声誉收益为 P。

假设 7.4：当地方政府宽松监管企业环境治理行为时，选择策略性环境治理的企业有动力将前瞻性环境治理所需的资源全部转移至生产业务，创造的经济利润为 R，同时生产业务造成的环境损失为 L。当地方政府严格监管企业环境治理行为时，选择策略性环境治理的企业将前瞻性环境治理所需资源的一部分分配给环境治理以迎合政府的环境监管，λ 为用于环境治理的资源占比，企业支付于环境治理的成本为 λc_1，政府获得的环境效益变为 $\lambda \pi$；企业将前瞻性环境治理所需资源的另一部分投资于生产业务创造的经济利润为 $(1-\lambda)R$，造成的环境损失

为 $(1-\lambda)L$。政府通过征收所得税获得的额外财政收入为 $r(1-\lambda)R$，r 为所得税税率，企业获得的额外经济利润为 $(1-r)(1-\lambda)R$。

基于以上假设，模型参数设置及其含义如表 7-1 所示，静态惩罚和静态补贴下地方政府与企业之间的支付矩阵如表 7-2 所示。

表 7-1   **模型参数及其含义**

参数	含义
c_0	地方政府的监管成本
S	企业因前瞻性环境治理获得的补贴金额
D	企业因策略性环境治理被征收的惩罚金额
π	政府因企业前瞻性环境治理获得的环境效益
c_1	企业前瞻性环境治理成本
P	企业因前瞻性环境治理获得的声誉收益
R	前瞻性环境治理资源投资于生产业务创造的经济利润
L	前瞻性环境治理资源投资于生产业务造成的环境损失
λ	策略性环境治理企业投资于环境治理的资源占比
r	企业所得税税率

表 7-2   **静态惩罚和静态补贴下地方政府与企业演化博弈支付矩阵**

博弈主体		企业	
		前瞻性环境治理 (y)	策略性环境治理 $(1-y)$
地方政府	严格监管 (x)	$\pi-c_0-S,\ S+P-c_1$	$r(1-\lambda)R+\lambda\pi-c_0+D-(1-\lambda)L,$ $(1-r)(1-\lambda)R-\lambda c_1-D$
	宽松监管 $(1-x)$	$\pi,\ P-c_1$	$rR-L,\ (1-r)R$

令 $\Lambda=\lambda(\pi+L-rR)$，$\Omega=(1-r)R+c_1$。由表 7-2 可知，当地方政府实施宽松监管时，若 $P>\Omega$，企业最优策略是实施前瞻性环境治理；若 $P<\Omega$，企业倾向于实施策略性环境治理。当地方政府实施严格监管时，若 $S+P+D>(1-\lambda)\Omega$，企业最优策略是实施前瞻性环境治理；若 $S+P+D<(1-\lambda)\Omega$，企业倾向于实施策略性环境治理。当企业实施前瞻性环境治理时，显然宽松监管是地方政府的最优策略。当企业实施策略性环境治理时，若 $\Lambda-c_0+D<0$，地方政府最优策略是宽松监管；若 $\Lambda-c_0+D>0$，地方政府最优策略是严格监管。在实践中，

地方政府实施宽松监管，企业有更大的动力实施策略性环境治理；故地方政府希望通过实施严格监管督促企业进行前瞻性环境治理。因此，本章探讨 $(1-\lambda)\Omega - S - D < P < \Omega$ 且 $c_0 < \Lambda + D$ 情形下系统演化稳定策略。

7.1.3 系统演化稳定性分析

地方政府实施严格监管的期望收益为：

$$U_{g1} = y(\pi - c_0 - S) + (1-y)\left[r(1-\lambda)R + \lambda\pi - c_0 + D - (1-\lambda)L\right] \quad (7.1)$$

地方政府实施宽松监管的期望收益为：

$$U_{g2} = y\pi + (1-y)(rR - L) \quad (7.2)$$

地方政府的期望收益为：

$$U_g = xU_{g1} + (1-x)U_{g2} \quad (7.3)$$

企业实施前瞻性环境治理的期望收益为：

$$U_{c1} = x(S + P - c_1) + (1-x)(P - c_1) \quad (7.4)$$

企业实施策略性环境治理的期望收益为：

$$U_{c2} = x\left[(1-r)(1-\lambda)R - \lambda c_1 - D\right] + (1-x)(1-r)R \quad (7.5)$$

企业的期望收益为：

$$U_c = yU_{c1} + (1-y)U_{c2} \quad (7.6)$$

地方政府的复制动态方程为：

$$F_0(x) = \frac{\mathrm{d}x}{\mathrm{d}t} = x(U_{g1} - U_g)$$

$$= x(1-x)\left[(1-y)(\Lambda + D) - yS - c_0\right] \quad (7.7)$$

企业的复制动态方程为：

$$F_0(y) = \frac{\mathrm{d}y}{\mathrm{d}t} = y(U_{c1} - U_c)$$

$$= y(1-y)\left[x(D + S + \lambda\Omega) + P - \Omega\right] \quad (7.8)$$

令 $F_0(x) = 0$，$F_0(y) = 0$，得到地方政府和企业动态博弈系统的均衡点，分别为 $(0,0)$、$(0,1)$、$(1,0)$、$(1,1)$、(x_0, y_0)，其中，

$$x_0 = (\Omega - P)/(D + S + \lambda\Omega)$$

$$y_0 = (D - c_0 + \Lambda)/(D + S + \Lambda)$$

地方政府与企业构成的动态系统的演化稳定性一般通过雅克比矩阵局部稳定性来判定。均衡点为稳定点的条件为系统雅克比矩阵的行列式 $DetJ$ 为正，迹 TrJ 为负。该动态系统的雅克比矩阵为：

$$J_0 = \begin{bmatrix} (1-2x)\big[(1-y)(\Lambda+D)-yS-c_0\big] & -x(1-x)\big[(\Lambda+D)+S\big] \\ y(1-y)(D+S+\lambda\Omega) & (1-2y)\big[x(D+S+\lambda\Omega)+P-\Omega\big] \end{bmatrix}$$

$$(7.9)$$

系统各均衡点稳定性分析结果，如表 7 - 3 所示。

表 7 - 3　　　　　　　　静态惩罚和静态补贴下系统稳定性分析

均衡点	$DetJ_0$	符号	TrJ_0	符号	状态
$(0,\,0)$	$(P-\Omega)(\Lambda+D-c_0)$	负	$P-\Omega+\Lambda+D-c_0$	不定	鞍点
$(0,\,1)$	$(c_0+S)(P-\Omega)$	负	$-(c_0+S)-(P-\Omega)$	不定	鞍点
$(1,\,0)$	$-(\Lambda+F-c_0)\times$ $[D+S+P-(1-\lambda)\Omega]$	负	$-(\Lambda-c_0)+$ $[S+P-(1-\lambda)\Omega]$	不定	鞍点
$(1,\,1)$	$-(c_0+S)\times$ $[D+S+P-(1-\lambda)\Omega]$	负	$c_0-[D+P-(1-\lambda)\Omega]$	不定	鞍点
$(x_0,\,y_0)$	$x_0y_0(1-x_0)(1-y_0)\times$ $(D+S+\Lambda)(D+S+\lambda\Omega)$	正	0	0	中心点

由表 7 - 3 可知，该系统均衡点 (0，0)、(0，1)、(1，0)、(1，1) 和 (x_0, y_0) 都不是稳定均衡点。博弈双方行为互相作用并反复试探，形成以 (x_0, y_0) 为中心点的稳定极限闭环，但系统始终无法渐进稳定于中心点。因此，在静态惩罚和静态补贴政策下，动态系统不存在演化稳定策略，任何微小的变化都将对博弈双方策略选择产生较大影响。

7.2　动态奖惩政策下企业环境治理行为演化动态

7.2.1　动态惩罚和静态补贴下企业环境治理行为演化

假设地方政府对企业的惩罚力度与企业策略选择概率有关，即地方政府给予企业的惩罚金额随着企业选择策略性环境治理的概率增加而增加，记为 $D(y) = D(1-y)$，则地方政府的复制动态方程 $F_1(x)$ 和企业的复制动态方程 $F_1(y)$ 分别变为：

$$F_1(x) = \frac{\mathrm{d}x}{\mathrm{d}t} = x(1-x)\big[(1-y)\Lambda+(1-y)^2D-yS-c_0\big] \qquad (7.10)$$

$$F_1(y) = \frac{\mathrm{d}y}{\mathrm{d}t} = y(1-y)\big[x\big[D(1-y)+S+\lambda\Omega\big]+P-\Omega\big] \tag{7.11}$$

令 $F_1(x)=0$，$F_1(y)=0$，得到动态系统的均衡点，分别为 $(0,0)$、$(0,1)$、$(1,0)$、$(1,1)$ 和 (x_1,y_1)，其中，

$$x_1 = \frac{2(\Omega-P)}{2\lambda\Omega+S-\Lambda+\sqrt{(S+\Lambda)^2+4D(S+c_0)}}$$

$$y_1 = \frac{2D+S+\Lambda-\sqrt{(2D+S+\Lambda)^2-4D(\Lambda+D-c_0)}}{2D}$$

该动态系统的雅克比矩阵为：

$$J_1 = \begin{bmatrix} (1-2x)\big[(\lambda-y)\Lambda+D(1-y)^2-yS-c_0\big] & -x(1-x)\big[2(1-y)D+S+\Lambda\big] \\ y(1-y)\big[D(1-y)+S+\lambda\Omega\big] & (1-2y)\big[x(S+\lambda\Omega)+P-\Omega\big] \\ & +x(1-3y)(1-y)D \end{bmatrix} \tag{7.12}$$

系统各均衡点的稳定性分析结果，如表 7-4 所示。

表 7-4   动态惩罚和静态补贴下系统稳定性分析

均衡点	$DetJ_1$	符号	TrJ_1	符号	状态
$(0,0)$	$(\Lambda+D-c_0)(P-\Omega)$	负	$\Lambda+D-c_0+P-\Omega$	不定	鞍点
$(0,1)$	$(c_0+S)[P-\Omega]$	负	$-(c_0+S)-(P-\Omega)$	不定	鞍点
$(1,0)$	$-(\Lambda+D-c_0)\times[\Lambda+S+P-(1-\lambda)\Omega]$	负	$[S+P-(1-\lambda)\Omega]-(\Lambda-c_0)$	不定	鞍点
$(1,1)$	$-(c_0+S)[S+P-(1-\lambda)\Omega]$	不定	$c_0-P+(1-\lambda)\Omega$	不定	不定
(x_1,y_1)	$x_1y_1(1-x_1)(1-y_1)\times[2(1-y_1)D+S+\Lambda][(1-y_1)D+S+\lambda\Omega]$	正	$-x_1y_1(1-y_1)D$	负	ESS

由表 7-4 可知，在动态惩罚和静态补贴政策下，系统均衡点 $(0,0)$、$(0,1)$、$(1,0)$ 为鞍点。对于均衡点 $(1,1)$ 分以下情况讨论：当 $S<(1-r)\Omega-P$，即政府给予企业的补贴金额小于企业实施策略性环境治理与前瞻性环境治理所创造的利润之差，$(1,1)$ 为不稳定点；随着政府补贴额度增加，当 $S>(1-r)\Omega-P$ 时，$(1,1)$ 为鞍点。(x_1,y_1) 是动态系统的演化稳定策略。

7.2.2 静态惩罚和动态补贴下企业环境治理行为演化

假设地方政府给予企业的补贴额度与企业策略选择概率有关，即地方政府给予

企业的补贴金额随着企业选择前瞻性环境治理的概率增加而增加，记为 $S(y) = Sy$，则地方政府的复制动态方程 $F_2(x)$ 和企业的复制动态方程 $F_2(y)$ 分别变为：

$$F_2(x) = \frac{dx}{dt} = x(1-x)\left[(1-y)(\Lambda+D) - y^2S - c_0\right] \quad (7.13)$$

$$F_2(y) = \frac{dy}{dt} = y(1-y)\left[x(D+Sy+\lambda\Omega) + P - \Omega\right] \quad (7.14)$$

令 $F_2(x) = 0$，$F_2(y) = 0$，得到动态系统的均衡点，分别为 $(0, 0)$、$(0, 1)$、$(1, 0)$、$(1, 1)$ 和 (x_2, y_2)。其中，

$$x_2 = \frac{2(\Omega - P)}{D + 2\lambda\Omega - \Lambda + \sqrt{(D-S+2\Lambda)(D-S) + 4Sc_0}}$$

$$y_2 = \frac{D + S + \Lambda - \sqrt{(D-S+2\Lambda)(D-S) + 4Sc_0}}{2S}$$

该动态系统的雅克比矩阵为：

$$J_2 = \begin{bmatrix} (1-2x)\left[(1-y)(\Lambda+D) - y^2S - c_0\right] & -x(1-x)(2yS+D+\Lambda) \\ y(1-y)(D+yS+\lambda\Omega) & (1-2y)\left[xD - (1-\lambda x)\Omega + P\right] + (2-3y)xyS \end{bmatrix} \quad (7.15)$$

系统各均衡点的稳定性分析结果，如表 7 - 5 所示。

表 7 - 5　　　　　　　静态惩罚和动态补贴下系统稳定性分析

均衡点	$DetJ_2$	符号	TrJ_2	符号	状态
$(0, 0)$	$(\Lambda + D - c_0)(P - \Omega)$	负	$\Lambda + D - c_0 + P - \Omega$	不定	鞍点
$(0, 1)$	$(c_0 + S)(P - \Omega)$	负	$-c_0 - S - P + \Omega$	不定	鞍点
$(1, 0)$	$-(\Lambda + D - c_0)[D + P - (1-\lambda)\Omega]$	不定	$-(\Lambda - c_0) + [P - (1-\lambda)\Omega]$	不定	不定
$(1, 1)$	$-(c_0 + S)[D + S + P - (1-\lambda)\Omega]$	负	$c_0 - [D + P - (1-\lambda)\Omega]$	不定	鞍点
(x_2, y_2)	$x_2 y_2 (1-x_2)(1-y_2) \times (D + 2y_2S + \Lambda)(D + y_2S + \lambda\Omega)$	正	$x_2 y_2 (1-y_2)S$	正	不稳定点

由表 7 - 5 可知，该系统的均衡点 $(0, 0)$、$(0, 1)$、$(1, 1)$ 为鞍点，(x_2, y_2) 是系统不稳定点。在地方政府严格监管下，当企业前瞻性环境治理创造的利润小于其策略性环境治理的净收益时，即当 $P - c_1 < (1-r)R - \lambda\Omega - D$ 时，若企业前瞻性环境治理创造的利润与策略性环境治理创造的利润之差小于阈值 $\Lambda - c_0$，即 $P - (1-\lambda)\Omega < \Lambda - c_0$，$(1, 0)$ 是系统演化稳定点；若企业前瞻性环境治理创造的利润与策略性环境治理创造的利润之差大于该阈值，即 $P - (1-\lambda)\Omega >$

$\Lambda - c_0$，（1，0）是不稳定点。当企业前瞻性环境治理创造的利润大于其策略性环境治理的净收益时，即当 $P - c_1 > (1 - r)R - \lambda\Omega - D$ 时，（1，0）是鞍点。

7.2.3 动态惩罚和动态补贴下企业环境治理行为演化

在动态惩罚和动态补贴组合政策下，地方政府给予企业的惩罚和补贴金额都与企业前瞻性环境治理策略选择概率有关，地方政府的复制动态方程 $F_3(x)$ 和企业的复制动态方程 $F_3(y)$ 分别变为：

$$F_3(x) = x(1-x)\left[(1-y)\Lambda + (1-y)^2 D - y^2 S - c_0\right] \quad (7.16)$$

$$F_3(y) = y(1-y)\left[x((1-y)D + yS + \lambda\Omega) + P - \Omega\right] \quad (7.17)$$

令 $F_3(x) = 0$，$F_3(y) = 0$，得到动态系统的均衡点分别为（0，0）、（0，1）、（1，0）、（1，1）和 (x_3, y_3)。其中，

$$x_3 = \frac{2(\Omega - P)}{2\lambda\Omega - \Lambda + \sqrt{\Lambda^2 + 4c_0(D - S) + 4S(D + \Lambda)}}$$

$$y_3 = \frac{2D + \Lambda - \sqrt{\Lambda^2 + 4c_0(D - S) + 4S(D + \Lambda)}}{2(D - S)}$$

该动态系统的雅克比矩阵为：

$$J_3 = \begin{bmatrix} (1-2x)\left[(1-y)\Lambda + (1-y)^2 D - y^2 S - c_0\right] & -x(1-x)\left[2(1-y)D + 2yS + \Lambda\right] \\ y(1-y)\left[(1-y)D + yS + \lambda\Omega\right] & (1-2y)\left[x((1-y)D + yS + \lambda\Omega) + P - \Omega\right] - y(1-y)(xD - S) \end{bmatrix}$$

$$(7.18)$$

系统各均衡点的稳定性分析结果，如表 7 - 6 所示。

表 7 - 6　　　　　　　　动态惩罚和动态补贴下系统稳定性分析

均衡点	$DetJ_3$	符号	TrJ_3	符号	状态
（0，0）	$(\Lambda + D - c_0)(P - \Omega)$	负	$\Lambda + D - c_0 + P - \Omega$	不定	鞍点
（0，1）	$(c_0 + S)(P - \Omega)$	负	$-c_0 - S - P + \Omega$	不定	鞍点
（1，0）	$-(\Lambda + D - c_0) \times [P + D - (1 - \lambda)\Omega]$	不定	$-\Lambda + c_0 + P - (1 - \lambda)\Omega$	不定	不定
（1，1）	$-(c_0 + S)[P + S - (1 - \lambda)\Omega]$	不定	$c_0 - P + (1 - \lambda)\Omega$	正	不稳定点
(x_3, y_3)	$x_3 y_3 (1 - x_3)(1 - y_3) \times [2(1 - y_3)D + 2y_3 S + \Lambda] \times [(1 - y_3)D + y_3 S + \lambda\Omega]$	正	$-y_3(1 - y_3)(x_3 D - S)$	不定	不定

由表 7-6 可知，（0，0）和（0，1）是系统鞍点，（1，1）是系统不稳定点；对于均衡点（x_3，y_3），当 $D > S$ 且 $x_3 > S/D$ 时，（x_3，y_3）是系统稳定点；当 $x_3 < S/D$ 时，（x_3，y_3）是不稳定点。在地方政府严格监管下，当企业前瞻性环境治理创造的利润小于其策略性环境治理的净收益时，即当 $P - c_1 < (1-r)R - \lambda\Omega - D$ 时，若企业前瞻性环境治理创造的利润与策略性环境治理创造的利润之差小于阈值 $\Lambda - c_0$，即 $P - (1-\lambda)\Omega < \Lambda - c_0$，（1，0）是系统演化稳定点；若企业前瞻性环境治理创造的利润与策略性环境治理创造的利润之差大于该阈值，即 $P - (1-\lambda)\Omega > \Lambda - c_0$，（1，0）是不稳定点。当企业前瞻性环境治理创造的利润大于其策略性环境治理的净收益时，即当 $P - c_1 > (1-r)R - \lambda\Omega - D$ 时，（1，0）是鞍点。

7.3　数值算例与分析

笔者邀请 8 位政府部门人员、12 位企业高管进行面谈，并根据地方政府的奖惩政策和我国企业环境治理的实际情况，明确各参数间大致的比例关系，还借鉴了焦建玲（2017）[①] 对仿真参数的设定方法，对各参数进行初始赋值，参数取值满足前文假设以及地方政府与企业双方演化博弈的前提条件，如表 7-7 所示。同时运用 Matlab 2018a 软件模拟不同奖惩组合政策下系统演化路径，分析比较各种奖惩组合政策的激励效果，得到最优的奖惩组合政策，并探究最优奖惩组合政策下各个参数变化对系统演化路径的影响。当改变各参数取值进行数值仿真的敏感性分析时，发现仿真结果虽然在数值上略有差异，但在趋势和规律上是一致的。

表 7-7　　　　　　　　　　　　模型参数赋值

参数	x	y	R	r	π	λ	c_0	c_1	D	S	L
取值	0.6	0.2	8	0.2	6	0.2	1.2	3.5	4	2	4.5

---

① 焦建玲，陈洁，李兰兰，李方一. 碳减排奖惩机制下地方政府和企业行为演化博弈分析 [J]. 中国管理科学，2017，25（10）：140-150.

7.3.1 四种奖惩组合政策下系统演化动态比较分析

政府奖惩组合政策改变企业的成本加成率（邓忠奇等，2022）[①]。随着消费者绿色消费偏好的不断提高，企业因前瞻性环境治理获得的声誉收益将对其成本加成率产生重要影响。因此，本节通过数值模拟分析企业因前瞻性环境治理获得的声誉收益对四种奖惩组合政策作用下系统演化轨迹的影响。

当 $P = 3.5$ 时，在静态惩罚和动态补贴政策、动态惩罚和动态补贴政策下，当企业前瞻性环境治理创造的利润（0）小于其策略性环境治理的净收益（0.42）时，若企业前瞻性环境治理创造的利润与策略性环境治理创造的利润之差（-4.42）小于阈值（0.58）时，（严格监管，策略性环境治理）是系统演化稳定策略；在静态惩罚和静态补贴政策下，企业采取前瞻性环境治理的概率在 0.16 ~ 0.93 之间波动；而在动态惩罚和静态补贴政策下，企业采取前瞻性环境治理的概率趋于 0.40，如图 7-2（a）所示。

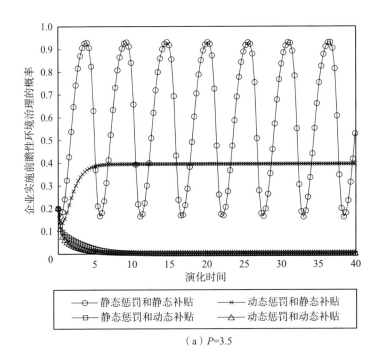

（a）$P=3.5$

---

① 邓忠奇，高廷帆，庞瑞芝，杨彩琳. 企业"被动合谋"现象研究："双碳"目标下环境规制的福利效应分析 [J]. 中国工业经济，2022（7）：122 - 140.

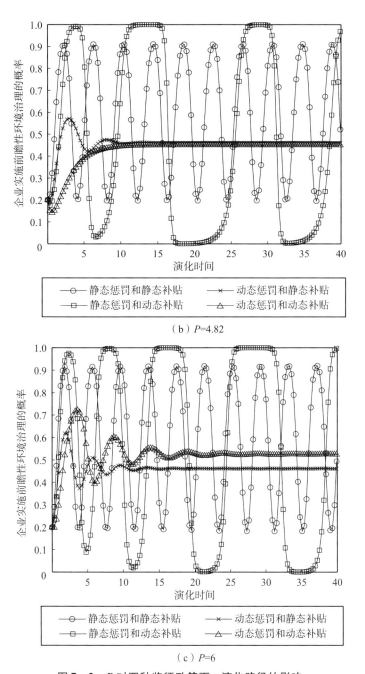

（b）P=4.82

（c）P=6

图 7 – 2　P 对四种奖惩政策下 y 演化路径的影响

当 $P = 4.82$ 时，随着企业因前瞻性环境治理获得的声誉收益的增加，在静态惩罚和静态补贴政策下企业采取前瞻性环境治理的概率在 $0.20 \sim 0.91$ 波动；在静态惩罚和动态补贴政策下，企业采取前瞻性环境治理的概率在 $0 \sim 1$ 波动；在动态惩罚和静态补贴政策下，企业采取前瞻性环境治理的概率迅速提升到 0.57，之后下降，最后收敛于 0.45；在动态惩罚和动态补贴政策下，企业采取前瞻性环境治理的概率最终趋于 0.45，如图 7 - 2（b）所示。

当 $P = 6$ 时，随着企业因前瞻性环境治理获得的声誉收益进一步提高，在静态惩罚和静态补贴政策下，企业采取前瞻性环境治理的概率在 $0.18 \sim 0.92$ 波动；在静态惩罚和动态补贴政策下，企业采取前瞻性环境治理的概率在 $0 \sim 1$ 波动；在动态惩罚和静态补贴政策下，企业采取前瞻性环境治理的概率稳定在 0.46；在动态惩罚和动态补贴政策下，企业采取前瞻性环境治理的概率有所提高，最终稳定于 0.52，如图 7 - 2（c）所示。

综上可知，当企业因前瞻性环境治理获得的声誉收益小于某个阈值时，动态惩罚和静态补贴政策下企业实施前瞻性环境治理的稳定概率最大，动态惩罚和静态补贴是政府最优的奖惩组合政策；当企业因前瞻性环境治理获得的声誉收益大于该阈值时，动态惩罚和动态补贴政策下企业实施前瞻性环境治理的稳定概率最大，动态惩罚和动态补贴是政府最优的奖惩组合政策。

最优奖惩组合政策作用下系统演化路径，如图 7 - 3 所示。当 P 小于阈值 4.82 时（仿真取 $P = 3.5$），$(1，0.39)$ 为动态惩罚和静态补贴政策作用下的系统演化稳定策略；当 P 大于阈值 4.82 时（仿真取 $P = 6$），$(0.79，0.52)$ 为动态惩罚和动态补贴政策作用下的系统演化稳定策略。

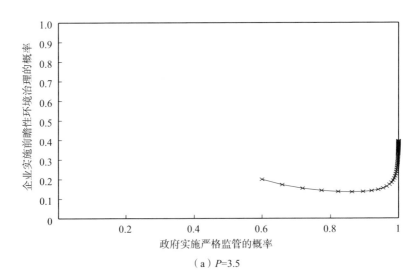

（a）P=3.5

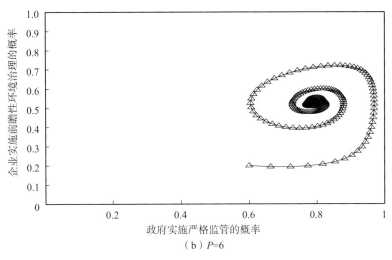

（b）P=6

图 7 - 3　最优奖惩组合政策下系统演化路径

综上可知，当企业因前瞻性环境治理获得的声誉收益较小时，只有地方政府完全实施严格监管，企业才会以稳定的概率实施前瞻性环境治理；当企业因前瞻性环境治理获得的声誉收益较大时，即使地方政府实施严格监管的概率较小，企业也会以较高的稳定概率实施前瞻性环境治理。

7.3.2　最优奖惩组合政策下参数变化对企业策略演化的影响

本节利用数值仿真进一步分析最优奖惩组合政策下参数变化对企业策略演化轨迹的影响。当 P 小于阈值 4.82 时，最优奖惩组合政策为动态惩罚和静态补贴，仿真中以 $P=3.5$ 进行分析；当 P 大于阈值 4.82 时，最优奖惩组合政策为动态惩罚和动态补贴，仿真中以 $P=6$ 进行分析。

1. S 对 y 的影响

由图 7 - 4 可知，在 $P=3.5$ 的情形下，当企业因前瞻性环境治理获得的补贴金额从 0.2 提高到 1，再提高到 2 时，企业实施前瞻性环境治理的稳定概率随之增大；当补贴金额为 3.7 时，企业实施前瞻性环境治理的稳定概率反而减小。在 $P=6$ 的情形下，当企业因前瞻性环境治理获得的补贴金额从 0.2 提高到 1，企业实施前瞻性环境治理的稳定概率随着增大；当补贴金额为 2 时，企业实施前瞻性环境治理的稳定概率反而减小；当补贴金额为 3.7 时，企业实施前瞻性环境治理的概率会在一定范围内波动。这说明企业因前瞻性环境治理获得的补贴金额过高，补贴激励效应会扭曲，补贴效应出现反转，这与安同良和千慧雄（2021）[①]的研究结论相符。当企业因前瞻性环境治理获得的补贴金额相同时，因前瞻性环境治理获得的声誉收益较大的企业实施前瞻性环境治理的稳定概率更大。

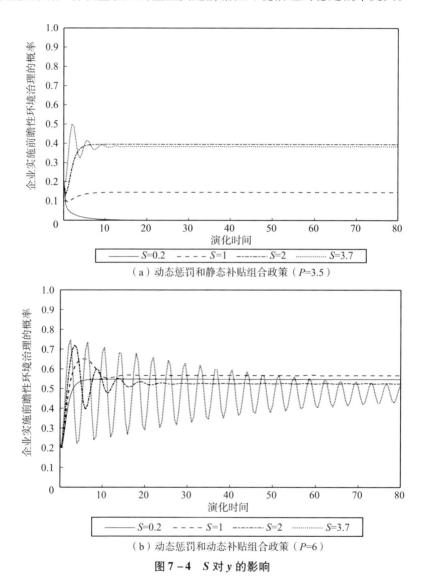

（a）动态惩罚和静态补贴组合政策（P=3.5）

（b）动态惩罚和动态补贴组合政策（P=6）

图 7-4　S 对 y 的影响

① 安同良，千慧雄. 中国企业 R&D 补贴策略：补贴阈限、最优规模与模式选择［J］. 经济研究，2021，56（1）：122 – 137.

2. D 对 y 的影响

由图7-5可知，当 $P=3.5$ 和 $P=6$ 时，随着企业因策略性环境治理被征收的惩罚金额的提高，企业实施前瞻性环境治理的稳定概率不断增大。政府对实施策略性环境治理企业征收相同的罚金，若消费者绿色偏好程度较高，企业更有动力转向实施前瞻性环境治理以获得较大的声誉收益，其进行前瞻性环境治理的稳定概率更大。此外，当 $P=3.5$ 时，D 从 3 增长到 5，企业实施前瞻性环境治理的稳定概率的增幅为 0.30；D 从 5 增长到 7，企业实施前瞻性环境治理的稳定概率的增幅仅为 0.05。当 $P=6$ 时，D 从 3 增长到 7，企业实施前瞻性环境治理的稳定概率的增幅为 0.10；D 从 7 增长到 11，企业实施前瞻性环境治理的稳定概率的增幅仅为 0.05。这表明企业因策略性环境治理被征收的罚金增长到一定程度，其对企业实施前瞻性环境治理的稳定概率的影响程度减小；当企业因前瞻性环境治理获得的声誉收益较小时，企业实施前瞻性环境治理的稳定概率对企业因策略性环境治理被征收的罚金变动的反应更敏感。

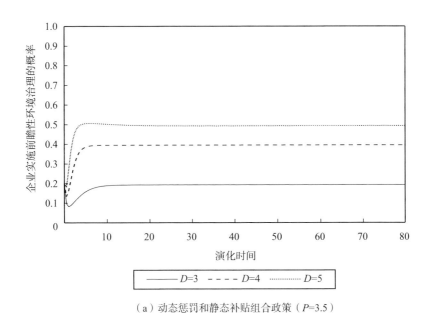

（a）动态惩罚和静态补贴组合政策（$P=3.5$）

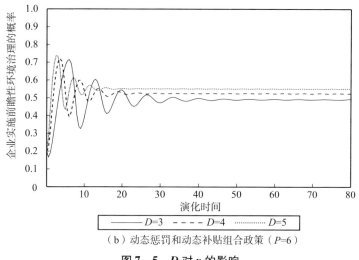

（b）动态惩罚和动态补贴组合政策（$P=6$）

图 7-5　D 对 y 的影响

3. π 对 y 的影响

由图 7-6 可知，在 $P=3.5$ 的情形下，当政府因企业前瞻性环境治理获得的环境效益从 4 提高到 6，再提高到 8 时，企业实施前瞻性环境治理的稳定概率保持不变。在 $P=6$ 的情形下，当政府因企业前瞻性环境治理获得的环境效益从 4 提高到 6，再提高到 8 时，企业实施前瞻性环境治理的稳定概率不断增大。当政府因企业前瞻性环境治理获得的环境效益相同时，前瞻性环境治理获得的声誉收益较大的企业实施前瞻性环境治理的稳定概率更大。

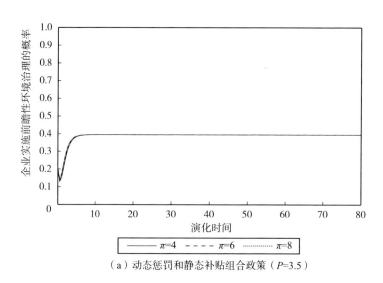

（a）动态惩罚和静态补贴组合政策（$P=3.5$）

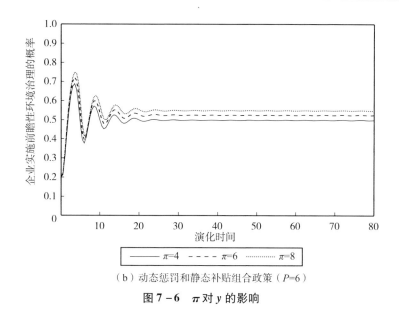

（b）动态惩罚和静态补贴组合政策（$P=6$）

图 7 – 6　π 对 y 的影响

4. c_0 对 y 的影响

由图 7 – 7 可知，当 $P = 3.5$ 和 $P = 6$ 时，随着地方政府监管成本的提高，企业实施前瞻性环境治理的稳定概率不断减小。当地方政府监管成本相同时，因前瞻性环境治理获得的声誉收益较大的企业实施前瞻性环境治理的稳定概率更大。

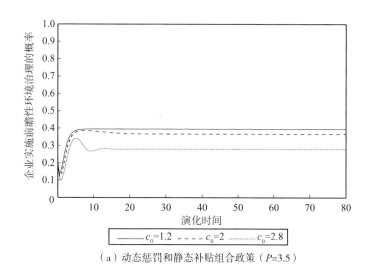

（a）动态惩罚和静态补贴组合政策（$P=3.5$）

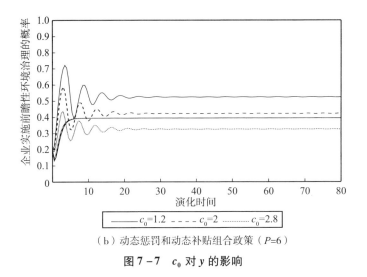

（b）动态惩罚和动态补贴组合政策（P=6）

图 7-7 c_0 对 y 的影响

5. c_1 对 y 的影响

由图 7-8 可知，当 $P=3.5$ 和 $P=6$ 时，随着企业前瞻性环境治理成本的提高，企业实施前瞻性环境治理稳定概率不断减小。当前瞻性环境治理成本相同时，因前瞻性环境治理获得的声誉收益较大的企业实施前瞻性环境治理的稳定概率更大。

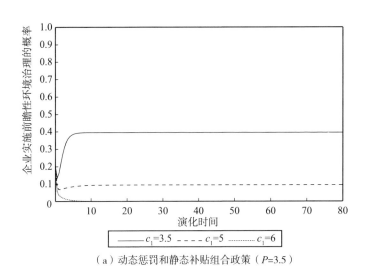

（a）动态惩罚和静态补贴组合政策（P=3.5）

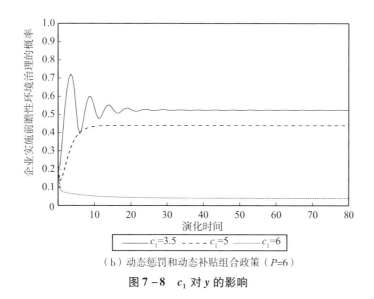

（b）动态惩罚和动态补贴组合政策（$P=6$）

图 7 - 8　c_1 对 y 的影响

6. R 对 y 的影响

由图 7 - 9 可知，当 $P=3.5$ 和 $P=6$ 时，随着前瞻性环境治理资源投资于生产业务创造的经济利润的提高，企业实施前瞻性环境治理的稳定概率不断减小。当前瞻性环境治理资源投资与生产业务创造的经济利润相同时，因前瞻性环境治理获得的声誉收益较大的企业实施前瞻性环境治理的稳定概率更大。

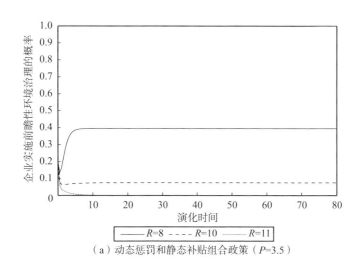

（a）动态惩罚和静态补贴组合政策（$P=3.5$）

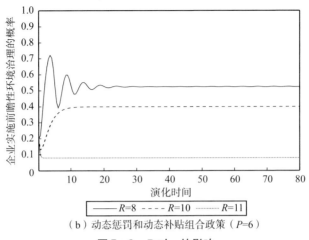

（b）动态惩罚和动态补贴组合政策（P=6）

图7－9　R 对 y 的影响

7. L 对 y 的影响

由图7－10可知，在 P =3.5 的情形下，当前瞻性环境治理资源投资于生产业务造成的环境损失从2提高到4.5，再提高到7时，企业实施前瞻性环境治理的稳定概率保持不变。在 P =6 的情形下，当前瞻性环境治理资源投资于生产业务造成的环境损失从2提高到4.5，再提高到7时，企业实施前瞻性环境治理的稳定概率不断增大。当前瞻性环境治理资源投资于生产业务造成的环境损失相同时，因前瞻性环境治理获得的声誉收益较大的企业实施前瞻性环境治理的稳定概率更大。

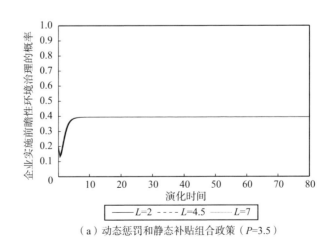

（a）动态惩罚和静态补贴组合政策（P=3.5）

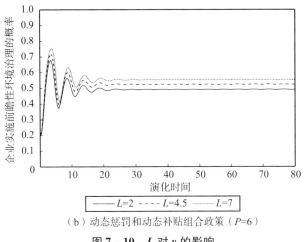

（b）动态惩罚和动态补贴组合政策（P=6）

图 7 - 10　L 对 y 的影响

8. λ 对 y 的影响

由图 7 - 11 可知，当 $P = 3.5$ 和 $P = 6$ 时，随着策略性环境治理企业投资于环境治理资源占比的提高，企业实施前瞻性环境治理的稳定概率不断增加。当策略性环境治理企业投资于环境治理的资源占比相同时，因前瞻性环境治理获得的声誉收益较大的企业实施前瞻性环境治理的稳定概率更大。

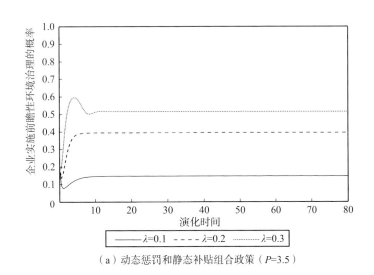

（a）动态惩罚和静态补贴组合政策（P=3.5）

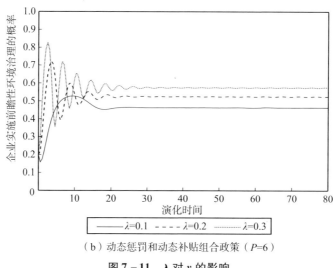

（b）动态惩罚和动态补贴组合政策（P=6）

图 7 - 11 λ 对 y 的影响

9. r 对 y 的影响

由图 7 - 12 可知，在 P = 3.5 的情形下，当企业所得税税率从 0.15 提高到 0.2，再提高到 0.25 时，企业实施前瞻性环境治理的稳定概率不断增大。在 P = 6 的情形下，当企业所得税税率从 0.15 提高到 0.2，再提高到 0.25 时，企业实施前瞻性环境治理的稳定概率小幅度减小。究其原因，地方政府因企业所得税税率的提高而获得更高的财政收入，降低对实施前瞻性环境治理获得声誉收益较大的企业的监管力度，导致企业实施前瞻性环境治理的稳定概率反而小幅度下降。

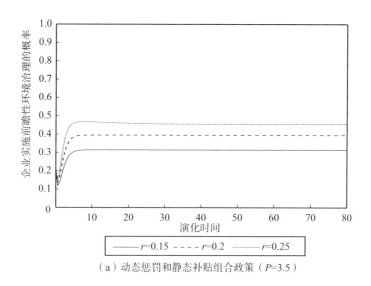

（a）动态惩罚和静态补贴组合政策（P=3.5）

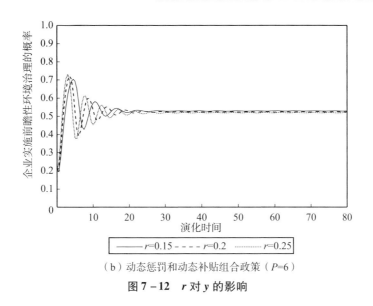

（b）动态惩罚和动态补贴组合政策（*P*=6）

图 7 – 12 *r* 对 *y* 的影响

当企业所得税税率相同时，因前瞻性环境治理获得的声誉收益较大的企业实施前瞻性环境治理的稳定概率更大。

综上分析，最优奖惩组合政策下各参数变化对企业实施前瞻性环境治理稳定概率的影响，如表 7 – 8 所示。

表 7 – 8   最优奖惩政策下各参数变化对 *y* 的影响

参数	y	
	动态惩罚和静态补贴	动态惩罚和动态补贴
$S\uparrow$	先↑后↓	先↑后↓
$D\uparrow$	↑	↑
$\pi\uparrow$	→	↑
$c_0\uparrow$	↓	↓
$c_1\uparrow$	↓	↓
$R\uparrow$	↓	↓
$L\uparrow$	→	↑
$\lambda\uparrow$	↑	↑
$r\uparrow$	↑	↓

注：↑表示增大，↓表示减小，→表示不变。

7.4　研究结论与启示

本章聚焦地方政府奖惩组合政策约束下企业策略性环境治理行为演化问题，建立地方政府与企业的演化博弈模型，结合数值仿真，对比研究不同奖惩组合政策对企业策略性环境治理行为演化的影响，并分析最优奖惩组合政策作用下参数变化对企业策略演化的影响。研究表明：

（1）当政府实施静态惩罚和静态补贴政策时，系统形成以某均衡点为中心点的稳定极限闭环，但始终无法渐进稳定于中心点。当政府实施动态惩罚和静态补贴、静态惩罚和动态补贴、动态惩罚和动态补贴三种组合政策时，系统存在演化稳定策略。当企业前瞻性环境治理获得的声誉收益小于某阈值时，动态惩罚和静态补贴为最优奖惩政策；当企业前瞻性环境治理获得的声誉收益大于该阈值时，动态惩罚和动态补贴为最优奖惩政策。政府应根据企业前瞻性环境治理获得的声誉收益，选择实施动态惩罚和静态补贴组合政策或动态惩罚和动态补贴组合政策，激励企业更加积极地实施前瞻性环境治理。

（2）在最优奖惩组合政策下，随着企业策略性环境治理获得的惩罚金额、策略性环境治理企业投资于环境治理的资源占比的提高，企业实施前瞻性环境治理的稳定概率增大；随着地方政府监管成本、企业前瞻性环境治理成本、前瞻性环境治理资源投资于生产业务创造的经济利润的提高，企业实施前瞻性环境治理的稳定概率减小。随着企业前瞻性环境治理获得的补贴金额的提高，企业实施前瞻性环境治理的稳定概率先增后减。地方政府应明确给予前瞻性环境治理企业的最优补贴区间，充分发挥补贴的激励效应，以提升企业实施前瞻性环境治理的稳定概率。

（3）当最优奖惩政策为动态惩罚和静态补贴时，随着政府因企业前瞻性环境治理获得的环境效益、前瞻性环境治理资源投资于生产业务造成的环境损失的提高，企业实施前瞻性环境治理的概率保持不变；随着企业所得税税率的提高，企业实施前瞻性环境治理的稳定概率增大。当最优奖惩政策为动态惩罚和动态补贴时，随着政府因企业前瞻性环境治理获得的环境效益、前瞻性环境治理资源投资于生产业务造成的环境损失的提高，企业实施前瞻性环境治理的稳定概率增大；随着企业所得税税率的提高，企业实施前瞻性环境治理的稳定概率减小。政府应合理确定所得税税率，使其与奖惩组合政策相匹配，最大限度地提升企业实施前瞻性环境治理的稳定概率。

（4）前瞻性环境治理获得的声誉收益较大的企业实施前瞻性环境治理的稳定概率更大。政府应积极宣传绿色消费理念，提升消费者对企业绿色发展的认可程度，为企业实施前瞻性环境战略获得竞争优势营造良好的外部环境。

第8章

双重委托代理关系下企业绿色发展激励机制研究

高投资、高能耗和高排放的粗放型增长方式使我国付出了严重的资源和环境代价，对我国经济持续、健康发展带来严重影响。为了解决日益突出的环境问题，我国政府推动企业积极实施绿色发展战略，在保障生产性投资的同时，不断增加节能技改和绿色研发等节能减排投资，提高能源使用效率和减少污染物排放。绿色战略短期内会增加企业的成本负担，降低企业的经济效益，长期才能实现企业经济效益和生态效益的良性互动。为此，政府应设计契约激励企业合理配置节能减排投资，在维系短期经济效益的同时，实现低碳发展的长期规划。此外，随着政府环境治理力度的加大和公众绿色消费意识的增强，大多数企业意识到实施绿色战略的紧迫性。然而，在绿色战略实施过程中，企业高管很难正视节能减排投资所带来的机遇和长期效益。由于企业与高管之间的信息不对称，高管容易出现关注企业短期经济效益，忽视甚至挪用企业节能减排投资等短视行为。为此，政府如何激励企业进行节能减排投资，企业如何激励高管落实节能减排投资对企业成功实施绿色战略至关重要。

然而，现有研究主要围绕企业绿色发展探讨政府与企业，企业与高管之间的单任务或多任务委托代理关系，鲜有研究将政府—企业—高管纳入到一个理论框架下进行探讨，无法深刻剖析企业实施绿色发展战略的双重多任务委托代理关系。为此，本章针对政府推动企业绿色发展存在的双重多任务委托代理关系，构建涵盖政府、企业和高管等主体的双重多任务委托代理模型，分析生产和节能减排任务间的可替代程度、高管付出努力的成本系数、生产任务方差、节能减排任务方差、高管风险偏好等因素对最优激励契约设计的影响，以期为促进企业实现经济效益与生态效益的良性互动提供理论依据。

8.1　模型构建及求解

8.1.1　建模原理

在实施绿色发展战略过程中，企业既要从事生产任务，实现经济效益，又要执行节能减排任务，创造生态效益。由于政府和企业间信息不对称，政府无法观测到企业在节能减排上付出的努力，政府（principal）应设计激励契约鼓励企业（agent）从事节能减排任务。企业生产和节能减排任务实际上由高管加以实施，由于企业和高管间信息不对称，企业无法观测到高管在生产和节能减排任务上付出的努力程度，企业必须设计激励契约推动高管（client）优化配置生产任务和节能减排任务的努力程度。因此，政府推动企业绿色发展实质上是一种双重多任务委托代理关系，即政府委托企业，企业再委托高管实施生产任务和节能减排任务。政府通过设计对企业的激励契约（设置生态效益激励系数）来实现期望收益最大化，企业通过设计对高管的激励契约（设置高管的固定报酬和高管实施两项任务的激励系数）来实现期望收益最大化，企业高管通过配置生产和节能减排任务的努力水平来实现确定性等价收益最大化，如图 8 - 1 所示。

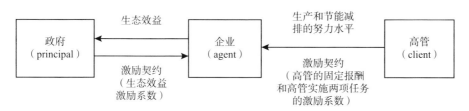

图 8 - 1　实施绿色发展战略的双重委托代理模型

8.1.2　模型假设

假设 8.1：高管同时从事企业委托的生产任务和节能减排任务，在两项任务上付出的努力水平分别记为 e_1 和 e_2，$e_1 \geq 0$，$e_2 \geq 0$；高管了解自己的努力程度 e_1 和 e_2，作为委托人的政府和企业不能观测到高管在两项任务上的努力程度，但企业可以观测到由高管努力水平决定的经济效益 S_1 和生态效益 S_2，政府可以观测到生态效益，两种效益相互独立。效益函数取线性形式，经济效益函数为 $S_1 = e_1 + \varepsilon_1$，生态效益函数为 $S_2 = e_2 + \varepsilon_2$。其中，$\varepsilon_1$、$\varepsilon_2$ 为随机干扰变量，其分别满足正态分布 $N(0, \sigma_1^2)$ 和 $N(0, \sigma_2^2)$。生产任务和节能减排任务的产出效益不仅取决于高管在两项任务上的努力程度，还会受到外部随机因素的影响。σ_1^2 和 σ_2^2 反映了两项任务产出受外部随机因素影响而导致的不确定程度。生产任务是为了实现企业短期经济效益，产出不确定性较小；节能减排任务是为了增加长期的生态效益，产出不确定性较大，假设 $\sigma_2^2 > \sigma_1^2$。

假设 8.2：高管执行生产任务和节能减排任务的努力成本函数为：

$$C(e_1, e_2) = c(e_1^2 + e_2^2)/2 + re_1 e_2$$

其中，c 为高管付出努力的成本系数，c 越大，努力增加所带来的边际努力成本越大。r 为两项任务的相关系数，反映两项任务的相关程度。根据拉丰和马赫蒂（2002）[①] 对替代性任务和互补性任务的定义可知，当两项任务具有替代性（$0 < r \leqslant 1$）时，高管两项任务都努力的成本要大于其仅努力执行其中一项任务的成本之和；当两项任务具有互补性（$-1 \leqslant r < 0$）时，高管两项任务都努力的成本小于仅努力执行其中一项任务的成本之和。当 $r = 0$ 时，说明两项任务完全独立。r 可以理解为企业高管从事节能减排任务给生产任务带来负面影响从而产生额外的经济成本，比如安装、运行治污设备的成本投入等。r 越大，高管从事节能减排任务的经济成本增量越大，但经济成本增量过大会影响企业生存，通常假设 $c > r$。

假设 8.3：根据高管两种努力的产出，企业采用线性激励方式给高管支付报酬。高管从企业获得的报酬为 $S = a + b_1 S_1 + b_2 S_2$，其中，$a$ 为高管获得的固定薪酬，b_1、b_2 分别为企业对高管两种努力的产出的激励系数，$0 \leqslant b_1, b_2 \leqslant 1$。根据企业创造的生态效益，政府采取线性激励方式对企业进行相应的激励。政府对企业的激励函数为 $Z = kS_2$，其中，k 为政府对企业生态效益的激励系数，$0 \leqslant k \leqslant 1$。

假设 8.4：假设政府和企业是风险中性的，高管是风险规避的。高管效用函数具有不变的绝对风险规避特征，表示为 $U_m = -e^{-\rho(S-C)}$，其中，ρ 表示高管对风险的规避程度，$\rho > 0$，ρ 越大说明高管越不愿意承担风险。

8.1.3 模型构建

高管的风险收益 Y_m 和确定性等价收益 CE_m 为：

---

① 让·雅克·拉丰，大卫·马赫蒂摩. 激励理论（第一卷）委托—代理模型［M］. 北京：中国人民大学出版社，2002.

$$Y_m = S(S_1,\ S_2) - C(e_1,\ e_2) = a + b_1 S_1 + b_2 S_2 - \frac{1}{2}c(e_1^2 + e_2^2) - re_1 e_2$$

$$CE_m = E(Y_m) - \frac{1}{2}\rho b_1^2 \sigma_1^2 - \frac{1}{2}\rho b_2^2 \sigma_2^2 = a + b_1 e_1 + b_2 e_2 - \frac{1}{2}c(e_1^2 + e_2^2) - re_1 e_2$$

$$- \frac{1}{2}\rho b_1^2 \sigma_1^2 - \frac{1}{2}\rho b_2^2 \sigma_2^2$$

其中，$E(Y_m)$ 为高管的期望收益，$\frac{1}{2}\rho b_1^2 \sigma_1^2 + \frac{1}{2}\rho b_2^2 \sigma_2^2$ 为高管执行任务的风险成本。

企业的总收益为：

$$Y_f = S_1 + Z - S$$

企业的期望收益为：

$$E(Y_f) = (1 - b_1)e_1 + (k - b_2)e_2 - a$$

政府的总收益为：

$$Y_g = S_2 - kS_2$$

政府的期望收益为：

$$E(Y_g) = (1 - k)e_2$$

该问题的激励合约模型为：

$$\max_k (1 - k)e_2 \tag{8.1}$$

$$\text{s. t.} \ (IC_1) \max_{a, b_1, b_2} \{(1 - b_1)e_1 + (k - b_2)e_2 - a\} \tag{8.2}$$

$$(IR_1)\ (1 - b_1)e_1 + (k - b_2)e_2 - a \geqslant Y_{f0} \tag{8.3}$$

$$(IC_2) \max_{e_1, e_2} \left\{ a + b_1 e_1 + b_2 e_2 - \frac{1}{2}c(e_1^2 + e_2^2) - re_1 e_2 - \frac{1}{2}\rho b_1^2 \sigma_1^2 - \frac{1}{2}\rho b_2^2 \sigma_2^2 \right\} \tag{8.4}$$

$$(IR_2)\ a + b_1 e_1 + b_2 e_2 - \frac{1}{2}c(e_1^2 + e_2^2) - re_1 e_2 - \frac{1}{2}\rho b_1^2 \sigma_1^2 - \frac{1}{2}\rho b_2^2 \sigma_2^2 \geqslant Y_{m0} \tag{8.5}$$

其中，IC_1 为企业的激励相容约束，IR_1 为企业的参与约束，Y_{f0} 为企业的保留收益水平，IC_2 为高管的激励相容约束，IR_2 为高管的参与约束，Y_{m0} 为高管的保留收益水平。激励相容约束 IC_1 和 IC_2 保证在任何激励契约下，企业和高管总是选择使其期望收益（确定性等价收益）最大化的行动。参与约束 IR_1 和 IR_2 保证在任何激励契约下，企业和高管得到的期望收益（确定性等价收益）不小于其在不实施节能减排任务时得到的保留收益。

8.1.4　模型求解

根据式（8.4）即高管激励相容约束的一阶条件，可得到高管从事生产任务和节能减排任务的最优努力程度：

$$
\begin{cases}
e_1^* = \dfrac{b_1 c - b_2 r}{c^2 - r^2} \\[2mm]
e_2^* = \dfrac{b_2 c - b_1 r}{c^2 - r^2}
\end{cases}
\tag{8.6}
$$

企业高管通过配置最优的生产任务努力水平 e_1^* 和最优的节能减排任务努力水平 e_2^* 实现确定性等价收益最大化。在生产任务和节能减排任务的努力为最优的情况下，式（8.5）即高管参与约束的等式成立，意味着企业没有必要支付高管更多，因此有：

$$
a = Y_{m0} - b_1 e_1 - b_2 e_2 + \frac{1}{2} c (e_1^2 + e_2^2) + r e_1 e_2 + \frac{1}{2} \rho b_1^2 \sigma_1^2 + \frac{1}{2} \rho b_2^2 \sigma_2^2 \tag{8.7}
$$

将 e_1^*、e_2^* 和 a 代入式（8.2）即企业激励相容约束条件，得到

$$
\max_{a, b_1, b_2} \left\{ e_1^* + k e_2^* - Y_{m0} - \frac{1}{2} c (e_1^{*2} + e_2^{*2}) - r e_1^* e_2^* - \frac{1}{2} \rho b_1^2 \sigma_1^2 - \frac{1}{2} \rho b_2^2 \sigma_2^2 \right\} \tag{8.8}
$$

根据式（8.8）的一阶条件可得

$$
\begin{cases}
b_1 = \dfrac{c - kr + b_2 r}{c + (c^2 - r^2) \rho \sigma_1^2} \\[3mm]
b_2 = \dfrac{kc - r + b_1 r}{c + (c^2 - r^2) \rho \sigma_2^2}
\end{cases}
\tag{8.9}
$$

由式（8.9）可知，两项任务的激励系数相互影响，增加某个任务 1 单位的激励，另一任务的激励相应增加 $\dfrac{r}{c + (c^2 - r^2) \rho \sigma_i^2}$ 单位。其中，$\dfrac{r}{c + (c^2 - r^2) \rho \sigma_i^2} < 1$，$i = 1, 2$。

进一步整理式（8.9），可得

$$
\begin{cases}
b_1^* = \dfrac{1 + (c - kr) \rho \sigma_2^2}{1 + c \rho \sigma_1^2 + c \rho \sigma_2^2 + (c^2 - r^2) \rho^2 \sigma_1^2 \sigma_2^2} \\[3mm]
b_2^* = \dfrac{k + (ck - r) \rho \sigma_1^2}{1 + c \rho \sigma_1^2 + c \rho \sigma_2^2 + (c^2 - r^2) \rho^2 \sigma_1^2 \sigma_2^2}
\end{cases}
\tag{8.10}
$$

企业对高管从事生产任务和节能减排任务的产出效益进行奖励（最优激励系数分别为 b_1^* 和 b_2^*），既能激励高管按其所期望的最优努力水平来配置生产任务和节能减排任务的努力水平，又能实现其期望收益最大化。

由式（8.6）可知，高管在生产与节能减排任务上的努力水平分配与企业对高管从事两项任务的激励强度有关。为此，记 $b^* = b_1^* / b_2^*$，表示企业对高管从事

两项任务的相对激励强度，以下简称企业对高管的相对激励强度。整理式（8.10），可得

$$b^* = \frac{b_1^*}{b_2^*} = \frac{1 + (c - kr)\rho\sigma_2^2}{k + (ck - r)\rho\sigma_1^2} \quad (8.11)$$

将 e_2^* 代入式（8.1），根据式（8.1）的一阶条件，求解得到政府最优激励系数：

$$k^* = \frac{(c + r)(1 + c\rho\sigma_1^2 + r\rho\sigma_2^2)}{2(c + c^2\rho\sigma_1^2 + r^2\rho\sigma_2^2)} \quad (8.12)$$

政府对企业创造的生态效益进行奖励，最优生态效益激励系数为 k^*，既能激励企业按其期望积极从事节能减排任务，又能实现其期望收益最大化。

8.2　企业对高管最优激励强度的影响因素

由式（8.10）可知，企业对高管的最优激励强度 b_1^*、b_2^* 取决于参数 k、ρ、σ_1^2、σ_2^2、r 和 c。由 b_1^*、b_2^* 对 k 求一阶导数，可得

$$\frac{\partial b_1^*}{\partial k} = -\frac{r\rho\sigma_2^2}{1 + c\rho\sigma_1^2 + c\rho\sigma_2^2 + (c^2 - r^2)\rho^2\sigma_1^2\sigma_2^2} < 0 \quad (8.13)$$

$$\frac{\partial b_2^*}{\partial k} = \frac{1 + c\rho\sigma_1^2}{1 + c\rho\sigma_1^2 + c\rho\sigma_2^2 + (c^2 - r^2)\rho^2\sigma_1^2\sigma_2^2} > 0 \quad (8.14)$$

由式（8.13）和式（8.14）可知，企业对高管从事生产任务的激励强度与政府对企业创造的生态效益的激励强度负相关，企业对高管从事节能减排任务的激励强度与政府对企业的激励强度正相关。因此，随着政府激励强度的提高，企业可降低生产任务的激励强度，而提高节能减排任务的激励强度。

由 b_1^*、b_2^* 对 ρ 求一阶导数，可得

$$\frac{\partial b_1^*}{\partial \rho} = -\frac{[c\sigma_1^2 + kr\sigma_2^2 + 2(c^2 - r^2)\rho\sigma_1^2\sigma_2^2 + (c - kr)(c^2 - r^2)\rho^2\sigma_1^2\sigma_2^4]}{[1 + c\rho\sigma_1^2 + c\rho\sigma_2^2 + (c^2 - r^2)\rho^2\sigma_1^2\sigma_2^2]^2} < 0 \quad (8.15)$$

$$\frac{\partial b_2^*}{\partial \rho} = -\frac{[r\sigma_1^2 + kc\sigma_2^2 + (c^2 - r^2)\rho\sigma_1^2\sigma_2^2[k + (ck - r)\rho\sigma_1^2]}{[1 + c\rho\sigma_1^2 + c\rho\sigma_2^2 + (c^2 - r^2)\rho^2\sigma_1^2\sigma_2^2]^2} < 0 \quad (8.16)$$

由式（8.15）和式（8.16）可知，企业对高管从事生产任务和节能减排任务的激励强度与高管的风险规避程度负相关。这说明对于风险规避度高的高管，比如一些年龄相对大、工作较为保守的高管，企业应降低对其从事生产任务和节

能减排任务的激励强度。对于风险规避度低的高管，比如一些相对年轻、工作勇于探索的高管，企业应强化对其从事生产任务和节能减排任务的激励强度。

由 k、b_2^* 分别对 σ_1^2、σ_2^2 求一阶导数，可得

$$\frac{\partial b_1^*}{\partial \sigma_1^2} = -\frac{[1 + (c - kr)\rho\sigma_2^2](c\rho + (c^2 - r^2)\rho^2\sigma_2^2)}{[1 + c\rho\sigma_1^2 + c\rho\sigma_2^2 + (c^2 - r^2)\rho^2\sigma_1^2\sigma_2^2]^2} < 0 \tag{8.17}$$

$$\frac{\partial b_2^*}{\partial \sigma_2^2} = -\frac{\rho(c + \rho\sigma_1^2)[k(c^2 - r^2) + (ck - r)\rho\sigma_1^2]}{[1 + c\rho\sigma_1^2 + c\rho\sigma_2^2 + (c^2 - r^2)\rho^2\sigma_1^2\sigma_2^2]^2} < 0 \tag{8.18}$$

$$\frac{\partial b_1^*}{\partial \sigma_2^2} = -\frac{\rho r[k + (ck - r)\rho\sigma_1^2]}{[1 + c\rho\sigma_1^2 + c\rho\sigma_2^2 + (c^2 - r^2)\rho^2\sigma_1^2\sigma_2^2]^2} < 0 \tag{8.19}$$

$$\frac{\partial b_2^*}{\partial \sigma_1^2} = -\frac{\rho r[1 + (c - kr)\rho\sigma_2^2]}{[1 + c\rho\sigma_1^2 + c\rho\sigma_2^2 + (c^2 - r^2)\rho^2\sigma_1^2\sigma_2^2]^2} < 0 \tag{8.20}$$

由式（8.17）和式（8.18）可知，企业对高管从事生产任务的激励强度与生产任务方差负相关，企业对高管从事节能减排任务的激励强度与节能减排任务方差负相关。生产任务和节能减排任务方差越大意味着高管在两项任务上的努力与创造的经济效益和生态效益的相关程度不高，经济效益和生态效益的好坏更多是由高管努力以外的随机因素决定，并不能真实反映努力水平。因此，企业强化高管从事两项任务的激励并不能达到使高管努力工作的效果。反之，生产任务和节能减排任务方差越小，高管在两项任务上的努力与创造的经济效益和生态效益的相关程度较高，企业强化高管从事两项任务的激励能够使高管更加努力地工作。

由式（8.19）可知，企业对高管从事生产任务的激励强度与节能减排任务方差负相关。这说明，随着节能减排任务产出不确定性的增加，企业更倾向于弱化高管从事生产任务的激励。由式（8.20）可知，企业对高管从事节能减排任务的激励强度与生产任务方差负相关。这说明，随着生产任务产出不确定性的增加，企业更倾向于弱化高管从事节能减排任务的激励。

由 b_1^*、b_2^* 对 r 求一阶导数，可得

$$\frac{\partial b_1^*}{\partial r} = -\frac{\rho\sigma_2^2(1 + c\rho\sigma_2^2)[k + (ck - r)\rho\sigma_1^2] - r\rho^2\sigma_1^2\sigma_2^2[1 + (c - kr)\rho\sigma_2^2]}{[1 + c\rho\sigma_1^2 + c\rho\sigma_2^2 + (c^2 - r^2)\rho^2\sigma_1^2\sigma_2^2]^2}$$

$$\tag{8.21}$$

$$\frac{\partial b_2^*}{\partial r} = -\frac{\rho\sigma_1^2(1 + c\rho\sigma_1^2)[1 + (c - kr)\rho\sigma_2^2] - r\rho^2\sigma_1^2\sigma_2^2[k + (ck - r)\rho\sigma_1^2]}{[1 + c\rho\sigma_1^2 + c\rho\sigma_2^2 + (c^2 - r^2)\rho^2\sigma_1^2\sigma_2^2]^2} < 0$$

$$\tag{8.22}$$

令 $A = \dfrac{1 + c\rho\sigma_2^2}{r\rho\sigma_1^2}$，由式（8.21）可知，当 $b^* \leqslant A$ 时，$\partial b_1^*/\partial r \leqslant 0$。当企业对高

管的相对激励强度较小时，企业对高管从事生产任务的最优激励强度与两项任务间的可替代程度负相关。这说明，当企业对高管从事节能减排任务的激励强度相对较大时，随着节能减排任务经济成本增量的降低，企业会强化高管从事生产任务的激励；随着节能减排任务经济成本增量的增大，企业会弱化高管从事生产任务的激励。当 $b^* > A$ 时，$\partial b_1^* / \partial r > 0$。当企业对高管的相对激励强度较大时，企业对高管从事生产任务的最优激励强度与两项任务间的可替代程度正相关。这说明，当企业对高管从事生产任务的激励强度相对较大时，随着节能减排任务经济成本增量的提升，企业会强化高管从事生产任务的激励；随着节能减排任务经济成本增量的降低，企业会弱化高管从事生产任务的激励。

由式（8.22）可知，企业对高管从事节能减排任务的最优激励强度与两项任务间的可替代程度负相关。这说明，对于从事节能减排任务经济成本增量较高的企业，企业会弱化高管从事节能减排任务的激励；对于从事节能减排任务经济成本增量较低的企业，企业会强化高管从事节能减排任务的激励。

由 b_1^*、b_2^* 对 c 求一阶导数，可得

$$\frac{\partial b_1^*}{\partial c} = -\frac{\rho\sigma_1^2(1 + c\rho\sigma_2^2)[1 + (c - kr)\rho\sigma_2^2] - r\rho^2\sigma_2^4[k + (ck - r)\rho\sigma_1^2]}{[1 + c\rho\sigma_1^2 + c\rho\sigma_2^2 + (c^2 - r^2)\rho^2\sigma_1^2\sigma_2^2]^2}$$

（8.23）

$$\frac{\partial b_2^*}{\partial c} = -\frac{\rho\sigma_2^2(1 + c\rho\sigma_1^2)[k + (ck - r)\rho\sigma_1^2] - r\rho^2\sigma_1^4[1 + (c - kr)\rho\sigma_2^2]}{[1 + c\rho\sigma_1^2 + c\rho\sigma_2^2 + (c^2 - r^2)\rho^2\sigma_1^2\sigma_2^2]^2}$$

（8.24）

令 $B = \dfrac{r\rho\sigma_2^4}{\sigma_1^2(1 + c\rho\sigma_2^2)}$，由式（8.23）可知，当 $b^* \leq B$ 时，$\partial b_1^* / \partial c > 0$。当企业对高管的相对激励强度较小时，企业对高管从事生产任务的最优激励强度与从事两项任务的成本正相关。这说明，当企业对高管从事节能减排任务的激励相对较大时，随着从事两项任务的成本的增大，企业会强化高管从事生产任务的激励；随着从事两项任务的成本的减小，企业会弱化高管从事生产任务的激励。当 $b^* > B$ 时，$\partial b_1^* / \partial c \leq 0$。当企业对高管的相对激励强度较大时，企业对高管从事生产任务的最优激励强度与从事两项任务的成本负相关。这说明，当企业对高管从事生产任务的激励相对较大时，随着从事两项任务的成本的增大，企业会弱化高管从事生产任务的激励；随着从事两项任务的成本的减小，企业会强化高管从事生产任务的激励。

令 $C = \dfrac{\sigma_2^2(1 + c\rho\sigma_1^2)}{r\rho\sigma_1^4}$，由式（8.24）可知，当 $b^* \leq C$ 时，$\partial b_2^* / \partial c \leq 0$。当企

业对高管的相对激励强度较小时，企业对高管从事节能减排任务的最优激励强度与从事两项任务的成本负相关。这说明，当企业对高管从事节能减排任务的激励相对较大时，随着从事两项任务的成本的降低，企业会强化高管从事节能减排任务的激励；随着从事两项任务的成本的增大，企业会弱化高管从事节能减排任务的激励。当 $b^* > C$ 时，$\partial b_2^*/\partial c > 0$。当企业对高管的相对激励强度较大时，企业对高管从事节能减排任务的最优激励强度与从事两项任务的成本正相关。这说明，当企业对高管从事生产任务的激励相对较大时，随着从事两项任务的成本的增加，企业会强化高管从事节能减排任务的激励；随着从事两项任务的成本的减小，企业会弱化高管从事节能减排任务的激励。

8.3　企业对高管相对激励强度的影响因素

由式（8.11）可知，企业对高管的相对激励强度 b^* 受到参数 k、ρ、σ_1^2、σ_2^2、r 和 c 的影响。

由 b^* 对 k 求一阶导数，可得

$$\frac{\partial b^*}{\partial k} = -\frac{1 + c\rho(\sigma_1^2 + \sigma_2^2) + (c^2 - r^2)\rho^2\sigma_1^2\sigma_2^2}{[k + (ck - r)\rho\sigma_1^2]^2} < 0 \tag{8.25}$$

由式（8.25）可知，企业对高管的相对激励强度与政府对企业生态效益产出的激励强度负相关。这说明，随着政府对企业节能环保激励强度的提高，企业倾向于降低对高管的生产激励强度或提高对高管的节能减排激励强度。

由 b^* 对 ρ 求一阶导数，得到：

$$\frac{\partial b^*}{\partial \rho} = \frac{ck(\sigma_2^2 - \sigma_1^2) - r(k^2\sigma_2^2 - \sigma_1^2)}{[k + (ck - r)\rho\sigma_1^2]^2} \tag{8.26}$$

令 $f(k) = \dfrac{ck(\sigma_2^2 - \sigma_1^2)}{k^2\sigma_2^2 - \sigma_1^2}$，由 $f(k)$ 对 k 求导可得

$$f'(k) = \frac{-c(\sigma_2^2 - \sigma_1^2)(k^2\sigma_2^2 + \sigma_1^2)}{(k^2\sigma_2^2 - \sigma_1^2)^2} < 0$$

又由于 $f(1) = c$，故 $f(k) \geqslant f(1) = c > r$。由式（8.26）可知，当 $r < f(k)$ 时，$\partial b^*/\partial \rho \geqslant 0$。企业对高管的相对激励强度与高管的风险规避程度正相关。这意味着对于风险规避度高的高管，企业倾向于强化对其从事生产任务的激励或弱化对其从事节能减排任务的激励。对于风险规避度低的高管，企业倾向于弱化对其从事生产任务的激励或强化对其从事节能减排任务的激励。

由 b^* 对 σ_1^2 和 σ_2^2 求一阶导数，得到：

$$\frac{\partial b^*}{\partial \sigma_1^2} = -\frac{\rho(ck-r)\left[1+(c-kr)\rho\sigma_2^2\right]}{\left[k+(ck-r)\rho\sigma_1^2\right]^2} \qquad (8.27)$$

$$\frac{\partial b^*}{\partial \sigma_2^2} = \frac{\rho(c-kr)}{k+(ck-r)\rho\sigma_1^2} > 0 \qquad (8.28)$$

由式（8.27）可知，当 $0 \leqslant r \leqslant ck$ 时，$\partial b^*/\partial \sigma_1^2 < 0$。当两项任务的可替代程度较小时，企业对高管的相对激励强度与生产任务方差负相关。这意味着，对于从事节能减排任务经济成本增量较低的企业，随着生产任务方差加大，企业倾向于弱化对高管从事生产任务的激励或强化对高管从事节能减排任务的激励；随着生产任务方差降低，企业倾向于强化对高管从事生产任务的激励或弱化对高管从事节能减排任务的激励。当 $ck < r \leqslant 1$ 时，$\partial b^*/\partial \sigma_1^2 > 0$。当两项任务的可替代程度较大时，企业对高管的相对激励强度与生产任务方差正相关。这意味着，对于从事节能减排任务经济成本增量较高的企业，随着生产任务方差加大，企业倾向于强化对高管从事生产任务的激励或弱化对高管从事节能减排任务的激励；随着生产任务方差降低，企业倾向于弱化对高管从事生产任务的激励或强化对高管从事节能减排任务的激励。

由式（8.28）可知，企业对高管的相对激励强度与节能减排任务方差正相关。这意味着，随着节能减排任务方差加大，企业倾向于强化对高管从事生产任务的激励或弱化对高管从事节能减排任务的激励。

由 b^* 对 r 求一阶导数，可得

$$\frac{\partial b^*}{\partial r} = -\frac{\rho(\sigma_1^2 - k^2\sigma_2^2) + c(1-k^2)\rho^2\sigma_1^2\sigma_2^2}{\left[k+(ck-r)\rho\sigma_1^2\right]^2} \qquad (8.29)$$

令 $D = \dfrac{k^2(1+c\rho\sigma_1^2)}{1+c\rho\sigma_2^2}$。由式（8.29）可知，当 $\sigma_1^2/\sigma_2^2 \leqslant D$ 时，$\partial b^*/\partial r < 0$。当生产与节能减排任务的方差比值较小时，企业对高管的相对激励强度与两项任务的可替代程度负相关。这说明，当生产与节能减排任务的方差比值较小时，即生产与节能减排任务的方差差异相对较大时，从事节能减排任务经济成本增量大的企业倾向于降低高管的生产和节能环保激励，但节能环保任务激励的降低幅度更小；从事节能减排任务经济成本增量小的企业倾向于提高高管的生产和节能环保激励，但生产任务激励的提高幅度更大。当 $\sigma_1^2/\sigma_2^2 > D$ 时，$\partial b^*/\partial r > 0$。当生产与节能减排任务的方差比值较大时，企业对高管的相对激励强度与两项任务的可替代程度正相关。这说明，当生产与节能减排任务的方差比值较大时，即生产与节能减排任务的方差差异相对较小时，从事节能减排任务经济成本增量大的企业倾

向于降低高管的生产和节能环保激励，但生产任务激励降低的幅度更小；而从事节能减排任务经济成本增量小的企业倾向于提高高管的生产激励和节能环保激励，但生产任务激励的提高幅度更小。

由 b^* 对 c 求一阶导数，可得

$$\frac{\partial b^*}{\partial c} = \frac{k\rho(\sigma_2^2 - \sigma_1^2) - r(1 - k^2)\rho^2\sigma_1^2\sigma_2^2}{[k + (ck - r)\rho\sigma_1^2]^2} \qquad (8.30)$$

令 $E = \dfrac{k\rho(\sigma_2^2 - \sigma_1^2)}{(1 - k^2)\rho^2\sigma_1^2\sigma_2^2}$。由式（8.30）可知，当 $r \leq E$ 时，$\partial b^*/\partial c \geq 0$。当生产与节能减排任务的可替代程度较小时，企业对高管的相对激励强度与两项任务的努力成本系数正相关。这说明，当从事节能减排任务经济成本增量较小时，企业倾向于提高高管的生产和节能环保激励，随着两项任务的努力成本系数的提高，生产任务激励强度的提高幅度更大；随着两项任务的努力成本系数的降低，节能环保任务激励强度的提高幅度更大。当 $r > E$ 时，$\partial b^*/\partial c < 0$。当生产与节能减排任务的可替代程度较大时，企业对高管的相对激励强度与两项任务的努力成本系数负相关。这说明，当从事节能减排任务经济成本增量较大时，企业倾向于降低高管的生产和节能环保激励，随着两项任务的努力成本系数的提高，节能环保任务激励强度的降低幅度更小；随着两项任务的努力成本系数的降低，生产任务激励强度的降低幅度更小。

综上分析，各因素对高管最优激励契约的影响如表 8-1 所示。

表 8-1　　　　　　　　参数变化对高管最优激励契约的影响

参数	增减方向	参数变化含义	b_1^*		b_2^*		b^*	
k	↑	政府对企业生态产出激励强度提高	↓		↑		↓	
ρ	↑	高管对风险的规避程度增大	↓		↓		↑	
σ_1^2	↑	生产任务方差增大	↓		↓		$0 \leq r \leq ck$	↓
							$ck < r \leq 1$	↑
σ_2^2	↑	节能减排任务方差增大	↓		↓		↓	
r	↑	两项任务可替代程度增大	$b^* \leq A$	↓	↓		$\sigma_1^2/\sigma_2^2 \leq D$	↓
			$b^* > A$	↑			$\sigma_1^2/\sigma_2^2 > D$	↑
c	↑	两项任务努力成本系数增大	$b^* \leq B$	↑	$b^* \leq C$	↓	$r \leq E$	↑
			$b^* > B$	↓	$b^* > C$	↑	$r > E$	↓

8.4　政府对企业最优激励强度的影响因素

由式（8.12）可知，政府对企业的最优激励系数 k^* 取决于参数 ρ、σ_1^2、σ_2^2、r 和 c。由 k^* 对 ρ 求一阶导数，可得

$$\frac{\partial k^*}{\partial \rho} = \frac{(c^2 - r^2) r \sigma_2^2}{2(c + c^2 \rho \sigma_1^2 + r^2 \rho \sigma_2^2)^2} > 0 \tag{8.31}$$

由式（8.31）可知，政府对企业生态产出的最优激励强度与高管的风险规避程度正相关。这意味着，若企业高管的风险规避度高，政府倾向于强化对企业生态效益的激励。若企业高管的风险规避度低，政府倾向于弱化对企业生态效益的激励。

k^* 分别对 σ_1^2、σ_2^2 求一阶导数，可得

$$\frac{\partial k^*}{\partial \sigma_1^2} = -\frac{cr(c^2 - r^2)\rho^2 \sigma_2^2}{2(c + c^2 \rho \sigma_1^2 + r^2 \rho \sigma_2^2)^2} < 0 \tag{8.32}$$

$$\frac{\partial k^*}{\partial \sigma_2^2} = \frac{\rho r(c^2 - r^2)(1 + c\rho\sigma_1^2)}{2(c + c^2 \rho \sigma_1^2 + r^2 \rho \sigma_2^2)^2} > 0 \tag{8.33}$$

由式（8.32）和式（8.33）可知，政府对企业生态效益的激励强度与生产任务方差负相关，与节能环保任务方差正相关。这意味着，随着生产任务方差的增大，政府会弱化对企业生态效益的激励。随着节能环保任务方差的增大，政府会强化对企业生态效益的激励。

由 k^* 对 r、c 求一阶导数，可得

$$\frac{\partial k^*}{\partial r} = \frac{c + 2c^2\rho\sigma_1^2 + (c^2 - r^2)\rho\sigma_2^2 + c\rho^2(\sigma_1^2 + \sigma_2^2)(c^2\sigma_1^2 - r^2\sigma_2^2)}{2(c + c^2 \rho \sigma_1^2 + r^2 \rho \sigma_2^2)^2} \tag{8.34}$$

$$\frac{\partial k^*}{\partial c} = -\frac{r + 2cr\rho\sigma_1^2 + r\rho^2(c^2\sigma_1^2 - r^2\sigma_2^2)(\sigma_1^2 + \sigma_2^2)}{2(c + c^2 \rho \sigma_1^2 + r^2 \rho \sigma_2^2)^2} \tag{8.35}$$

令 $F = \sqrt{\dfrac{1 + 2c\rho\sigma_1^2 + \rho^2 c^2 \sigma_1^2(\sigma_1^2 + \sigma_2^2)}{\rho^2 \sigma_2^2(\sigma_1^2 + \sigma_2^2)}}$，

$G = \sqrt{\dfrac{c + 2c^2\rho\sigma_1^2 + (c^2 - r^2)\rho\sigma_2^2 + c^3\rho^2\sigma_1^2(\sigma_1^2 + \sigma_2^2)}{c\rho^2\sigma_2^2(\sigma_1^2 + \sigma_2^2)}}$，

由于 $G^2 - F^2 = (c^2 - r^2)\rho\sigma_2^2 > 0$，则 $G > F$。

两项任务间的可替代程度 r 和努力成本系数 c 对政府对企业最优激励强度 k^*

的影响，可分三种情况进行讨论。

（1）当 $r < F$ 时，$\partial k^* / \partial r > 0$，$\partial k^* / \partial c < 0$。

当两项任务间的可替代程度小于 F 时，政府对企业生态效益的激励强度与两项任务可替代程度正相关，与两项任务的努力成本系数负相关。这说明，当从事节能减排任务经济成本增量较小时，随着从事节能减排任务经济成本增量的增加，政府应强化对企业生态效益的激励；随着从事节能减排任务经济成本增量的减小，政府应弱化对企业生态效益的激励。当从事节能减排任务经济成本增量较小时，随着高管从事两项任务的成本增加，政府会弱化对企业生态效益的激励；随着高管从事两项任务的成本降低，政府会强化对企业生态效益的激励。

（2）当 $F \leqslant r \leqslant G$ 时，$\partial k^* / \partial r > 0$，$\partial k^* / \partial r > 0$。

当两项任务间的可替代程度大于 F 小于 G 时，政府对企业生态效益的激励强度与两项任务可替代程度正相关，与两项任务的努力成本系数正相关。这说明，当从事节能减排任务经济成本增量居中时，随着从事节能减排任务经济成本增量增加，政府会强化对企业生态效益的激励；随着从事节能减排任务经济成本增量减小，政府会弱化对企业生态效益的激励。当从事节能减排任务经济成本增量居中时，随着高管从事两项任务的成本增加，政府会强化对企业生态效益的激励；随着高管从事两项任务的成本减小，政府会弱化对企业生态效益的激励。

（3）当 $r > G$ 时，$\partial k^* / \partial r < 0$，$\partial k^* / \partial c > 0$。

当两项任务间的可替代程度大于 G 时，政府对企业生态效益的激励强度与两项任务可替代程度负相关，与两项任务的努力成本系数正相关。这说明，当从事节能减排任务经济成本增量较大时，随着从事节能减排任务经济成本增量增加，政府会弱化对企业生态效益的激励；随着从事节能减排任务经济成本增量减小，政府会强化对企业生态效益的激励。当从事节能减排任务经济成本增量较大时，随着高管从事两项任务的成本增加，政府会强化对企业生态效益的激励；随着高管从事两项任务的成本减小，政府会弱化对企业生态效益的激励。

综上分析，参数变化对企业最优激励契约的影响如表 8-2 所示。

表 8-2　　　　　　　　　参数变化对企业最优激励契约的影响

参数	增减方向	参数变化含义	k^*
ρ	↑	高管对风险的规避程度增大	↑
σ_1^2	↑	生产任务方差增大	↓
σ_2^2	↑	节能减排任务方差增大	↑

续表

参数	增减方向	参数变化含义	k^*	
			$r < F$	↑
r	↑	两项任务可替代程度增大	$F \leqslant r \leqslant G$	↑
			$r > G$	↓
			$r < F$	↓
c	↑	两项任务努力成本系数增大	$F \leqslant r \leqslant G$	↑
			$r > G$	↑

8.5　数值算例与分析

运用 Matlab 2018a 软件进行数值模拟，更加直观地分析各参数对高管最优激励强度、高管相对激励强度和企业最优激励强度的影响趋势和程度。限于篇幅，本部分仅对需分类讨论的研究结论进行数值模拟。

8.5.1　参数变化对高管最优激励强度的影响分析

令 $c = 2$，$k = 0.2$，$\rho = 1$，$\sigma_1^2 = 1$，$\sigma_2^2 = 6$，r 的取值区间为（0，1），根据式（8.10）计算不同 r 值下企业对高管从事生产任务的最优激励强度 b_1^*，得到图 8 – 2。由图 8 – 2 可知，当 $b^* \leqslant A$ 时，b_1^* 随着 r 增大而减少；当 $b^* > A$ 时，b_1^* 随着 r 增大而增大。

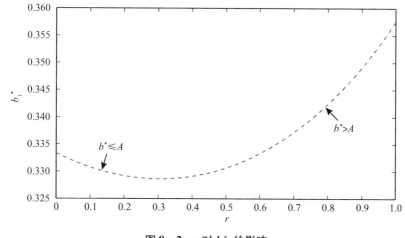

图 8 – 2　r 对 b_1^* 的影响

令 $r=0.6$，$k=0.7$，$\rho=1$，$\sigma_1^2=1$，$\sigma_2^2=50$，c 的取值区间为 $(0.61, 2)$，根据式（8.10）计算不同 c 值下企业对高管从事生产任务的最优激励强度 b_1^*，得到图 8-3。由图 8-3 可知，当 $b^* \leqslant B$ 时，b_1^* 随着 c 增大而增大；当 $b^* > B$ 时，b_1^* 随着 c 增大而减小。

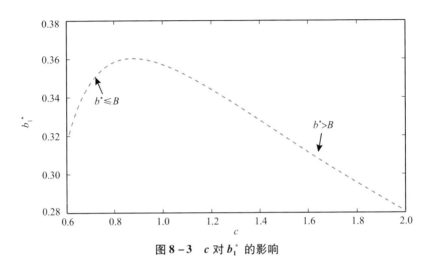

图 8-3　c 对 b_1^* 的影响

令 $r=0.6$，$k=0.7$，$\rho=0.38$，$\sigma_1^2=7$，$\sigma_2^2=8$，c 的取值区间为 $(0.61, 2)$，根据式（8.10）计算不同 c 值下企业对高管从事节能减排任务的最优激励强度 b_2^*，得到图 8-4。由图 8-4 可知，当 $b^* > C$ 时，b_2^* 随着 c 增大而增大；当 $b^* \leqslant C$ 时，b_2^* 随着 c 增大而减小。

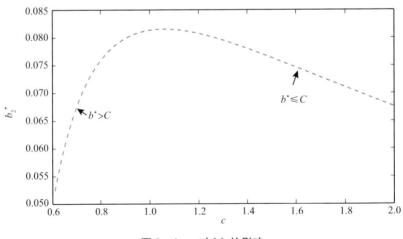

图 8-4　c 对 b_2^* 的影响

8.5.2　参数变化对高管相对激励强度的影响分析

令 $c=1$，$k=0.4$，$\rho=1$，$\sigma_2^2=6$，σ_1^2 的取值区间为（0，2），r 的取值分别为 0.3 和 0.5，根据式（8.11）计算不同 r 值下 σ_1^2 对高管相对激励强度 b^* 的影响，得到图8-5。由图8-5可知，当 $r=0.3$ 时，$0 \leqslant r \leqslant ck$，$b^*$ 随着 σ_1^2 增大而减小；当 $r=0.5$ 时，$ck < r \leqslant 1$，b^* 随着 σ_1^2 增大而增大。

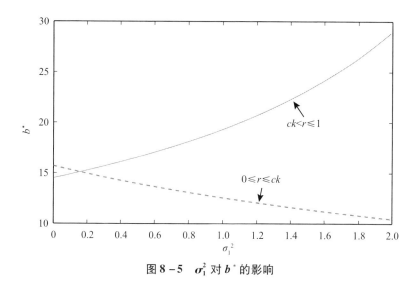

图8-5　σ_1^2 对 b^* 的影响

令 $\rho=1$，r 的取值区间为（0，1），先令 $c=2$，$k=0.4$，$\sigma_1^2=1$，$\sigma_2^2=4$，再令 $c=1.2$，$k=0.9$，$\sigma_1^2=1$，$\sigma_2^2=10$，根据式（8.11）分别计算不同 r 值对高管相对激励强度 b^* 的影响，得到图8-6。由图8-6可知，当 $\sigma_1^2/\sigma_2^2=0.25$，$\sigma_1^2/\sigma_2^2 > D$，$b^*$ 随着 r 增大而增大；当 $\sigma_1^2/\sigma_2^2=0.1$，$\sigma_1^2/\sigma_2^2 \leqslant D$，$b^*$ 随着 r 增大而减小。

令 $k=0.4$，$\rho=1$，$\sigma_1^2=1$，$\sigma_2^2=4$，先令 $r=0.3$，c 的取值区间为（0.3，2），再令 $r=0.4$，c 的取值区间为（0.4，2），根据式（8.11）分别计算不同 c 值对高管相对激励强度 b^* 的影响，得到图8-7。由图8-7可知，当 $r=0.3$ 时，$r \leqslant E$，b^* 随着 c 增大而增大；当 $r=0.4$ 时，$r > E$，b^* 随着 c 增大而减小。

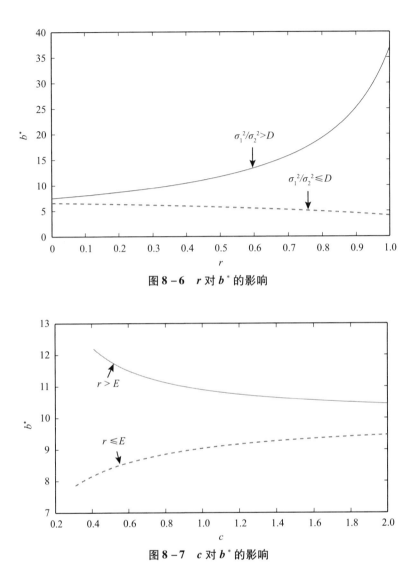

图 8-6 r 对 b^* 的影响

图 8-7 c 对 b^* 的影响

8.5.3 参数变化对企业最优激励强度的影响分析

令 $c=1.1$，$\rho=3$，$\sigma_1^2=7$，$\sigma_2^2=8$，r 的取值区间为（0，1），根据式（8.12）计算不同 r 值对政府对企业最优激励强度 k^* 的影响，得到图 8-8。由图 8-8 可知，当 $r<F$，k^* 随着 r 增大而增大；当 $r>G$，k^* 随着 r 增大而减小。

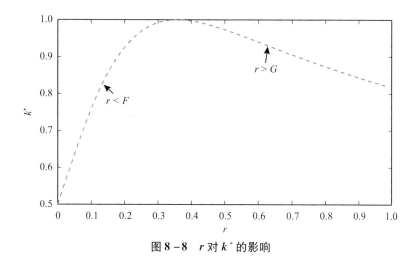

图 8 - 8　r 对 k^* 的影响

令 $r = 0.13$，$\rho = 3$，$\sigma_1^2 = 7$，$\sigma_2^2 = 8$，c 的取值区间为（0.13，2），根据式（8.12）计算不同 c 值对政府对企业最优激励强度 k^* 的影响，得到图 8 - 9。由图 8 - 9 可知，当 $r \leqslant G$，k^* 随着 c 增大而增大；当 $r < F$，k^* 随着 c 增大而减小。

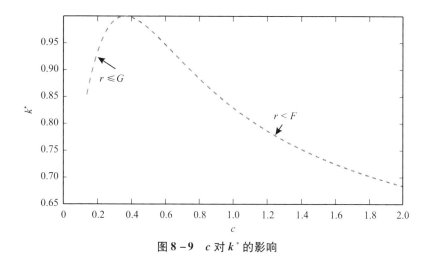

图 8 - 9　c 对 k^* 的影响

8.6　研究结论与启示

本章针对企业绿色发展过程中政府、企业和高管之间的双重委托代理关系，构建了政府、企业与高管为参与者的多任务双重委托代理模型，求解得到政府激励企业节能减排、企业激励高管兼顾生产和节能减排两项任务的最优契约形式，通过数理推导和数值仿真相结合的方法分析了相关因素对最优激励契约设计的影响。研究结果表明：

（1）企业对高管从事生产任务的激励强度与政府对企业生态效益的激励强度、高管对风险的规避程度、生产任务方差、节能减排任务方差负相关。两项任务的可替代程度、两项任务努力成本系数对企业对高管从事生产任务的激励强度的影响取决于企业对高管的相对激励强度。

（2）企业对高管从事节能减排任务的激励强度与高管对风险的规避程度、生产任务方差、节能减排任务方差、两项任务的可替代程度负相关，与政府对企业生态效益的激励强度正相关。两项任务努力成本系数对企业对高管从事节能减排任务激励强度的影响取决于企业对高管的相对激励强度。

（3）企业对高管的相对激励强度与高管对风险的规避程度、节能减排任务方差正相关，与政府对企业生态效益的激励强度负相关。生产任务方差对企业对高管相对激励强度的影响取决于两项任务间的可替代程度。两项任务间的可替代程度对企业对高管相对激励强度的影响取决于两项任务的方差比值。两项任务努力成本系数对企业对高管相对激励强度的影响取决于两项任务间的可替代程度。

（4）政府对企业生态效益的激励强度与高管对风险的规避程度、节能减排任务方差正相关，与生产任务方差负相关。两项任务间的可替代程度、两项任务努力成本系数对政府对企业生态效益的激励强度的影响取决于两项任务间的可替代程度。

第 4 部分

企业绿色发展激励机制案例研究

第9章

面向企业绿色创新的绿色信贷
补贴政策有效性研究

在环境规制约束下，企业需通过研发绿色技术来支撑其绿色发展。然而，大多数企业由于自有研发资金的不足，往往难以顺利推进绿色研发工作，从而在市场中获得独特的竞争优势。银行通过绿色信贷政策可以为企业绿色研发提供资金支持，促使企业的绿色创新投入达到政府环境规制要求的水平。同时，政府作为发展绿色经济的主要受益人，需通过制定合理的激励措施推动绿色信贷政策更加有效地实施。

由于绿色技术创新具有不确定性，企业面临是否申请绿色贷款支持绿色创新的决策问题。如果不申请绿色信贷，企业就依赖自有资金进行绿色研发，而政府面临的问题是绿色信贷政策实施的可行性与有效性，为了激励企业通过绿色信贷实现绿色技术创新，政府会考虑是否对企业绿色信贷给予补贴。具体的三种情境如图9-1所示。在第一种情境下，企业仅依靠自有资金进行绿色创新；在第二种情境下，企业向金融机构申请绿色信贷进行绿色技术研发；在第三种情境下，企业向金融机构申请绿色信贷，同时享受来自政府的绿色信贷补贴，进行绿色技术研发。

本章构建完全信息下的三阶段动态博弈模型，剖析无绿色信贷无政府补贴、有绿色信贷无政府补贴和有绿色信贷有绿色信贷补贴三种情境下企业绿色技术研发效果，重点探究绿色信贷能否积极推动企业绿色创新，并就政府是否应该采取绿色信贷补贴政策问题进行探讨，以期验证绿色信贷和绿色信贷补贴政策的有效性。

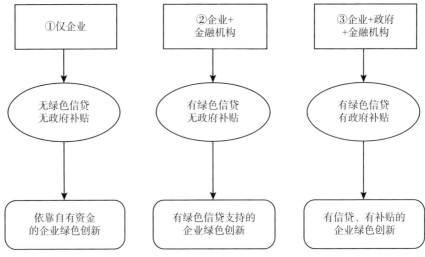

图 9 - 1　企业绿色创新的三种情境

9.1　基本假设与模型构建

假设 9.1：根据兰博蒂尼等（Lambertini et al.，2017）[①]、喻伟和韩瑞珠（Yu and Han，2017）[②] 的研究，市场的反需求函数为 $p = a - q + \theta x$，$a > q > 0$，$x > 1$，$\theta > 0$，其中 a 为市场规模，q 为企业产量，x 为企业的绿色研发努力，θ 为企业绿色研发努力对市场需求的影响程度，用来衡量消费者绿色偏好程度。

假设 9.2：企业的单位生产成本为 $c(a > c > 0)$，则企业的生产成本为 cq。企业绿色技术的研发成本函数为 $\frac{1}{2}bx^2$，$b(b > 0)$ 为绿色研发的成本系数。

假设 9.3：根据李正辉等（Li et al.，2018）[③] 的研究，由于绿色创新面临着诸多不确定性风险，绿色技术研发的成功与否取决于企业的技术熟练度与外界影响因素，令企业绿色创新成功的概率为 P，$0 < P < 1$。若企业的绿色技术研发失败，企业投入的绿色研发努力为 x_0，令 $x_0 = 1$，对应的市场反需求函数变为 $p_0 =$

---

①　Lambertini L.，Poyago - Theotoky J.，Tampieri A. Cournot competition and "green" innovation：An inverted - U relationship［J］. *Energy Economics*，2017，68：116 - 123.

②　Yu W.，Han R. Coordinating a two-echelon supply chain under carbon tax［J］. *Sustainability*，2017，9（12）：2360.

③　Li Z.，Liao G.，Wang Z.，et al. Green loan and subsidy for promoting clean production innovation［J］. *Journal of Cleaner Production*，2018，187：421 - 431.

$a - q + \theta$。

假设 9.4：企业向银行等金融机构申请用于绿色创新活动的绿色信贷，以缓解因绿色技术研发带来的资金压力。根据王康等（2019）[①]、周永圣等（2020）[②]的研究，企业投入于绿色技术研发的自有资金为 $B(B > 0)$，需要向银行等金融机构申请的绿色信贷额为 $L = \frac{1}{2}bx^2 - B$，$L > 0$，绿色信贷的利率为 $r(r > 0)$。

假设 9.5：政府收益即社会总福利，由消费者剩余、生产者剩余、环境损失以及补贴支出组成。令消费者剩余为 $CS = \int_0^q pdq - pq = \frac{1}{2}q^2$，生产者剩余 PS 为企业收益。根据斯特兰德霍尔姆等（Strandholm et al.，2018）[③]、费赫廷格等（Feichtinger et al.，2016）[④]、蔡乌赶和李广培（2018）[⑤]的研究，企业的排放量为 $e = q - x$，企业生产活动所造成的环境损失函数为 $D = de$，$d > 0$，其中 d 为环境损失系数，用来衡量企业排放对当地环境造成的破坏程度。

假设 9.6：根据李正辉等（Li et al.，2018）[⑥]的研究，政府实行绿色信贷补贴政策，即根据企业申请的绿色信贷给予贴息支持，贴息率为 $\mu(0 < \mu < r)$，政府绿色信贷补贴支出为 μL。

当企业不向银行等金融机构申请绿色信贷进行绿色创新时，政府也不给予企业补贴，此时企业绿色创新以失败而告终，则企业收益 π_0 和社会总福利 SW_0 分别为：

$$\pi_0 = (p_0 - c)q - \frac{1}{2}b \qquad (9.1)$$

$$SW_0 = CS + \pi_0 - D \qquad (9.2)$$

当企业申请绿色信贷进行绿色创新，但政府不给予企业补贴，此时企业收益

[①]　王康，钱勤华，周淑芬. 基于绿色金融贷款和成本分担下的供应链低碳减排机制研究 [J]. 金融理论与实践，2019（1）：84 – 92.

[②]　周永圣，何菊，崔佳丽. 基于绿色金融贷款的新零售企业绿色供应链构建 [J]. 商业经济研究，2020（9）：165 – 168.

[③]　Strandholm J. C.，Espínola – Arredondo A.，Munoz – Garcia F. Regulation，free-riding incentives，and investment in R&D with spillovers [J]. *Resource and Energy Economics*，2018，53：133 – 146.

[④]　Feichtinger G.，Lambertini L.，Leitmann G.，et al. R&D for green technologies in a dynamic oligopoly：Schumpeter，arrow and inverted – U's [J]. *European Journal of Operational Research*，2016，249（3）：1131 – 1138.

[⑤]　蔡乌赶，李广培. 碳交易框架下企业生态创新策略研究 [J]. 中国管理科学，2018，26（12）：168 – 176.

[⑥]　Li Z.，Liao G.，Wang Z.，et al. Green loan and subsidy for promoting clean production innovation [J]. *Journal of Cleaner Production*，2018，187：421 – 431.

π_L 和社会总福利 SW_L 分别为：

$$\pi_L = P\left((p-c)q - \frac{1}{2}bx^2 - rL\right) + (1-P)\left((p_0-c)q - \frac{1}{2}b - rL\right)$$

$$= P\theta(x-1)q + (a-q+\theta-c)q + \frac{1}{2}P(1-x^2)b - \frac{1}{2}b - rL \tag{9.3}$$

$$SW_L = CS + \pi_L - D \tag{9.4}$$

当企业申请绿色信贷进行绿色创新，政府根据企业申请的绿色信贷给予贴息支持，此时企业收益 π_μ 和社会总福利 SW_μ 分别为：

$$\pi_\mu = P\left((p-c)q - \frac{1}{2}bx^2 - rL + \mu L\right) + (1-P)\left((p_0-c)q - \frac{1}{2}b - rL\right)$$

$$= P\theta(x-1)q + (a-q+\theta-c)q + \frac{1}{2}P(1-x^2)b - \frac{1}{2}b - rL + P\mu L \tag{9.5}$$

$$SW_\mu = CS + \pi_\mu - D - \mu L \tag{9.6}$$

9.2　不同情境下的模型求解

本章模型为完全信息下的三阶段动态博弈模型，可以通过逆向归纳法求得最优解。求解过程如下：第一阶段由政府基于社会总福利最大化确定最优的补贴强度；第二阶段由企业基于最大收益确定最优绿色研发努力；第三阶段由企业基于最大收益选择最优产量水平。

9.2.1　无绿色信贷、无政府补贴的情境

由式（9.1）对 q 求一阶偏导，可得

$$\frac{\partial \pi_0}{\partial q} = a - 2q + \theta - c \tag{9.7}$$

由于 $\frac{\partial^2 \pi_0}{\partial q^2} = -2 < 0$，产量存在极大值，即最优产量。令式（9.7）为 0，求得

$$q_0^* = \frac{a-c+\theta}{2} \tag{9.8}$$

将式（9.8）分别代入式（9.1）与式（9.2），可得

$$\pi_0^* = \frac{(a-c+\theta)^2}{4} - \frac{1}{2}b \tag{9.9}$$

$$SW_0^* = \frac{3(a-c+\theta)^2}{8} - \frac{1}{2}b - d\left(\frac{a-c+\theta}{2} - 1\right) \tag{9.10}$$

9.2.2　有绿色信贷、无政府补贴的情境

由式（9.3）对 q 求一阶偏导，可得

$$\frac{\partial \pi_L}{\partial q} = a - c + \theta + P\theta(x-1) - 2q \tag{9.11}$$

由于 $\frac{\partial^2 \pi_T}{\partial q^2} = -2 < 0$，产量存在极大值，即最优产量。令式（9.11）为 0，求得

$$q_L^* = \frac{a - c + \theta + P\theta(x-1)}{2} \tag{9.12}$$

将式（9.12）分别代入式（9.3）和式（9.4），可得

$$\pi_L^* = \frac{(a-c+\theta+P\theta(x-1))^2}{4} + \frac{1}{2}P(1-x^2)b - \frac{1}{2}b - rL \tag{9.13}$$

$$SW_L^* = \frac{3(a-c+\theta+P\theta(x-1))^2}{8} + \frac{1}{2}P(1-x^2)b$$

$$- \frac{1}{2}b - rL - d\left(\frac{a-c+\theta+P\theta(x-1)}{2} - x\right) \tag{9.14}$$

由式（9.13）对 x 求一阶偏导，可得

$$\frac{\partial \pi_L^*}{\partial x} = \frac{(a-c+\theta+P\theta(x-1))P\theta}{2} - (P+r)bx \tag{9.15}$$

由于 $\frac{\partial^2 \pi_L^*}{\partial x^2} = \frac{P^2\theta^2}{2} - (P+r)b$，当 $2b(P+r) > P^2\theta^2$ 时，$\frac{\partial^2 \pi_L^*}{\partial x^2} < 0$，绿色研发努力存在极大值，即最优绿色研发努力。令式（9.15）为 0，求得

$$x_L^* = \frac{(a-c+\theta-P\theta)P\theta}{2b(P+r) - P^2\theta^2} \tag{9.16}$$

将式（9.16）分别代入式（9.12）、式（9.13）和式（9.14），可得

$$q_L^* = \frac{(a-c+\theta-P\theta)(P+r)b}{2b(P+r) - P^2\theta^2} \tag{9.17}$$

$$\pi_L^* = \frac{(a-c+\theta-P\theta)^2(P+r)b}{2(2b(P+r) - P^2\theta^2)} - \frac{1}{2}(1-P)b + rB \tag{9.18}$$

$$SW_L^* = \frac{(a-c+\theta-P\theta)\begin{pmatrix} 3(a-c+\theta-P\theta)(P+r)^2 b^2 \\ -(a-c+\theta-P\theta)(P+r)bP^2\theta^2 \\ -2d((P+r)b-P\theta)(2b(P+r)-P^2\theta^2) \end{pmatrix}}{2(2b(P+r)-P^2\theta^2)^2}$$

$$-\frac{1}{2}(1-P)b+rB \tag{9.19}$$

9.2.3 有绿色信贷、有绿色信贷补贴的情境

由式（9.5）对 q 求一阶偏导，可得

$$\frac{\partial \pi_\mu}{\partial q} = a-c+\theta+P\theta(x-1)-2q \tag{9.20}$$

由于 $\frac{\partial^2 \pi_\mu}{\partial q^2} = -2 < 0$，产量存在极大值，即最优产量。令式（9.20）为 0，求得

$$q_\mu^* = \frac{a-c+\theta+P\theta(x-1)}{2} \tag{9.21}$$

将式（9.21）分别代入式（9.5）和式（9.6），可得

$$\pi_\mu^* = \frac{(a-c+\theta+P\theta(x-1))^2}{4} + \frac{1}{2}P(1-x^2)b - \frac{1}{2}b - rL + P\mu L \tag{9.22}$$

$$SW_\mu^* = \frac{3(a-c+\theta+P\theta(x-1))^2}{8} + \frac{1}{2}P(1-x^2)b - \frac{1}{2}b$$

$$-rL + P\mu L - d\left(\frac{a-c+\theta+P\theta(x-1)}{2}-x\right) \tag{9.23}$$

由式（9.22）对 x 求一阶偏导，可得

$$\frac{\partial \pi_\mu^*}{\partial x} = \frac{(a-c+\theta+P\theta(x-1))P\theta}{2} - (P+r-P\mu)bx \tag{9.24}$$

由于 $\frac{\partial^2 \pi_\mu^*}{\partial x^2} = \frac{P^2\theta^2}{2} - (P+r-P\mu)b$，当 $2b(P+r-P\mu) > P^2\theta^2$ 时，$\frac{\partial^2 \pi_\mu^*}{\partial x^2} < 0$，绿色研发努力存在极大值，即最优绿色研发努力。令式（9.24）为 0，求得

$$x_\mu^* = \frac{(a-c+\theta-P\theta)P\theta}{2b(P+r-P\mu)-P^2\theta^2} \tag{9.25}$$

将式（9.25）分别代入式（9.21）、式（9.22）和式（9.23），可得

$$q_\mu^* = \frac{(a-c+\theta-P\theta)(P+r-P\mu)b}{2b(P+r-P\mu)-P^2\theta^2} \tag{9.26}$$

$$\pi_{\mu}^{*} = \frac{(a - c + \theta - P\theta)^2 (P + r - P\mu) b}{2(2b(P + r - P\mu) - P^2\theta^2)} - \frac{1}{2}(1 - P)b + (r - P\mu)B \quad (9.27)$$

$$SW_{\mu}^{*} = \frac{(a - c + \theta - P\theta)\begin{pmatrix} 3(a - c + \theta - P\theta)(P + r - P\mu)^2 b^2 \\ -(a - c + \theta - P\theta)(P + r - P\mu)bP^2\theta^2 \\ -2d((P + r - P\mu)b - P\theta)(2b(P + r - P\mu) - P^2\theta^2) \end{pmatrix}}{2(2b(P + r - P\mu) - P^2\theta^2)^2}$$

$$- \frac{1}{2}(1 - P)b + (r - P\mu)B \quad (9.28)$$

9.3　不同情境下的决策比较

令 $A_1 = 2b(P + r) - P^2\theta^2$，$A_2 = 2b(P + r - P\mu) - P^2\theta^2$，$A_3 = a - c + \theta - P\theta$，由式（9.15）和式（9.24）的二阶偏导可得 $A_1 > 0$，$A_2 > 0$，由式（9.16）可得 $A_3 > 0$。

令 $\Psi_1 = \dfrac{A_3^2(P + r)b}{2A_1} - \dfrac{1}{2}(1 - P)b + rB$，

$\Psi_2 = \dfrac{A_3^2(P + r - P\mu)b}{2A_2} - \dfrac{1}{2}(1 - P)b + (r - P\mu)B$，

$\Psi_3 = \dfrac{A_3(3A_3(P + r)^2 b^2 - A_3(P + r)bP^2\theta^2 - 2d((P + r)b - P\theta)A_1)}{2A_1^2} - \dfrac{1}{2}(1 - P)b + rB$，

$\Psi_4 = \dfrac{A_3(3A_3(P + r - P\mu)^2 b^2 - A_3(P + r - P\mu)bP^2\theta^2 - 2d((P + r - P\mu)b - P\theta)A_2)}{2A_2^2}$

$- \dfrac{1}{2}(1 - P)b + (r - P\mu)B$，

整理上述各个决策参数的最优解如表 9-1 所示。

表 9-1　　　　　　　三种情境下各个决策参数的最优解

决策参数	无绿色信贷 且无补贴	有绿色信贷 无政府补贴	有绿色信贷 有绿色信贷补贴
绿色研发努力	1	$\dfrac{A_3 P\theta}{A_1}$	$\dfrac{A_3 P\theta}{A_2}$

决策参数	无绿色信贷 且无补贴	有绿色信贷 无政府补贴	有绿色信贷 有绿色信贷补贴
绿色信贷额	—	$\dfrac{A_3^2 b P^2 \theta^2}{2A_1^2} - B$	$\dfrac{A_3^2 b P^2 \theta^2}{2A_2^2} - B$
企业产量	$\dfrac{a-c+\theta}{2}$	$\dfrac{A_3(P+r)b}{A_1}$	$\dfrac{A_3(P+r-P\mu)b}{A_2}$
排放量	$\dfrac{a-c+\theta}{2}-1$	$\dfrac{A_3((P+r)b-P\theta)}{A_1}$	$\dfrac{A_3((P+r-P\mu)b-P\theta)}{A_2}$
企业收益	$\dfrac{(a-c+\theta)^2}{4}-\dfrac{1}{2}b$	Ψ_1	Ψ_2
社会总福利	$\dfrac{3(a-c+\theta)^2}{8}-\dfrac{1}{2}b$ $-d\left(\dfrac{a-c+\theta}{2}-1\right)$	Ψ_3	Ψ_4

命题 9.1：与无绿色信贷且无政府补贴情境下的企业绿色创新相比，有绿色信贷支持但无政府补贴情境下的企业绿色创新，有绿色信贷支持又有绿色信贷补贴政策情境下的企业绿色创新的创新效果更优。绿色信贷支持下的企业产量、企业收益和社会总福利均高于无绿色信贷支持下的企业产量、企业收益和社会总福利，绿色信贷支持下的企业排放量低于无绿色信贷支持下的企业排放量。

证明：由式（9.12）和式（9.21）分别与式（9.8）进行比较，可得

$$q_L^* - q_0^* = q_\mu^* - q_0^* = \frac{P\theta(x-1)}{2} > 0$$

将式（9.8）、式（9.12）和式（9.21）分别代入 $e = q - x$ 后进行比较，可得

$$e_0^* = \frac{a-c+\theta}{2} - 1$$

$$e_L^* = e_\mu^* = \frac{a-c+\theta+P\theta(x-1)}{2} - x$$

$$e_L^* - e_0^* = e_\mu^* - e_0^* = -\frac{(2-P\theta)(x-1)}{2} < 0$$

由式（9.13）和式（9.22）分别与式（9.9）进行比较，可得

$$\pi_L^* - \pi_0^* = \frac{(a-c+\theta+P\theta(x-1))^2 - (a-c+\theta)^2}{4} + \frac{1}{2}P(1-x^2)b - rL > 0$$

$$\pi_\mu^* - \pi_0^* = \frac{(a-c+\theta+P\theta(x-1))^2 - (a-c+\theta)^2}{4}$$
$$+ \frac{1}{2}P(1-x^2)b - rL + P\mu L > 0$$

由式（9.14）和式（9.23）分别与式（9.10）进行比较，可得

$$SW_L^* - SW_0^* = \frac{3(2(a-c+\theta)+P\theta(x-1))P\theta(x-1)}{8} + \frac{1}{2}P(1-x^2)b - rL$$
$$+ \frac{d(x-1)(2-P\theta)}{2} > 0$$

$$SW_\mu^* - SW_0^* = \frac{3(2(a-c+\theta)+P\theta(x-1))P\theta(x-1)}{8} + \frac{1}{2}P(1-x^2)b$$
$$- rL + P\mu L + \frac{d(x-1)(2-P\theta)}{2} > 0$$

由命题9.1可知，有绿色信贷支持的绿色创新效果要比没有绿色信贷支持的绿色创新效果更好。与不申请绿色信贷进行绿色创新活动相比，企业利用绿色信贷支持进行绿色创新活动，能够获得更高的产量、更低的排放量、更多的企业收益和社会总福利。因此，绿色信贷能够有效促进企业的绿色创新，为政府和企业带来经济效益与环境效益的双赢。

命题9.2：在绿色信贷支持企业绿色创新的情境下，企业绿色研发努力与绿色信贷利率负相关；无绿色信贷补贴政策支持下的企业绿色研发努力小于绿色信贷补贴政策支持下的企业绿色研发努力。

证明：由式（9.16）和式（9.25）分别对 r 求一阶导数，可得

$$\frac{\partial x_L^*}{\partial r} = -\frac{2A_3 bP\theta}{A_1^2} < 0$$

$$\frac{\partial x_\mu^*}{\partial r} = -\frac{2A_3 bP\theta}{A_2^2} < 0$$

将式（9.16）和式（9.25）进行比较，可得

$$x_L^* - x_\mu^* = -\frac{2A_3 \mu bP^2\theta}{A_1 A_2} < 0$$

命题9.2说明了在绿色信贷支持企业绿色创新的两种情境下，企业绿色研发努力均随着绿色信贷利率的增加而减少。这是由于绿色信贷利率的提高增加了企业的融资成本，导致企业研发成本增加，降低企业绿色研发努力。与无政府补贴

的情境相比，绿色信贷补贴政策能够更有效地刺激企业进行绿色创新活动，企业更有动力付出更高努力进行绿色研发。

命题9.3：在绿色信贷支持企业绿色创新的情境下，企业绿色信贷额与绿色信贷利率负相关；无绿色信贷补贴政策支持下的企业绿色信贷额小于绿色信贷补贴政策支持下的企业绿色信贷额。

证明：将式（9.16）、式（9.25）分别代入式 $L = \frac{1}{2}bx^2 - B$ 可得 L_L^*、L_μ^*，由 L_L^* 和 L_μ^* 分别对 r 求一阶偏导数，可得

$$\frac{\partial L_L^*}{\partial r} = -\frac{2A_3^2 b^2 P^2 \theta^2}{A_1^3} < 0$$

$$\frac{\partial L_\mu^*}{\partial r} = -\frac{2A_3^2 b^2 P^2 \theta^2}{A_2^3} < 0$$

将 L_L^* 和 L_μ^* 进行比较，可得

$$L_L^* - L_\mu^* = -\frac{2A_3^2 \mu b^2 P^3 \theta^2 (A_2 + P\mu b)}{A_1^2 A_2^2} < 0$$

命题9.3说明了在绿色信贷支持企业绿色创新的两种情境下，企业绿色信贷额均随着绿色信贷利率的增加而减少。这是由于绿色信贷利率越高，企业的融资成本也就越高，导致企业愿意申请的绿色信贷额减少。与无政府补贴的情境相比，绿色信贷补贴政策能够直接对企业的绿色信贷利息进行贴息补偿，降低企业的融资成本，从而提高企业绿色信贷申请意愿。

命题9.4：在绿色信贷支持企业绿色创新的情境下，企业的产量与绿色信贷利率负相关；无绿色信贷补贴政策支持下的企业产量小于绿色信贷补贴政策支持下的企业产量。

证明：由式（9.17）和式（9.26）分别对 r 求一阶偏导数，可得

$$\frac{\partial q_L^*}{\partial r} = -\frac{A_3 b P^2 \theta^2}{A_1^2} < 0$$

$$\frac{\partial q_\mu^*}{\partial r} = -\frac{A_3 b P^2 \theta^2}{A_2^2} < 0$$

将式（9.17）和式（9.26）进行比较，可得

$$q_L^* - q_\mu^* = -\frac{A_3 \mu b P^3 \theta^2}{A_1 A_2} < 0$$

命题9.4说明了在绿色信贷支持企业绿色创新的两种情境下，企业产量均随着绿色信贷利率的增加而减少。与无政府补贴的情境相比，企业在绿色信贷补

政策的支持下能够获得更高的产量。

命题9.5：在绿色信贷支持企业绿色创新的情境下，企业排放量与绿色信贷利率正相关；无绿色信贷补贴政策支持下的企业排放量大于绿色信贷补贴政策支持下的企业排放量。

证明：将式（9.16）、式（9.17）、式（9.25）和式（9.26）分别代入式 $e = q - x$ 可得 e_L^* 和 e_μ^*，由 e_L^* 和 e_μ^* 分别对 r 求一阶偏导数，可得

$$\frac{\partial e_L^*}{\partial r} = \frac{A_3 bP\theta(2 - P\theta)}{A_1^2} > 0$$

$$\frac{\partial e_\mu^*}{\partial r} = \frac{A_3 bP\theta(2 - P\theta)}{A_2^2} > 0$$

将 e_L^* 和 e_μ^* 进行比较，可得

$$e_L^* - e_\mu^* = \frac{A_3 \mu bP^2 \theta(2 - P\theta)}{A_1 A_2} > 0$$

命题9.5说明了在绿色信贷支持企业绿色创新的两种情境下，企业排放量均随着绿色信贷利率的增加而增加。这是由于随着绿色信贷利率的增加，企业降低了绿色研发努力的投入，导致无法有效实现节能减排的目标。与无政府补贴的情境相比，绿色信贷补贴政策促使企业投入更高的绿色研发努力，进而从一定程度上减少了企业排放量，这体现出绿色信贷补贴政策对于激励企业节能减排行为的有效性。

令 $M_1 = \dfrac{2A_1^2 B}{A_3^2 bP^2 \theta^2}$，$M_2 = \dfrac{2A_2 B}{A_3^2 bP^2 \theta^2}$，$M_3 = \dfrac{2A_1 A_2 B}{A_3^2 bP^2 \theta^2}$，得到命题9.6。

命题9.6：在有绿色信贷无绿色信贷补贴情境下，当 $M_1 < 1$ 时，企业收益与绿色信贷利率负相关；当 $M_1 > 1$ 时，企业收益与绿色信贷利率正相关。在有绿色信贷有绿色信贷补贴情境下，当 $M_2 < 1$ 时，企业收益与绿色信贷利率负相关；当 $M_2 > 1$ 时，企业收益与绿色信贷利率正相关。当 $M_3 < 1$ 时，有绿色信贷无绿色信贷补贴情境下企业收益小于有绿色信贷有绿色信贷补贴情境下企业收益。当 $M_3 > 1$ 时，有绿色信贷无绿色信贷补贴情境下企业收益大于有绿色信贷有绿色信贷补贴情境下企业收益。

证明：由式（9.18）和式（9.27）分别对 r 求一阶偏导数，可得

$$\frac{\partial \pi_L^*}{\partial r} = -\frac{A_3^2 bP^2 \theta^2}{2A_1^2} + B$$

当 $M_1 < 1$ 时，$\dfrac{\partial \pi_L^*}{\partial r} < 0$；当 $M_1 > 1$ 时，$\dfrac{\partial \pi_L^*}{\partial r} > 0$。

$$\frac{\partial \pi_\mu^*}{\partial r} = -\frac{A_3^2 b P^2 \theta^2}{2A_2} + B$$

当 $M_2 < 1$ 时，$\frac{\partial \pi_\mu^*}{\partial r} < 0$；当 $M_2 > 1$ 时，$\frac{\partial \pi_\mu^*}{\partial r} > 0$。

将式（9.18）和式（9.27）进行比较，可得

$$\pi_L^* - \pi_\mu^* = -\frac{A_3^2 \mu b P^3 \theta^2}{2A_1 A_2} + P\mu B$$

当 $M_3 < 1$ 时，$\pi_L^* < \pi_\mu^*$；当 $M_3 > 1$ 时，$\pi_L^* > \pi_\mu^*$。

命题9.6说明了在有绿色信贷无绿色信贷补贴情境下，当 $M_1 < 1$ 时，企业收益随着绿色信贷利率的增大而减少；当 $M_1 > 1$ 时，企业收益随着绿色信贷利率的增大而增加。在有绿色信贷有绿色信贷补贴情境下，当 $M_2 < 1$ 时，企业收益随着绿色信贷利率的增大而减少；当 $M_2 > 1$ 时，企业收益随着绿色信贷利率的增大而增加。

令 $M_4 = \dfrac{2A_1^3 B - (4b(P+r) - P^2\theta^2)A_3^2 b P^2 \theta^2}{2dA_1 A_3 b P\theta(2-P\theta)}$，

$M_5 = \dfrac{2A_2^3 B - (4b(P+r-P\mu) - P^2\theta^2)A_3^2 b P^2 \theta^2}{2dA_2 A_3 b P\theta(2-P\theta)} > 1$，

$M_6 = \dfrac{2A_1^2 A_2^2 B - A_3^2 b P^2 \theta^2 (8b^2(P+r)(P+r-P\mu) - (6b(P+r) - 3bP\mu - P^2\theta^2)P^2\theta^2)}{2dA_1 A_2 A_3 b P\theta(2-P\theta)}$，得到命题9.7。

命题9.7：在有绿色信贷无绿色信贷补贴情境下，当 $M_4 < 1$ 时，社会总福利与绿色信贷利率负相关；当 $M_4 > 1$ 时，社会总福利与绿色信贷利率正相关。在有绿色信贷有绿色信贷补贴情境下，当 $M_5 < 1$ 时，社会总福利与绿色信贷利率负相关；当 $M_5 > 1$ 时，社会总福利与绿色信贷利率正相关。当 $M_6 < 1$ 时，有绿色信贷无绿色信贷补贴情境下社会总福利小于有绿色信贷有绿色信贷补贴情境下社会总福利；当 $M_6 > 1$ 时，有绿色信贷无绿色信贷补贴情境下社会总福利大于有绿色信贷有绿色信贷补贴情境下社会总福利。

证明：由式（9.19）和式（9.28）分别对 r 求一阶偏导数，可得

$$\frac{\partial SW_L^*}{\partial r} = -\frac{A_3((4b(P+r) - P^2\theta^2)A_3 P^2 \theta + 2dA_1 P(2-P\theta))b\theta}{2A_1^3} + B$$

当 $M_4 < 1$ 时，$\frac{\partial SW_L^*}{\partial r} < 0$；当 $M_4 > 1$ 时，$\frac{\partial SW_L^*}{\partial r} > 0$。

$$\frac{\partial SW_\mu^*}{\partial r} = -\frac{A_3((4b(P+r-P\mu) - P^2\theta^2)A_3 P^2 \theta + 2dA_2 P(2-P\theta))b\theta}{2A_2^3} + B$$

当 $M_5 < 1$ 时，$\dfrac{\partial SW_\mu^*}{\partial r} < 0$；当 $M_5 > 1$ 时，$\dfrac{\partial SW_\mu^*}{\partial r} > 0$。

将式（9.19）和式（9.28）进行比较，可得

$$SW_L^* - SW_\mu^* = -\dfrac{A_3\mu b P^2\theta\left(A_3 P\theta\left(\begin{array}{l}8b^2(P+r)(P+r-P\mu)\\-(6b(P+r)-3bP\mu-P^2\theta^2)P^2\theta^2\end{array}\right)+2dA_1A_2(2-P\theta)\right)}{2A_1^2A_2^2}$$
$$+P\mu B$$

将上式的分子看作关于 d 的一元一次方程进行求解：

当 $M_6 < 1$ 时，$SW_L^* < SW_\mu^*$；当 $M_6 > 1$ 时，$SW_L^* > SW_\mu^*$。

命题9.7说明了在有绿色信贷无绿色信贷补贴情境下，当 $M_4 < 1$ 时，社会总福利随着绿色信贷利率的增大而减少；当 $M_4 > 1$ 时，社会总福利随着绿色信贷利率的增大而增加。在有绿色信贷有绿色信贷补贴情境下，当 $M_5 < 1$ 时，社会总福利随着绿色信贷利率的增大而减少；当 $M_5 > 1$ 时，社会总福利随着绿色信贷利率的增大而增加。

综上分析，绿色信贷支持绿色创新两种情境下绿色信贷利率对各个决策变量的影响，以及两种情境下各个决策变量最优解的比较情况，分别如表9-2、表9-3所示。

表9-2　　　　　　　　绿色信贷支持情境下绿色信贷利率对各决策变量的影响

参数	增减方向	x		L		π	
		x_L^*	x_μ^*	L_L^*	L_μ^*	π_L^*	π_μ^*
r	↑	↓	↓	↓	↓	$M_1 < 1$，↓ $M_1 > 1$，↑	$M_2 < 1$，↓ $M_2 > 1$，↑
参数	增减方向	q		e		SW	
		q_L^*	q_μ^*	e_L^*	e_μ^*	SW_L^*	SW_μ^*
r	↑	↓	↓	↑	↑	$M_4 < 1$，↓ $M_4 > 1$，↑	$M_5 < 1$，↓ $M_5 > 1$，↑

注：↑表示参数增大，↓表示参数减小。

表9-3　　　　　　　　绿色信贷支持情境下各决策变量最优解的比较

决策变量	取值大小比较
x	$x_L^* < x_\mu^*$
L	$L_L^* < L_\mu^*$
q	$q_L^* < q_\mu^*$

决策变量	取值大小比较
e	$e_L^* > e_\mu^*$
π	若 $M_3 < 1$，则 $\pi_L^* < \pi_\mu^*$；若 $M_3 > 1$ 时，则 $\pi_L^* > \pi_\mu^*$
SW	若 $M_6 < 1$，则 $SW_L^* < SW_\mu^*$；若 $M_6 > 1$，则 $SW_L^* > SW_\mu^*$

9.4　数值算例与分析

本节通过数值仿真对绿色信贷支持企业绿色创新情境下企业和政府的决策行为进行对比分析，探究绿色信贷补贴对企业绿色创新带来的积极影响。根据哈鲁纳和高尔（Haruna and Goel，2017）[①]、王康等（2019）[②]、周永圣等（2020）[③]、蔡乌赶和李广培（2018）[④] 对仿真参数取值的设定，并参阅政府关于创新补贴和绿色贷款补贴的相关政策，假设 $a = 100$，$c = 5$，$b = 10$，$d = 1$，$\theta = 1$，$B = 20$，$P = 0.5$，$\mu = 0.03$，重点分析绿色信贷利率 r 对企业和政府决策的影响。

绿色信贷利率 r 对绿色研发努力 x 和绿色信贷额 L 的影响，如图 9 - 2 和图 9 - 3 所示。由图 9 - 2、图 9 - 3 可知，在有绿色信贷、无政府补贴的情景下，随着绿色信贷利率从 0 增大到 1，x 的取值由 4.90 减少到 1.61；随着绿色信贷利率从 0 增大到 0.7，L 的取值由 99 减少到 0.2。在有绿色信贷、有绿色信贷补贴的情景下，随着绿色信贷利率从 0 增大到 1，x 的取值由 5.05 减少到 1.62；随着绿色信贷利率从 0 增大到 0.7，L 的取值由 107.66 减少到 0.73。这说明在绿色信贷的支持下，随着绿色信贷利率的增加，企业绿色研发努力和绿色信贷额都在减少。图 9 - 2 和图 9 - 3 还表明享受绿色信贷补贴政策企业的绿色研发投入、绿色信贷额始终高于未享受绿色信贷补贴政策企业的绿色研发投入、绿色信贷额，这体现了绿色信贷补贴政策对企业绿色研发支持的有效性。

[①] Haruna S., Goel R. K. Output subsidies in mixed oligopoly with research spillovers [J]. *Journal of Economics and Finance*，2017，41（2）：235 - 256.

[②] 王康，钱勤华，周淑芬. 基于绿色金融贷款和成本分担下的供应链低碳减排机制研究 [J]. 金融理论与实践，2019（1）：84 - 92.

[③] 周永圣，何菊，崔佳丽. 基于绿色金融贷款的新零售企业绿色供应链构建 [J]. 商业经济研究，2020（9）：165 - 168.

[④] 蔡乌赶，李广培. 碳交易框架下企业生态创新策略研究 [J]. 中国管理科学，2018，26（12）：168 - 176.

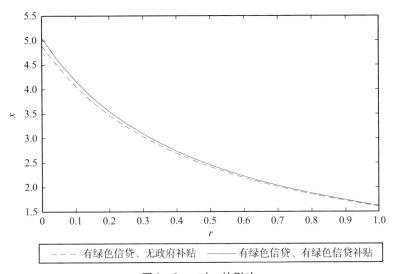

图 9 - 2　r 对 x 的影响

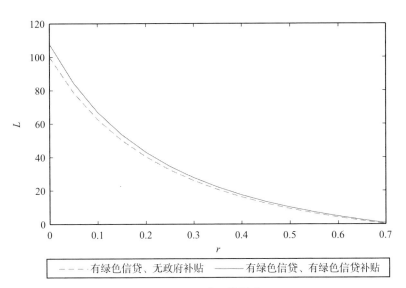

图 9 - 3　r 对 L 的影响

　　绿色信贷利率 r 对企业产量 q 和排放量 e 的影响，如图 9 - 4 和图 9 - 5 所示。由图 9 - 4、图 9 - 5 可知，在有绿色信贷、无政府补贴的情景下，随着绿色信贷利率从 0 增大到 1，q 的取值由 48.97 减少到 48.15，e 的取值由 44.08 增加到 46.55；在有绿色信贷、有绿色信贷补贴的情景下，随着绿色信贷利率从 0 增大到 1，q 的取值由 49.01 减少到 48.16，e 的取值由 43.96 增加到 46.53。这说明在绿色信贷的支持下，随着绿色信贷利率的增加，企业会减少产量，排放量却反而增加。图9－4和图9－5还表明享受绿色信贷补贴政策的企业的产量始终高于未享受绿色信贷补贴政策的企业的产量，享受绿色信贷补贴政策的企业的排放量始终低于未享受绿色信贷补贴政策的企业的排放量。

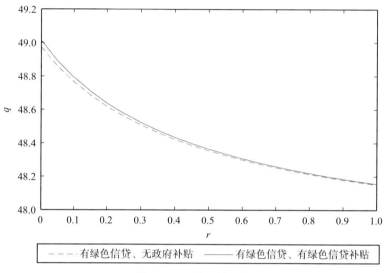

图9－4　r对q的影响

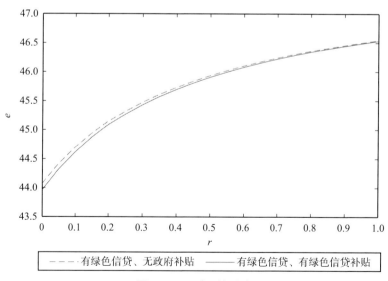

图9－5　r对e的影响

绿色信贷利率 r 对企业收益 π 和社会总福利 SW 的影响，如图9-6和图9-7所示。由图9-6、图9-7可知，在有绿色信贷、无政府补贴的情景下，随着绿色信贷利率从0增大到1，π 的取值由2336先减少至2315.56，再增加到2316.72；随着绿色信贷利率从0增大到2，SW 的取值由3491.19先减少至3428.75，再增加到3433.51。在有绿色信贷、有绿色信贷补贴的情景下，随着绿色信贷利率从0增大到1，π 的取值由2337.58先减少至2315.57，再增加到2316.62；随着绿色信贷利率从0增大到2，SW 的取值由3494.77先减少至3428.77，再增加到3433.35。这说明在绿色信贷的支持下，随着绿色信贷利率的增加，企业收益与社会总福利均呈现先减少后增加的趋势，且减少的幅度相对较大，增加的幅度相对较小。当 r 大于0.71时，有绿色信贷、无政府补贴情景下的企业收益大于有绿色信贷、有绿色信贷补贴情景下的企业收益；当 r 大于1.24时，有绿色信贷、无政府补贴情景下的社会总福利大于有绿色信贷、有绿色信贷补贴情景下的社会总福利。这说明绿色信贷利率小于某个阈值时，政府选择采取绿色信贷补贴政策；绿色信贷利率大于该阈值时，政府选择不采取补贴政策。

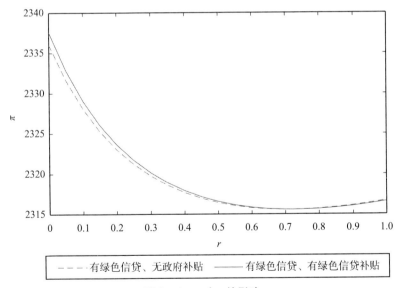

图9-6 r 对 π 的影响

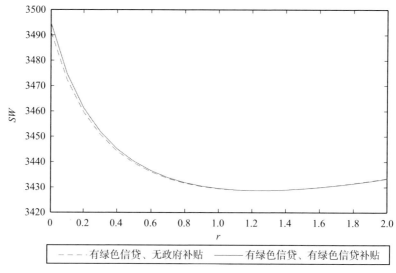

图 9 – 7 r 对 SW 的影响

9.5   研究结论与启示

本章对无绿色信贷和无政府补贴、有绿色信贷无政府补贴、有绿色信贷和有政府补贴三种情景进行分析与比较。通过构建完全信息下的三阶段动态博弈模型，重点探究绿色信贷对绿色创新的影响，以及绿色信贷补贴对绿色创新的影响，从而验证绿色信贷及其补贴对于推动企业绿色创新是否具有积极作用。

研究结果表明：（1）绿色信贷在促进企业绿色创新方面具有显著的积极效果。绿色信贷推动企业增加绿色研发努力投入，使企业增加产量的同时还能减少排放量。（2）绿色信贷利率增加到一定程度后对政府和企业的决策影响将弱化。较低的绿色信贷利率有利于实现理想的企业收益与社会总福利。（3）企业享受绿色信贷补贴政策的总体效果比无补贴政策情形下的效果更好。绿色信贷利率小于某个阈值时，政府选择采取绿色信贷补贴政策；绿色信贷利率大于该阈值时，政府选择不采取补贴政策。因此，政府应大力推广绿色信贷支持企业绿色创新。政府应根据绿色信贷利率制定合理的绿色信贷补贴政策，实现社会总福利最大化。

第10章

面向企业绿色创新的绿色信贷固定补贴与可变补贴政策比较研究

为了激励企业申请绿色信贷进行绿色创新，政府应设计合理的绿色信贷补贴政策，减轻企业融资负担。当政府观测到企业申请绿色信贷并进行绿色创新活动后，根据政策具体内容给予企业适当的补贴。政府给予企业的补贴有两种形式：绿色信贷固定补贴政策与绿色信贷可变补贴政策。绿色信贷固定补贴政策是当企业申请绿色信贷支持绿色创新时，政府给予企业一次性的固定补贴；绿色信贷可变补贴政策是政府根据企业申请的绿色信贷额给予贴息支持。这两种补贴方式对企业绿色创新会产生什么影响？政府如何选择两种补贴政策？为此，本章构建完全信息下的三阶段动态博弈模型，对政府的绿色信贷固定补贴政策与绿色信贷可变补贴政策进行比较，剖析两种补贴政策对政企双方决策行为的影响，探讨两种补贴政策下绿色信贷利率对各决策参数的具体影响，进而得出政府适宜的补贴政策，为政府制定补贴政策提供理论参考。

10.1　基本假设与模型构建

假设 10.1：市场的反需求函数为 $p = a - q + \theta x$，$a > q > 0$，$x > 1$，$\theta > 0$，其中，a 为市场规模，q 为企业产量，x 为企业的绿色研发努力，θ 为企业绿色研发努力对市场需求的影响程度，用来衡量消费者的绿色偏好程度。

假设 10.2：企业的单位生产成本为 $c(a > c > 0)$，则企业的生产成本为 cq。企业绿色技术的研发成本函数为 $\frac{1}{2}bx^2$，其中，$b(b > 0)$ 为绿色创新的成本系数。

当不主动进行绿色创新时，企业为了迎合政府环境规制投入的最小绿色研发努力为 x_0，令 $x_0 = 1$，此时市场的反需求函数为 $p_0 = a - q + \theta$。

假设10.3：企业向银行等金融机构申请用于绿色创新的绿色信贷，以缓解因绿色技术研发所带来的资金压力。假设企业投入绿色创新的自有资金为 $B(B > 0)$，需要向银行等金融机构申请的绿色信贷额为 $L = \frac{1}{2}bx^2 - B$，$L > 0$，绿色信贷利率为 $r(r > 0)$。

假设10.4：政府收益即社会总福利，由消费者剩余、生产者剩余、环境损失以及补贴支出组成。消费者剩余为 $CS = \int_0^q pdq - pq = \frac{1}{2}q^2$，生产者剩余 PS 为企业收益。假设企业的排放量为 $e = q - x$，企业生产活动造成的环境损失函数为 $D = de$，其中，$d(d > 0)$ 为环境损失系数，用来衡量企业排放对环境造成的破坏程度。

为了迎合政府环境规制，企业仅投入最小绿色研发努力，不向银行等金融机构申请绿色信贷，政府也不给予企业补贴，此时企业收益 π_0 为：

$$\pi_0 = (p_0 - c)q \tag{10.1}$$

根据聂普焱等（Nie et al.，2017）[①]、曹斌斌等（2018）[②] 的研究，若政府实行绿色信贷固定补贴政策，政府给予企业的一次性固定补贴为 $T(T > 0)$，此时企业收益 π_T 和社会总福利 SW_T 分别为：

$$\pi_T = (p - c)q - \frac{1}{2}bx^2 - rL + T \tag{10.2}$$

$$SW_T = CS + \pi_T - D - T \tag{10.3}$$

若政府实行绿色信贷可变补贴政策，贴息率为 $\mu(0 < \mu < r)$，政府绿色信贷补贴支出为 μL，此时企业收益 π_μ 和社会总福利 SW_μ 分别为：

$$\pi_\mu = (p - c)q - \frac{1}{2}bx^2 - rL + \mu L \tag{10.4}$$

$$SW_\mu = CS + \pi_\mu - D - \mu L \tag{10.5}$$

① Nie P. Y.，Wang C.，Yang Y. C. Comparison of energy efficiency subsidies under market power [J]. *Energy Policy*，2017，110：144 – 149.

② 曹斌斌，肖忠东，祝春阳. 考虑政府低碳政策的双销售模式供应链决策研究 [J]. 中国管理科学，2018，26（4）：30 – 40.

10.2　固定补贴与可变补贴政策下模型求解

利用逆向归纳法求解完全信息下三阶段动态博弈模型，得到博弈模型的均衡解。求解过程如下：第一阶段由政府确定最优社会总福利及最优补贴强度；第二阶段由企业确定最优绿色研发努力；第三阶段由企业确定最优产量水平。

10.2.1　无绿色信贷且无政府补贴

由式（10.1）对 q 求一阶偏导数，可得

$$\frac{\partial \pi_0}{\partial q} = a - 2q + \theta - c \tag{10.6}$$

由于 $\frac{\partial^2 \pi_0}{\partial q^2} = -2 < 0$，产量存在极大值，即最优产量。令式（10.6）为 0，求得

$$q_0^* = \frac{1}{2}(a - c + \theta) \tag{10.7}$$

将式（10.7）代入式（10.1），可得

$$\pi_0^* = \frac{1}{4}(a - c + \theta)^2 \tag{10.8}$$

10.2.2　绿色信贷固定补贴政策

由式（10.2）对 q 求一阶偏导数，可得

$$\frac{\partial \pi_T}{\partial q} = a - 2q + \theta x - c \tag{10.9}$$

由于 $\frac{\partial^2 \pi_T}{\partial q^2} = -2 < 0$，产量存在极大值，即最优产量。令式（10.9）为 0，求得

$$q_T^* = \frac{1}{2}(a - c + \theta x) \tag{10.10}$$

将式（10.10）代入式（10.2），可得

$$\pi_T^* = \frac{1}{4}(a - c + \theta x)^2 - \frac{1}{2}(1 + r)bx^2 + rB + T \tag{10.11}$$

由式（10.11）对 x 求一阶偏导数，可得

$$\frac{\partial \pi_T^*}{\partial x} = \frac{\theta}{2}(a - c + \theta x) - (1 + r)bx \tag{10.12}$$

由于 $\frac{\partial^2 \pi_T^*}{\partial x^2} = \frac{\theta^2}{2} - (1 + r)b$，当 $2b(1 + r) > \theta^2$ 时，$\frac{\partial^2 \pi_T^*}{\partial x^2} < 0$，绿色研发努力存在极大值，即最优绿色研发努力。令式（10.12）为 0，求得

$$x_T^* = \frac{(a - c)\theta}{2b(1 + r) - \theta^2} \tag{10.13}$$

将式（10.13）分别代入式（10.10）和式（10.11），可得

$$q_T^* = \frac{(a - c)(1 + r)b}{2b(1 + r) - \theta^2} \tag{10.14}$$

$$\pi_T^* = \frac{(a - c)^2(1 + r)b}{2(2b(1 + r) - \theta^2)} + rB + T \tag{10.15}$$

将式（10.13）和式（10.14）代入式（10.3），可得

$$SW_T = \frac{(a - c)((a - c)(3(1 + r)b - \theta^2)(1 + r)b - 2d((1 + r)b - \theta)(2b(1 + r) - \theta^2))}{2(2b(1 + r) - \theta^2)^2} + rB$$

$$\tag{10.16}$$

由于企业实施绿色创新后的利润不能低于不进行绿色创新时的利润，也就是 $\pi_T \geq \pi_0$，政府给予的固定补贴 T 应满足：

$$\frac{1}{4}(a - c + \theta x_T^*)^2 - \frac{1}{2}(1 + r)bx_T^{*2} + rB + T \geq \frac{1}{4}(a - c + \theta)^2 \tag{10.17}$$

因此，政府的最优固定补贴为：

$$T^* = \frac{1}{4}(a - c + \theta)^2 - \frac{1}{4}(a - c + \theta x_T^*)^2 + \frac{1}{2}(1 + r)bx_T^{*2} - rB \tag{10.18}$$

10.2.3　绿色信贷可变补贴政策

由式（10.4）对 q 求一阶偏导数，可得

$$\frac{\partial \pi_\mu}{\partial q} = a - 2q + \theta x - c \tag{10.19}$$

由于 $\frac{\partial^2 \pi_\mu}{\partial q^2} = -2 < 0$，产量存在极大值，即最优产量。令式（10.19）为 0，求得

$$q_{\mu}^{*} = \frac{1}{2}(a - c + \theta x) \tag{10.20}$$

将式（10.20）代入式（10.4），可得

$$\pi_{\mu}^{*} = \frac{1}{4}(a - c + \theta x)^2 - \frac{1}{2}(1 + r - \mu)bx^2 + (r - \mu)B \tag{10.21}$$

由式（10.21）对 x 求一阶偏导数，可得

$$\frac{\partial \pi_{\mu}^{*}}{\partial x} = \frac{\theta}{2}(a - c + \theta x) - (1 + r - \mu)bx \tag{10.22}$$

由于 $\frac{\partial^2 \pi_{\mu}^{*}}{\partial x^2} = \frac{\theta^2}{2} - (1 + r - \mu)b$，当 $2b(1 + r - \mu) > \theta^2$ 时，$\frac{\partial^2 \pi_{\mu}^{*}}{\partial x^2} < 0$，绿色研发

努力存在极大值，即最优绿色研发努力。令式（10.22）为 0，求得

$$x_{\mu}^{*} = \frac{(a - c)\theta}{2b(1 + r - \mu) - \theta^2} \tag{10.23}$$

将式（10.23）分别代入式（10.20）和式（10.21），可得

$$q_{\mu}^{*} = \frac{(a - c)(1 + r - \mu)b}{2b(1 + r - \mu) - \theta^2} \tag{10.24}$$

$$\pi_{\mu}^{*} = \frac{(a - c)^2(1 + r - \mu)b}{2(2b(1 + r - \mu) - \theta^2)} + (r - \mu)B \tag{10.25}$$

将式（10.23）和式（10.24）代入式（10.5），可得

$$SW_{\mu}^{*} = \frac{(a - c)\begin{pmatrix} 3b^2(a - c)(1 + r - \mu)^2 - (a - c)(1 + r)b\theta^2 \\ - 2d((1 + r - \mu)b - \theta)(2b(1 + r - \mu) - \theta^2) \end{pmatrix}}{2(2b(1 + r - \mu) - \theta^2)^2} + rB \tag{10.26}$$

由于企业实施绿色创新后的利润不能低于不进行绿色创新时的利润，也就是 $\pi_{\mu} \geqslant \pi_0$，政府给予企业的绿色信贷补贴 μL 应满足：

$$\frac{1}{4}(a - c + \theta x_{\mu}^{*})^2 - \frac{1}{2}(1 + r)bx_{\mu}^{*2} + rB + \mu L \geqslant \frac{1}{4}(a - c + \theta)^2 \tag{10.27}$$

因此，政府的最优绿色信贷补贴为：

$$(\mu L)^{*} = \frac{1}{4}(a - c + \theta)^2 - \frac{1}{4}(a - c + \theta x_{\mu}^{*})^2 + \frac{1}{2}(1 + r)bx_{\mu}^{*2} - rB \tag{10.28}$$

10.3　固定补贴与可变补贴政策下企业和政府决策比较

令 $A_1 = 2b(1 + r) - \theta^2$，$A_2 = 2b(1 + r - \mu) - \theta^2$，由式（10.12）和式

（10.22）的二阶偏导数可得 $A_1 > 0$，$A_2 > 0$。整理上述各决策变量的最优解可得表 10 - 1。

表 10 - 1   两种补贴政策下各决策变量最优解

	固定补贴	可变补贴
绿色研发努力	$\dfrac{(a-c)\theta}{A_1}$	$\dfrac{(a-c)\theta}{A_2}$
绿色信贷额	$\dfrac{(a-c)^2 b\theta^2}{2A_1^2} - B$	$\dfrac{(a-c)^2 b\theta^2}{2A_2^2} - B$
企业产量	$\dfrac{(a-c)(1+r)b}{A_1}$	$\dfrac{(a-c)(1+r-\mu)b}{A_2}$
排放量	$\dfrac{(a-c)(b(1+r)-\theta)}{A_1}$	$\dfrac{(a-c)(b(1+r-\mu)-\theta)}{A_2}$
企业收益	$\dfrac{(a-c)^2(1+r)b}{2A_1} + rB + T$	$\dfrac{(a-c)^2(1+r-\mu)b}{2A_2} + (r-\mu)B$
社会总福利	$\dfrac{(a-c)\left(\begin{array}{c}(a-c)(3b(1+r)-\theta^2)(1+r)b \\ -2d(b(1+r)-\theta)A_1\end{array}\right)}{2A_1^2}$ $+ rB$	$\dfrac{(a-c)\left(\begin{array}{c}(a-c)(3b^2(1+r-\mu)^2-(1+r)b\theta^2) \\ -2d(b(1+r-\mu)-\theta)A_2\end{array}\right)}{2A_2^2}$ $+ rB$
补贴强度	$\dfrac{1}{4}(a-c+\theta)^2 - \dfrac{1}{4}(a-c+\theta x_T^*)^2$ $+ \dfrac{1}{2}(1+r)b x_T^{*2} - rB$	$\dfrac{1}{4}(a-c+\theta)^2 - \dfrac{1}{4}(a-c+\theta x_\mu^*)^2$ $+ \dfrac{1}{2}(1+r)b x_\mu^{*2} - rB$

命题 10.1：与企业无绿色信贷且无政府补贴的情形相比，企业申请绿色信贷且享有固定补贴、企业申请绿色信贷且享有可变补贴两种情形下的产量较大，且排放量较小。

证明：由式（10.10）和式（10.20）分别与式（10.7）进行比较，可得

$$q_T^* - q_0^* = q_\mu^* - q_0^* = \frac{\theta}{2}(x-1) > 0$$

将式（10.7）、式（10.10）和式（10.20）分别代入 $e = q - x$ 后进行比较，可得

$$e_0^* = \frac{1}{2}(a-c+\theta) - 1$$

$$e_T^* = e_\mu^* = \frac{1}{2}(a-c+\theta x) - x$$

$$e_T^* - e_0^* = e_\mu^* - e_0^* = -\frac{1}{2}(2-\theta)(x-1) < 0$$

命题 10.1 说明企业在政府补贴政策支持下进行绿色创新时能够比无信贷无补贴下进行绿色创新时获得更高的产量与更低的排放量。这是由于在政府补贴政策的支持下，企业能够付出更高的绿色研发努力进行绿色创新，更高水平的绿色技术提高企业产量，同时减少企业排放量。

命题 10.2：在绿色信贷固定补贴政策与绿色信贷可变补贴政策下，企业绿色研发努力均与绿色信贷利率负相关；固定补贴政策下的绿色研发努力小于可变补贴政策下的绿色研发努力。

证明：由式（10.13）和式（10.23）分别对 r 求一阶导数，可得

$$\frac{\partial x_T^*}{\partial r} = -\frac{2(a-c)b\theta}{A_1^2} < 0$$

$$\frac{\partial x_\mu^*}{\partial r} = -\frac{2(a-c)b\theta}{A_2^2} < 0$$

将式（10.13）和式（10.23）进行比较，可得

$$x_T^* - x_\mu^* = -\frac{2(a-c)\mu b\theta}{A_1 A_2} < 0$$

命题 10.2 说明在绿色信贷固定补贴政策与绿色信贷可变补贴政策下，企业的绿色研发努力均随着绿色信贷利率的增加而降低。这是由于绿色信贷利率越高，企业融资成本就会增加，企业绿色研发努力随之降低。与固定补贴政策相比，可变补贴政策能够更加有效地激励企业进行绿色创新。

命题 10.3：在绿色信贷固定补贴政策与绿色信贷可变补贴政策下，企业绿色信贷额均与绿色信贷利率负相关；固定补贴政策下的绿色信贷额小于可变补贴政策下的绿色信贷额。

证明：将式（10.13）、式（10.23）分别代入 $L = \frac{1}{2}bx^2 - B$ 可得 L_T^*、L_μ^*，由 L_T^* 和 L_μ^* 分别对 r 求一阶偏导数，可得

$$\frac{\partial L_T^*}{\partial r} = -\frac{(a-c)^2 b^2 \theta^2}{A_1^3} < 0$$

$$\frac{\partial L_\mu^*}{\partial r} = -\frac{(a-c)^2 b^2 \theta^2}{A_2^3} < 0$$

将 L_T^* 和 L_μ^* 进行比较，可得

$$L_T^* - L_\mu^* = -\frac{(a-c)^2 (A_3 + A_1)\mu b^2 \theta^2}{A_1^2 A_2^2} < 0$$

命题 10.3 说明在绿色信贷固定补贴政策与绿色信贷可变补贴政策下，企业的绿色信贷额均随着绿色信贷利率的增加而减少。这是由于绿色信贷利率越高，企业融资成本就会越多，企业申请的绿色信贷额也会越少。与固定补贴政策相比，可变补贴政策根据企业绿色信贷额进行贴息补偿，从而使企业有动力申请更多的绿色信贷。

命题 10.4：在绿色信贷固定补贴政策与绿色信贷可变补贴政策下，企业的产量均与绿色信贷利率负相关；固定补贴政策下的企业产量小于可变补贴政策下的企业产量。

证明：由式（10.14）和式（10.24）分别对 r 求一阶偏导数，可得

$$\frac{\partial q_T^*}{\partial r} = -\frac{2(a-c)(1+r)b^2}{A_1^2} < 0$$

$$\frac{\partial q_\mu^*}{\partial r} = -\frac{2(a-c)(1+r-\mu)b^2}{A_2^2} < 0$$

将式（10.14）和式（10.24）进行比较，可得

$$q_T^* - q_\mu^* = -\frac{(a-c)\mu b\theta^2}{A_1 A_2} < 0$$

命题 10.4 说明在绿色信贷固定补贴政策与绿色信贷可变补贴政策下，企业的产量均随着绿色信贷利率的增加而减少。这是由于绿色信贷利率越高，企业投入的绿色研发努力也就越低，绿色技术水平无法有效提高，而较低的绿色技术水平迫使企业通过减少产量来达到环境规制要求。与固定补贴政策相比，企业在可变补贴政策的支持下投入更高的绿色研发努力，绿色技术水平得到有效提高，帮助企业获得更高的产量。

命题 10.5：在绿色信贷固定补贴政策与绿色信贷可变补贴政策下，企业的排放量均与绿色信贷利率正相关；固定补贴政策下的企业排放量大于可变补贴政策下的企业排放量。

证明：将式（10.13）、式（10.14）、式（10.23）和式（10.24）分别代入式 $e = q - x$ 可得 e_T^* 和 e_μ^*，由 e_T^* 和 e_μ^* 分别可对 r 求一阶偏导数，可得

$$\frac{\partial e_T^*}{\partial r} = \frac{(a-c)(2-\theta)b\theta}{A_1^2} > 0$$

$$\frac{\partial e_\mu^*}{\partial r} = \frac{(a-c)(2-\theta)b\theta}{A_2^2} > 0$$

将 e_T^* 和 e_μ^* 进行比较，可得

$$e_T^* - e_\mu^* = \frac{(a-c)(2-\theta)\mu b\theta}{A_1 A_2} > 0$$

命题 10.5 说明了在绿色信贷固定补贴政策与绿色信贷可变补贴政策下，企业排放量均随着绿色信贷利率的增加而增加。这是由于绿色信贷利率越高，企业投入的绿色研发努力也就越低，较低的绿色研发努力无法有效减少企业排放量。与固定补贴政策相比，可变补贴政策能够使企业投入更高的绿色研发努力，更大程度地减少企业排放量。

令 $M_1 = \dfrac{(a-c)^2 \mu b \theta^2}{2A_1 A_2} - \mu B$，得到命题 10.6。

命题 10.6：在绿色信贷固定补贴政策与绿色信贷可变补贴政策下，企业的收益均与绿色信贷利率负相关。固定补贴政策与可变补贴政策下企业收益的比较结果为：当 $0 < T < M_1$ 时，$\pi_T^* < \pi_\mu^*$；当 $T > M_1$ 时，$\pi_T^* > \pi_\mu^*$。

证明：由式（10.15）和式（10.25）分别对 r 求一阶偏导数，可得

$$\frac{\partial \pi_T^*}{\partial r} = -\frac{(a-c)^2(1+r)b^2}{A_1^2} + B < 0$$

$$\frac{\partial \pi_\mu^*}{\partial r} = -\frac{(a-c)^2(1+r-\mu)b^2}{A_2^2} + B < 0$$

将式（10.15）和式（10.25）进行比较，可得

$$\pi_T^* - \pi_\mu^* = -\frac{(a-c)^2 \mu b \theta^2}{2A_1 A_2} + \mu B + T$$

当 $0 < T < M_1$ 时，$\pi_T^* < \pi_\mu^*$；当 $T > M_1$ 时，$\pi_T^* > \pi_\mu^*$。

命题 10.6 说明在绿色信贷固定补贴政策与绿色信贷可变补贴政策下，企业收益均随着绿色信贷利率的增加而减少。这是由于当绿色信贷利率较高时，企业产量较低，企业收益较少。命题 10.6 还说明当政府给予企业的固定补贴小于某一阈值时，固定补贴政策下的企业收益小于可变补贴政策下的企业收益；当固定补贴大于该阈值时，固定补贴政策下的企业收益大于可变补贴政策下的企业收益。

令 $M_2 = \dfrac{(a-c)(b(1+r)(A_1 - \theta^2) + A_1^2)}{2A_1^2}$，

$$M_3 = \frac{2A_2^3 B - (a-c)^2(4b(1+r-2\mu) - \theta^2)b\theta^2}{2b\theta(a-c)(2-\theta)A_2},$$

$$M_4 = \frac{(a-c)(3b((1+r-\mu)^2 A_1^2 - (1+r)^2 A_2^2) - (1+r)\theta^2(A_1^2 - A_2^2))b}{2A_1 A_2(b((1+r-\mu)A_1 - (1+r)A_2) - \theta(A_1 - A_2))}，\text{得到}$$

命题 10.7。

命题 10.7：在绿色信贷固定补贴政策下，当 $0 < d < M_2$ 时，社会总福利与绿色信贷利率正相关；当 $d > M_2$ 时，社会总福利与绿色信贷利率负相关。在绿色

信贷可变补贴政策下，当 $0 < d < M_3$ 时，社会总福利与绿色信贷利率正相关；当 $d > M_3$ 时，社会总福利与绿色信贷利率负相关。固定补贴政策与可变补贴政策下社会总福利的比较结果为：当 $0 < d < M_4$ 时，$SW_T^* < SW_\mu^*$；当 $d > M_4$ 时，$SW_T^* > SW_\mu^*$。

证明： 由式（10.16）和式（10.26）分别对 r 求一阶导数，可得

$$\frac{\partial SW_T^*}{\partial r} = \frac{(a-c)((a-c)(b(1+r)(A_1 - \theta^2) + A_1^2) - 2dA_1^2)b}{2A_1^3} + B$$

当 $0 < d < M_2$ 时，$\dfrac{\partial SW_T^*}{\partial r} > 0$；当 $d > M_2$ 时，$\dfrac{\partial SW_T^*}{\partial r} < 0$。

$$\frac{\partial SW_\mu^*}{\partial r} = -\frac{(a-c)((a-c)(4b(1+r-2\mu) - \theta^2)\theta + 2dA_2(2 - \theta))b\theta}{2A_2^3} + B$$

当 $0 < d < M_3$ 时，$\dfrac{\partial SW_\mu^*}{\partial r} > 0$；当 $d > M_3$ 时，$\dfrac{\partial SW_\mu^*}{\partial r} < 0$。

将式（10.16）和式（10.26）进行比较，可得

$$SW_T^* - SW_\mu^* = \frac{(a-c)\left(2dA_1A_2\left(\begin{array}{c} b((1+r-\mu)A_1 - (1+r)A_2) \\ -\theta(A_1 - A_2) \end{array}\right)\right)}{2A_1^2 A_2^2}$$

$$+ \frac{(a-c)^2 b\left(\begin{array}{c} 3b((1+r-\mu)^2 A_1^2 - (1+r)^2 A_2^2) \\ -(1+r)\theta^2(A_1^2 - A_2^2) \end{array}\right)}{2A_1^2 A_2^2}$$

将上式的分子看作关于 d 的一元一次方程进行求解，可得

当 $0 < d < M_4$ 时，$SW_T^* < SW_\mu^*$；当 $d > M_4$ 时，$SW_T^* > SW_\mu^*$。

命题 10.7 说明在绿色信贷固定补贴政策与绿色信贷可变补贴政策下，当环境损失系数较小时，社会总福利随着绿色信贷利率的增加而增加；当环境损失系数较大时，社会总福利随着绿色信贷利率的增加而减少。命题 10.7 还说明当环境损失系数较小时，固定补贴政策下的社会总福利小于可变补贴政策下的社会总福利；当环境损失系数较大时，固定补贴政策下的社会总福利大于可变补贴政策下的社会总福利。

令 $M_5 = \dfrac{4(2(a-c) + (x_\mu^* + x_T^*)\theta)\theta}{(x_\mu^* + x_T^*)b} - 1$，得到命题 10.8。

命题 10.8： 在绿色信贷固定补贴政策与绿色信贷可变补贴政策下，政府补贴强度的比较结果为：当 $0 < r < M_5$ 时，$T^* > (\mu L)^*$；当 $r > M_5$ 时，$T^* < (\mu L)^*$。

证明： 由式（10.18）和式（10.28）进行比较，可得

$$T^* - (\mu L)^* = \frac{1}{4}(x_\mu^* - x_T^*)\left(2(a-c)\theta - \frac{(x_\mu^* + x_T^*)((1+r)b - \theta^2)}{4}\right)$$

当 $0 < r < M_5$ 时，$T^* > (\mu L)^*$；当 $r > M_5$ 时，$T^* < (\mu L)^*$。

命题 10.8 说明当绿色信贷利率小于某一阈值时，固定补贴政策下的补贴强度大于可变补贴政策下的补贴强度；当绿色信贷利率大于该阈值时，固定补贴政策下的补贴强度小于可变补贴政策下的补贴强度。这意味着，随着绿色信贷利率的提高，企业融资成本增加，政府可变补贴支出也会随之增加，并在绿色信贷利率提高到一定程度后，可变补贴政策下的补贴支出会大于固定补贴政策下的补贴支出。

综上分析，绿色信贷利率对两种补贴政策下各参数最优解的影响如表 10 - 2 所示，两种补贴政策下各参数最优解的比较结果如表 10 - 3 所示。

表 10 - 2　　　　　　　绿色信贷利率对各参数最优解的影响

参数	增减方向	x		L		q	
		x_T^*	x_μ^*	L_T^*	L_μ^*	q_T^*	q_μ^*
r	↑	↓	↓	↓	↓	↓	↓

参数	增减方向	e		π		SW	
		e_T^*	e_μ^*	π_T^*	π_μ^*	SW_T^*	SW_μ^*
r	↑	↑	↑	↓	↓	$0 < d < M_2$，$\uparrow d > M_2$，↓	$0 < d < M_3$，$\uparrow d > M_3$，↓

注：↑表示参数增大，↓表示参数减小。

表 10 - 3　　　　　　　两种补贴政策下各参数最优解的比较

决策变量	取值大小比较
x	$x_T^* < x_\mu^*$
L	$L_T^* < L_\mu^*$
q	$q_T^* < q_\mu^*$
e	$e_T^* > e_\mu^*$
π	当 $0 < T < M_1$ 时，$\pi_T^* < \pi_\mu^*$；当 $T > M_1$ 时，$\pi_T^* > \pi_\mu^*$
SW	当 $0 < d < M_4$ 时，$SW_T^* < SW_\mu^*$；当 $d > M_4$ 时，$SW_T^* > SW_\mu^*$
T^*，$(\mu L)^*$	当 $0 < r < M_5$ 时，$T^* > (\mu L)^*$；当 $r > M_5$ 时，$T^* < (\mu L)^*$

10.4　数值算例与分析

本节通过数值仿真对两种补贴政策下企业和政府的决策行为进行比较和分析，根据哈鲁纳和高尔（Haruna and Goel，2017）[①]、王康等（2019）[②]、周永圣等（2020）[③]、蔡乌赶和李广培（2018）[④] 对仿真参数取值的设定，并参阅政府相关补贴政策，假设 $a = 100$，$c = 5$，$b = 10$，$d = 1$，$\theta = 1$，$B = 20$，$\mu = 0.03$，$T = 2$，$0 \leqslant r \leqslant 1$。

绿色信贷利率 r 对绿色研发努力 x 和绿色信贷额 L 的影响，如图 10 - 1 和图 10 - 2 所示。由图 10 - 1、图 10 - 2 可知，在绿色信贷固定补贴政策下，随着绿色信贷利率由 0 增大到 1，x 的取值由 5 减少到 2.44，L 的取值由 105 减少到 9.67；在绿色信贷可变补贴政策下，随着绿色信贷利率由 0 增大到 1，x 的取值由 5.16 减少到 2.47，L 的取值由 113.29 减少到 10.6。这说明在两种补贴政策下，随着绿色信贷利率的增大，企业都会降低绿色研发努力，且固定补贴政策下的绿色研发努力始终低于可变补贴政策下的绿色研发努力；随着绿色信贷利率的增大，企业都会降低绿色信贷额，且固定补贴政策下的绿色信贷额始终低于可变补贴政策下的绿色信贷额。随着绿色信贷利率的增大，两种补贴政策下绿色研发努力和绿色信贷量的变化均趋于平缓。

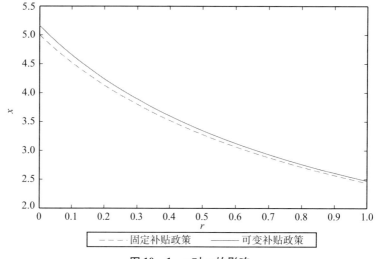

图 10 - 1　r 对 x 的影响

① Haruna S., Goel R. K. Output subsidies in mixed oligopoly with research spillovers [J]. *Journal of Economics and Finance*, 2017, 41 (2): 235 - 256.

② 王康，钱勤华，周淑芬. 基于绿色金融贷款和成本分担下的供应链低碳减排机制研究 [J]. 金融理论与实践, 2019 (1): 84 - 92.

③ 周永圣，何菊，崔佳丽. 基于绿色金融贷款的新零售企业绿色供应链构建 [J]. 商业经济研究, 2020 (9): 165 - 168.

④ 蔡乌赶，李广培. 碳交易框架下企业生态创新策略研究 [J]. 中国管理科学, 2018, 26 (12): 168 - 176.

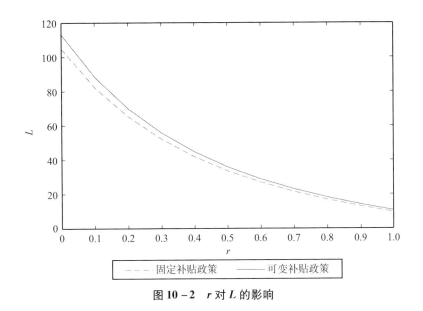

图 10 - 2　r 对 L 的影响

　　绿色信贷利率 r 对企业产量 q 和排放量 e 的影响，如图 10 - 3 和图 10 - 4 所示。由图 10 - 3、图 10 - 4 可知，在绿色信贷固定补贴政策下，随着绿色信贷利率由 0 增大到 1，q 的取值由 50 减少到 48.72，e 的取值由 45 增加到 46.28；在绿色信贷可变补贴政策下，随着绿色信贷利率由 0 增大到 1，q 的取值由 50.08 减少到 48.74，e 的取值由 44.92 增加到 46.26。这说明在两种补贴政策下，随着绿色信贷利率的增大，企业都会减少产量，且固定补贴政策下的企业产量始终低于可变补贴政策下的企业产量；随着绿色信贷利率的增大，企业排放量变大，且固定补贴政策下污染物排放量始终高于可变补贴政策下的污染物排放量。随着绿色信贷利率的增大，两种补贴政策下企业产量和排放量的变化均趋于平缓。

　　绿色信贷利率 r 对企业收益 π 和社会总福利 SW 的影响，如图 10 - 5 和图 10 - 6 所示。由图 10 - 5、图 10 - 6 可知，在绿色信贷固定补贴政策下，随着绿色信贷利率由 0 增大到 1，π 的取值由 2377 减少到 2336.1，SW 的取值由 3580 减少到 3475；在绿色信贷可变补贴政策下，随着绿色信贷利率由 0 增大到 1，π 的取值由 2378.5 减少到 2334.6，SW 的取值由 3584 减少到 3476。当 0 ≤ r ≤ 0.26 时，固定补贴政策下的企业收益小于可变补贴政策下的企业收益；当 r ≥ 0.26 时，固定补贴政策下的企业收益大于可变补贴政策下的企业收益。可变补贴政策下社

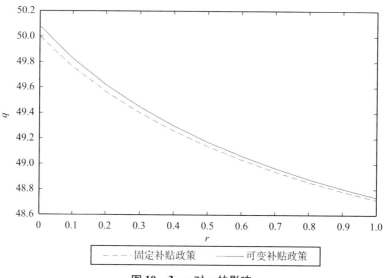

图 10 - 3 r 对 q 的影响

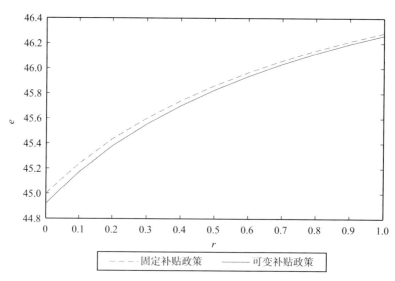

图 10 - 4 r 对 e 的影响

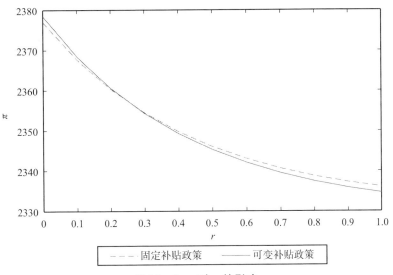

图 10 - 5 r 对 π 的影响

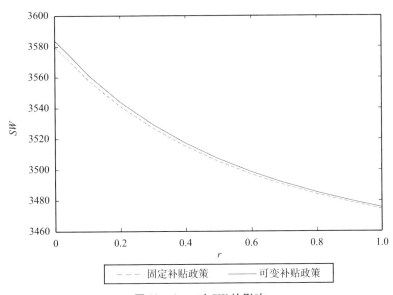

图 10 - 6 r 对 SW 的影响

会总福利始终高于固定补贴政策下的社会总福利。在两种补贴政策下，随着绿色信贷利率的增大，企业收益和社会总福利均会减少。随着绿色信贷利率的增大，两种补贴政策下企业收益和社会总福利变化均趋于平缓。

10.5　研究结论与启示

本章基于博弈理论构建完全信息下的三阶段动态博弈模型，对比分析绿色信贷固定补贴政策与绿色信贷可变补贴政策对企业和政府决策行为的影响，力图为政府补贴政策设计提供优化建议。研究结果表明：（1）相较于绿色信贷固定补贴政策，绿色信贷可变补贴政策激励企业投入更高的绿色研发努力，产生更低的排放量。（2）随着绿色信贷利率的提高，绿色信贷利率对企业各项决策参数的影响都将弱化。（3）可变补贴政策下社会总福利始终高于固定补贴政策下的社会总福利。因此，政府应优先选择绿色信贷可变补贴政策来激励企业进行绿色创新活动，以实现企业提高绿色创新水平、社会福利最大化的理想目标。

第11章

面向企业绿色创新的绿色产出补贴与绿色信贷补贴政策比较研究

随着我国绿色低碳循环发展经济体系的建立健全，绿色技术创新日益成为绿色发展的重要动力，成为推进生态文明建设、推动高质量发展的重要支撑。在政府绿色发展要求约束下和消费者绿色偏好驱动下，企业积极开展绿色技术研发，实现可持续发展。由于绿色研发的投资较大、时间跨度较长，大部分企业自有研发资金无法满足绿色研发资金需求，需要向银行等金融机构申请绿色信贷来支撑绿色研发。绿色信贷是促进企业绿色技术创新的有效融资方式（Nanda and Nicholas, 2014; Xu and Li, 2020）[1][2]。我国自 2007 年起就着手"自上而下"的绿色信贷政策体系建设，绿色信贷市场成为我国相对活跃的绿色金融市场之一。但目前绿色信贷余额仍只占国内全部信贷余额的 10% 左右[3]，绿色信贷支持企业绿色研发融资的作用还尚未充分发挥（Zhang et al., 2011）[4]。

政府的财政补贴政策能够促进绿色信贷发展（周永圣等，2017；肖汉杰

① Nanda R. , Nicholas T. Did bank distress stifle innovation during the great depression? [J]. *Journal of Financial Economics*, 2014, 114 (2): 273 –292.

② Xu X. , Li J. Asymmetric impacts of the policy and development of green credit on the debt financing cost and maturity of different types of enterprises in China [J]. *Journal of Cleaner Production*, 2020, 264, 121574.

③ 保尔森基金会绿色金融中心与清华大学绿色金融发展研究中心课题组. 金融科技推动中国绿色金融发展：案例与展望 [R]. 北京：保尔森基金会绿色金融中心、清华大学绿色金融发展研究中心, 2020.

④ Zhang B. , Yang Y. , Bi J. Tracking the implementation of green credit policy in China: Top-down perspective and bottom-up reform [J]. *Journal of Environmental Management*, 2011, 92 (4): 1321 –1327.

等，2021)①②。因此，在不同情境下如何制定有效的补贴政策促进绿色信贷支持绿色创新成为研究的热点。为了设计出更为有效的补贴政策促进绿色信贷支持企业绿色创新，除了要研究不同绿色信贷情境下企业和银行的补贴规模，还应对不同补贴政策的效果进行深入比较。但现有研究主要比较绿色信贷与其他政策对企业绿色发展的影响，较少比较分析不同补贴政策对绿色信贷情境下绿色创新的影响。在实践中，政府的补贴政策主要分为两类：一类是对企业的直接补贴，如绿色产出补贴（李守伟等，2019；张令荣等，2023；Li et al.，2020)③④⑤，即政府根据绿色产出给予企业补贴；另一类是对企业的间接补贴，如绿色信贷补贴（Li et al.，2018；Huang et al.，2019；Chen et al.，2019；Wang et al.，2017)⑥⑦⑧⑨，即政府给予企业绿色信贷优惠政策。绿色产出补贴是常见的补贴方式，绿色信贷补贴是伴随着绿色信贷出现的新兴补贴方式，两种补贴政策各有所长。

因此，本章将对绿色信贷支持企业绿色创新情境下的两种补贴政策（绿色产出补贴政策和绿色信贷补贴政策）进行深入比较，揭示其补贴效应的异同。具体而言，构建政企之间的三阶段动态博弈模型，分析不同的政府补贴政策对企业绿色创新行为的影响，探究不同补贴政策下政府和企业的最优决策，并通过数值仿真分析各个参数对不同补贴政策下企业和政府决策的影响，以期为政府制定有效的补贴政策提供参考。

---

① 周永圣，梁淑慧，刘淑芹，王珏．绿色信贷视角下建立绿色供应链的博弈研究［J］．管理科学学报，2017，20（12）：87－98．

② 肖汉杰，于法稳，唐洪雷，彭定洪，周建华．低碳环境友好技术政产学研金协同创新演化博弈研究［J］．运筹与管理，2021，30（10）：39－46．

③ 李守伟，李光超，李备友．农业污染背景下农业补贴政策的作用机理与效应分析［J］．中国人口·资源与环境，2019，29（2）：97－105．

④ 张令荣，彭博，程春琪．基于区块链技术的低碳供应链政府补贴策略研究［J］．中国管理科学，2023，31（10）：49－60．

⑤ Li Y．，Tong Y．，Ye F．，et al. The choice of the government green subsidy scheme：Innovation subsidy vs. product subsidy［J］．*International Journal of Production Research*，2020，58（16）：4932－4946．

⑥ Li Z．，Liao G．，Wang Z．，et al. Green loan and subsidy for promoting clean production innovation［J］．*Journal of Cleaner Production*，2018，187：421－431．

⑦ Huang Z．，Liao G．，Li Z. Loaning scale and government subsidy for promoting green innovation［J］．*Technological Forecasting & Social Change*，2019，144：148－156．

⑧ Chen S．，Huang Z．，Drakeford B. M．，et al. Lending Interest Rate，Loaning Scale，and Government Subsidy Scale in Green Innovation［J］．*Energies*，2019，12（23），4431．

⑨ Wang C．，Nie P．，Peng D．，et al. Green insurance subsidy for promoting clean production innovation［J］．*Journal of Cleaner Production*，2017，148：111－117．

11.1　基本假设与模型构建

假设 11.1：令市场的反需求函数为：$p = a - q + \theta x$，$a > q > 0$，$x > 0$，$\theta > 0$。其中，a 表示市场规模，q 表示企业的产量，x 表示企业的绿色研发努力，θ 为企业绿色研发努力对需求的影响程度，用来衡量消费者绿色偏好程度。

假设 11.2：企业的单位生产成本为 c，$a > c > 0$，则企业的生产成本为 cq。企业投入一定的资源进行绿色技术研发，企业绿色技术研发成本为 $\frac{1}{2} bx^2$，其中，b 为企业绿色研发的成本系数，$b > 0$。

假设 11.3：企业研发绿色技术需要投入大量的资金，需向金融机构申请绿色信贷以缓解资金压力。企业设立绿色技术研发的专项资金为 B，$B > 0$，企业向金融机构申请的绿色信贷额为 $L = \frac{1}{2} bx^2 - B$，$L > 0$，绿色信贷的利率为 r，$r > 0$。

假设 11.4：政府的目标是促进社会总福利 SW 最大化，社会总福利由消费者剩余 CS、生产者剩余 PS、环境损失 D 以及政府的补贴支出组成。消费者剩余为 $CS = \int_0^q p \, dq - pq = \frac{1}{2} q^2$，生产者剩余 PS 为企业收益。企业污染物排放量为 $e = q - x$，企业污染物排放会给环境带来损失，环境损失函数为 $D = de$，$d > 0$，其中，d 为环境损失系数，表示企业污染物排放量对环境造成的损害程度。

若政府实行绿色产出补贴政策，即给予企业单位绿色产出补贴 s，$s > 0$，则政府的绿色产出补贴支出为 sq，此时企业收益 π_s 和社会总福利 SW_s 分别为：

$$\pi_s = (p - c)q - \frac{1}{2} bx^2 - rL + sq \tag{11.1}$$

$$SW_s = CS + \pi_s - D - sq \tag{11.2}$$

若政府实行绿色信贷补贴政策，即给予企业绿色信贷贴息率 μ，$\mu > 0$，则政府的绿色信贷补贴支出为 μL，此时企业收益 π_μ 和社会总福利 SW_μ 分别为：

$$\pi_\mu = (p - c)q - \frac{1}{2} bx^2 - rL + \mu L \tag{11.3}$$

$$SW_\mu = CS + \pi_\mu - D - \mu L \tag{11.4}$$

11.2 绿色产出补贴与绿色信贷补贴政策下模型求解

本章模型为完全信息下的三阶段动态博弈模型，求解过程均遵循如下规则：第一阶段由政府从社会总福利最大化的角度确定最优的补贴强度；第二阶段由企业确定最优绿色研发努力；第三阶段由企业选择最优产量水平，以上阶段的最优解可通过逆向归纳法求得。

11.2.1 绿色产出补贴政策

首先分析企业享受绿色产出补贴政策的情境。第三阶段：最优产量选择。由式（11.1）对 q 求一阶导数，可得

$$\frac{\partial \pi_s}{\partial q} = a - 2q + \theta x - c + s \tag{11.5}$$

因为 $\frac{\partial^2 \pi_s}{\partial q^2} = -2 < 0$，最优产量存在极大值。令式（11.5）为0，求得

$$q_s{}^* = \frac{a - c + s + \theta x}{2} \tag{11.6}$$

将式（11.6）代入式 $\pi_s = (p - c)q - \frac{1}{2}bx^2 - rL + sq$，可得

$$\pi_s{}^* = \frac{1}{4}(a - c + s + \theta x)^2 - \frac{1}{2}(1 + r)bx^2 + rB \tag{11.7}$$

第二阶段：最优努力水平。由式（11.7）对 x 求一阶导数，可得

$$\frac{\partial \pi_s{}^*}{\partial x} = \frac{\theta}{2}(a - c + s + \theta x) - (1 + r)bx \tag{11.8}$$

由式（11.8）对 x 求二阶导数，可得 $\frac{\partial^2 \pi_s{}^*}{\partial x^2} = \frac{\theta^2}{2} - (1 + r)b$。当 $2b(1 + r) > \theta^2$ 时，$\frac{\partial^2 \pi_s{}^*}{\partial x^2} < 0$，最优绿色研发努力存在极大值。令式（11.8）为0，求得

$$x_s{}^* = \frac{(a - c + s)\theta}{2b(1 + r) - \theta^2} \tag{11.9}$$

将式（11.9）分别代入式（11.6）、式（11.7），可得

$$q_s{}^* = \frac{(a - c + s)(1 + r)b}{2b(1 + r) - \theta^2} \tag{11.10}$$

$$\pi_s^* = \frac{(a-c+s)^2(1+r)b}{2(2(1+r)b-\theta^2)} + rB \tag{11.11}$$

第一阶段：最优补贴强度。将企业的最优努力水平与最优产量，即将式（11.9）、式（11.10）代入式（11.2），可得

$$SW_s^* = \frac{(a-c+s)\begin{pmatrix}(a-c)(1+r)b(3(1+r)b-\theta^2)\\ -2d((1+r)b-\theta)(2(1+r)b-\theta^2)\\ -s(1+r)b((1+r)b-\theta^2)\end{pmatrix}}{2(2(1+r)b-\theta^2)^2} + rB \tag{11.12}$$

由式（11.12）对 s 求一阶导数，可得

$$\frac{\partial SW_s^*}{\partial s} = \frac{(a-c)(1+r)^2b^2 - d((1+r)b-\theta)(2(1+r)b-\theta^2) - s(1+r)b((1+r)b-\theta^2)}{(2(1+r)b-\theta^2)^2} \tag{11.13}$$

由式（11.13）对 s 求二阶导数，可得 $\dfrac{\partial SW_s^*}{\partial s^2} = -\dfrac{(1+r)b((1+r)b-\theta^2)}{(2(1+r)b-\theta^2)^2}$，

当 $b(1+r) > \theta^2$ 时，$\dfrac{\partial SW_s^*}{\partial s^2} < 0$，社会总福利存在极大值。令式（11.13）为 0，求得

$$s^* = \frac{(a-c)(1+r)^2b^2 - d((1+r)b-\theta)(2(1+r)b-\theta^2)}{((1+r)b-\theta^2)(1+r)b} \tag{11.14}$$

11.2.2　绿色信贷补贴政策

接下来分析企业享受绿色信贷补贴政策的情境。第三阶段：最优产量选择。由式（11.3）对 q 求一阶导数，可得

$$\frac{\partial \pi_\mu}{\partial q} = a - 2q + \theta x - c \tag{11.15}$$

因为 $\dfrac{\partial^2 \pi_\mu}{\partial q^2} = -2 < 0$，所以最优产量存在极大值。令式（11.15）为 0，求得

$$q_\mu^* = \frac{a-c+\theta x}{2} \tag{11.16}$$

将式（11.16）代入式 $\pi_\mu = (p-c)q - \dfrac{1}{2}bx^2 - rL + \mu L$，可得

$$\pi_\mu^* = \frac{1}{4}(a-c+\theta x)^2 - \frac{1}{2}(1+r-\mu)bx^2 + (r-\mu)B \tag{11.17}$$

第二阶段：最优努力水平。由式（11.17）对 x 求一阶导数，可得

$$\frac{\partial \pi_\mu^*}{\partial x} = \frac{\theta}{2}(a - c + \theta x) - (1 + r - \mu)bx \qquad (11.18)$$

由式（11.18）对 x 求二阶导数，可得 $\frac{\partial^2 \pi_\mu^*}{\partial x^2} = \frac{\theta^2}{2} - (1 + r - \mu)b$。当 $2b(1 + r - \mu) > \theta^2$ 时，$\frac{\partial^2 \pi_\mu^*}{\partial x^2} < 0$，最优绿色研发努力存在极大值。令式（11.18）为 0，求得

$$x_\mu^* = \frac{(a - c)\theta}{2b(1 + r - \mu) - \theta^2} \qquad (11.19)$$

将式（11.19）分别代入式（11.16）和式（11.17），可得

$$q_\mu^* = \frac{(a - c)(1 + r - \mu)b}{2b(1 + r - \mu) - \theta^2} \qquad (11.20)$$

$$\pi_\mu^* = \frac{(a - c)^2(1 + r - \mu)b}{2(2b(1 + r - \mu) - \theta^2)} + (r - \mu)B \qquad (11.21)$$

第一阶段：最优补贴强度。将企业的最优努力水平与最优产量，即式（11.19）、式（11.20）代入式（11.4），可得

$$SW_\mu^* = \frac{(a - c)\begin{pmatrix} 3b^2(a - c)(1 + r - \mu)^2 - (a - c)(1 + r)b\theta^2 \\ -2d((1 + r - \mu)b - \theta)(2(1 + r - \mu)b - \theta^2) \end{pmatrix}}{2(2b(1 + r - \mu) - \theta^2)^2} + rB$$

$$(11.22)$$

由式（11.22）对 μ 求一阶导数，可得

$$\frac{\partial SW_\mu^*}{\partial \mu} = \frac{(a - c)((a - c)(1 + r - 3\mu)b\theta + d(2 - \theta)(2b(1 + r - \mu) - \theta^2))b\theta}{(2b(1 + r - \mu) - \theta^2)^3}$$

$$(11.23)$$

由式（11.23）对 μ 求二阶导数，可得

$$\frac{\partial^2 SW_\mu^*}{\partial \mu^2} = \frac{(a - c)(3\theta(a - c)(\theta^2 - 4\mu b) + 4d(2 - \theta)(2b(1 + r - \mu) - \theta^2))b^2\theta}{(2b(1 + r - \mu) - \theta^2)^4}$$

当 $3\theta(a - c)(4\mu b - \theta^2) > 4d(2 - \theta)(2b(1 + r - \mu) - \theta^2)$ 时，$\frac{\partial^2 SW_\mu^*}{\partial \mu^2} < 0$，社会总福利存在极大值。令式（11.23）为 0，求得

$$\mu^* = \frac{(a - c)(1 + r)b\theta + d(2 - \theta)(2(1 + r)b - \theta^2)}{(3\theta(a - c) + 2d(2 - \theta))b} \qquad (11.24)$$

11.3　绿色产出补贴与绿色信贷补贴政策下企业和政府决策比较

在本节令 $A_1 = 2b(1+r) - \theta^2$，$A_2 = b(1+r) - \theta^2$，$A_3 = b(1+r) - \theta$，$A_4 = 4b(1+r) - 3\theta^2$，$A_5 = 2b(1+r-\mu) - \theta^2$，$A_6 = b(1+r-\mu) - \theta$。根据各决策变量二阶导数的极值条件，易知 $A_1 > 0$，$A_2 > 0$，$A_5 > 0$；将式（11.24）代入式（11.18）、式（11.23）的二阶导数，整理可得 A_4，易知 $A_4 > 0$；将式（11.9）、式（11.10）、式（11.19）和式（11.20）分别代入式 $e = q - x$ 可得 e_s^* 和 e_μ^*，因为 $e_s^* > 0$，$e_\mu^* > 0$，易知 $A_3 > 0$，$A_6 > 0$。将式（11.14）、式（11.24）代入两种补贴政策下各决策变量的最优解，整理可得表 11 - 1。

表 11 - 1　　　　　　　　　　　**两种补贴政策下各决策变量的最优解**

决策变量	绿色产出补贴	绿色信贷补贴
补贴强度	$\dfrac{(a-c)(1+r)^2 b^2 - dA_1 A_3}{(1+r)bA_2}$	$\dfrac{(a-c)(1+r)b\theta + d(2-\theta)A_1}{(3(a-c)\theta + 2d(2-\theta))b}$
绿色研发努力	$\dfrac{((a-c)(1+r)b - dA_3)\theta}{(1+r)bA_2}$	$\dfrac{3(a-c)\theta + 2d(2-\theta)}{A_4}$
绿色信贷额	$\dfrac{((a-c)(1+r)b - dA_3)^2 \theta^2}{2b(1+r)^2 A_2^2} - B$	$\dfrac{(3\theta(a-c) + 2d(2-\theta))^2 b}{2A_4^2} - B$
企业产量	$\dfrac{(a-c)(1+r)b - dA_3}{A_2}$	$\dfrac{2b(a-c)(1+r) + d\theta(2-\theta)}{A_4}$
企业收益	$\dfrac{((a-c)(1+r)b - dA_3)^2 A_1}{2b(1+r)A_2^2} + rB$	$\dfrac{(a-c)(2b(a-c)(1+r) + d\theta(2-\theta))}{2A_4}$ $+ \dfrac{((2r-1)(a-c)b\theta - d(2-\theta)(2b-\theta^2))B}{(3(a-c)\theta + 2d(2-\theta))b}$
污染物排放量	$\dfrac{((a-c)(1+r)b - dA_3)A_3}{(1+r)bA_2}$	$\dfrac{(a-c)(2A_3 - \theta) - d(2-\theta)^2}{A_4}$
社会总福利	$\dfrac{((a-c)(1+r)b - dA_3)^2}{2b(1+r)A_2} + rB$	$\dfrac{3b(a-c)^2(1+r) - d^2(2-\theta)^2}{2A_4} + rB$

命题11.1：在绿色产出补贴政策下，单位绿色产出补贴与环境损失系数负相关；而在绿色信贷补贴政策下，绿色信贷贴息率与环境损失系数正相关。

证明：由式（11.14）、式（11.24）分别对 d 求一阶导数，可得

$$\frac{\partial s^*}{\partial d} = -\frac{A_1 A_3}{(1+r) b A_2} < 0$$

$$\frac{\partial \mu^*}{\partial d} = \frac{((a-c)\theta A_4 + 4d(2-\theta) A_1)(2-\theta)}{(3(a-c)\theta + 2d(2-\theta))^2 b} > 0$$

命题11.1表明在绿色产出补贴政策下，企业污染物排放对环境造成的损害越大，单位绿色产出补贴就越低，企业应分配更多的资源投入到绿色研发中以降低污染物排放量；而在绿色信贷补贴政策下，企业污染物排放对环境造成的损害越大，绿色信贷贴息率就越高，从而能积极地引导企业申请绿色信贷进行绿色研发。

令 $M_1 = \dfrac{(a-c)(1+r) b}{A_3}$，$M_2 = \dfrac{(a-c)(1+r)^2 b^2 \theta}{A_1(2A_2 + \theta A_3)}$，由于 $x_s^* > 0$，故 $d < \dfrac{(a-c)(1+r) b}{A_3}$，即 $d < M_1$，得到命题11.2。

命题11.2：两种补贴政策下企业的绿色研发努力和绿色信贷额与绿色信贷利率负相关，与单位绿色产出补贴和绿色信贷贴息率正相关。在绿色产出补贴政策下，绿色研发努力和绿色信贷额均与环境损失系数负相关；而在绿色信贷补贴政策下，绿色研发努力和绿色信贷额均与环境损失系数正相关。对于两种补贴政策下的绿色研发努力和绿色信贷额有：当 $d < M_2$ 时，$x_s^* > x_\mu^*$，$L_s^* > L_\mu^*$；当 $M_2 < d < M_1$ 时，$x_s^* < x_\mu^*$，$L_s^* < L_\mu^*$。

证明：由式（11.9）、式（11.19）分别对 r、s、μ 求一阶导数，可得

$$\frac{\partial x_s^*}{\partial r} = -\frac{2(a-c+s) b \theta}{A_1^2} < 0$$

$$\frac{\partial x_s^*}{\partial s} = \frac{\theta}{A_1} > 0$$

$$\frac{\partial x_\mu^*}{\partial r} = -\frac{2b(a-c)\theta}{A_5^2} < 0$$

$$\frac{\partial x_\mu^*}{\partial \mu} = \frac{2(a-c) b \theta}{A_5^2} > 0$$

将式（11.14）代入式（11.9）可得 x_s^*，式（11.24）代入式（11.19）可得 x_μ^*，由 x_s^* 和 x_μ^* 对 d 求一阶导数，并将 x_s^* 和 x_μ^* 进行比较，可得

$$\frac{\partial x_s^*}{\partial d} = -\frac{A_3\theta}{(1+r)bA_2} < 0,$$

$$\frac{\partial x_\mu^*}{\partial d} = \frac{2(2-\theta)}{A_4} > 0,$$

$$x_s^* - x_\mu^* = \frac{(a-c)(1+r)^2b^2\theta - dA_1(2A_2+\theta A_3)}{(1+r)bA_2A_4},$$

当 $d < M_2$ 时，$x_s^* > x_\mu^*$；当 $M_2 < d < M_1$ 时，$x_s^* < x_\mu^*$。

将式（11.9）、式（11.19）分别代入式 $L = \frac{1}{2}bx^2 - B$ 可得 L_s^*、L_μ^*，由 L_s^* 和 L_μ^* 分别对 r、s、μ 求一阶导数，可得

$$\frac{\partial L_s^*}{\partial r} = -\frac{(a-c+s)^2b^2\theta^2}{A_1^3} < 0$$

$$\frac{\partial L_s^*}{\partial s} = \frac{(a-c+s)b\theta^2}{A_1^2} > 0$$

$$\frac{\partial L_\mu^*}{\partial r} = -\frac{(a-c)^2b^2\theta^2}{A_5^3} < 0$$

$$\frac{\partial L_\mu^*}{\partial \mu} = \frac{2(a-c)^2b^2\theta^2}{A_5^3} > 0$$

将式（11.14）、式（11.24）分别代入 L_s^* 和 L_μ^*，由 L_s^* 和 L_μ^* 对 d 求一阶导数，并将 L_s^* 和 L_μ^* 进行比较，可得

$$\frac{\partial L_s^*}{\partial d} = -\frac{((a-c)(1+r)b - dA_3)A_3\theta^2}{(1+r)^2bA_2^2}$$

由于 $d < M_1$，则 $\frac{\partial L_s^*}{\partial d} < 0$。

$$\frac{\partial L_\mu^*}{\partial d} = \frac{2b(3(a-c)\theta + 2d(2-\theta))(2-\theta)}{A_4^2} > 0$$

$$L_s^* - L_\mu^* = \frac{\begin{pmatrix}(a-c)^2(1+r)^2b^2\theta^2(A_4^2 - 9A_2^2) \\ -2db\theta(a-c)(1+r)(\theta A_3A_4^2 + 6b(1+r)(2-\theta)A_2^2) \\ +d^2(\theta^2A_3^2A_4^2 - 4b^2(1+r)^2(2-\theta)^2A_2^2)\end{pmatrix}}{2b(1+r)^2A_2^2A_4^2}$$

将上式的分子看作关于 d 的一元二次方程，根据求根公式求解可得

当 $d < M_2$ 时，$L_s^* > L_\mu^*$；当 $M_2 < d < M_1$ 时，$L_s^* < L_\mu^*$。

命题 11.2 表明在两种补贴政策下，当绿色信贷利率较高时，企业的融资成

本较高，导致企业的绿色研发成本增加，使得企业的绿色研发努力和绿色信贷额下降，而绿色研发努力和绿色信贷额均随着单位绿色产出补贴与绿色信贷贴息率的增大而增加。在绿色产出补贴政策下，绿色研发努力和绿色信贷额均随着环境损失系数的增大而减少；在绿色信贷补贴政策下，企业的绿色研发努力和绿色信贷额均随着环境损失系数的增大而增加。这说明，在绿色产出补贴政策下，政府根据绿色产量给予企业补贴，而污染物排放对环境造成损失越大，所需研发的相关绿色技术的难度也越大，因此企业反而会减少绿色研发投入，同时相应减少绿色信贷。而在绿色信贷补贴政策下，政府根据绿色信贷额给予企业补贴，随着污染物排放对环境造成的损失越大，企业会申请更多的绿色信贷进行绿色研发。命题 11.2 还表明当环境损失系数小于阈值 M_2 时，绿色产出补贴政策下的企业绿色研发努力和绿色信贷额大于绿色信贷补贴政策下的企业绿色研发努力和绿色信贷额；当环境损失系数介于阈值 M_2 和 M_1 之间时，绿色产出补贴政策下的企业绿色研发努力和绿色信贷额小于绿色信贷补贴政策下的企业绿色研发努力和绿色信贷额。

令 $M_3 = \dfrac{(a-c)(1+r)bA_1}{(A_2+(1+r)b)(A_2+A_3)}$，得到命题 11.3。

命题 11.3：在绿色产出补贴政策下，企业产量与绿色信贷利率、环境损失系数负相关，与单位绿色产出补贴正相关。在绿色信贷补贴政策下，企业产量与绿色信贷利率、环境损失系数负相关，与绿色信贷贴息率正相关。当 $d < M_3$ 时，$q_s^* > q_\mu^*$；当 $M_3 < d < M_1$ 时，$q_s^* < q_\mu^*$。

证明：由式（11.10）、式（11.20）分别对 r、s、μ 求一阶条件，可得

$$\frac{\partial q_s^*}{\partial r} = -\frac{(a-c+s)b\theta^2}{A_1^2} < 0$$

$$\frac{\partial q_s^*}{\partial s} = \frac{(1+r)b}{A_1} > 0$$

$$\frac{\partial q_\mu^*}{\partial r} = -\frac{(a-c)b\theta^2}{A_5} < 0$$

$$\frac{\partial q_\mu^*}{\partial \mu} = \frac{(a-c)b\theta^2}{A_5^2} > 0$$

将式（11.14）代入式（11.10）可得 q_s^*，式（11.24）代入式（11.20）可得 q_μ^*，由 q_s^* 和 q_μ^* 分别对 d 求一阶条件，并将 q_s^* 和 q_μ^* 进行比较可得

$$\frac{\partial q_s^*}{\partial d} = -\frac{A_3}{A_2} < 0$$

$$\frac{\partial q_\mu^*}{\partial d} = -\frac{(2-\theta)\theta}{A_4} < 0$$

$$q_s^* - q_\mu^* = \frac{(a-c)(1+r)bA_1 - d(A_2+(1+r)b)(A_2+A_3)}{A_2A_4}$$

当 $d < M_3$ 时，$q_s^* > q_\mu^*$；当 $M_3 < d < M_1$ 时，$q_s^* < q_\mu^*$。

命题 11.3 表明在两种补贴政策下，随着绿色信贷利率和环境损失系数的增大，企业的产量下降；随着单位绿色产出补贴、绿色信贷贴息率的增大，企业的产量提高。当污染物排放对环境造成的损失较小时，绿色产出补贴政策下的企业产量大于绿色信贷补贴政策下的企业产量；当污染物排放对环境造成的损失较大时，绿色产出补贴政策下的企业产量小于绿色信贷补贴政策下的企业产量。

令 $M_4 = (a-c)(1+r)b(2A_1A_3A_4+(2-\theta)\theta A_2^2)$，$M_5 = \sqrt{(a-c)^2(1+r)^2b^2(4A_1^2A_3A_4+A_2^2(2-\theta)^2\theta^2)-8(1+r)b\mu^*BA_1A_2^2A_3^2A_4^2}$，可得到命题 11.4。

命题 11.4：在绿色产出补贴政策下，企业收益与绿色信贷利率、环境损失系数负相关，与单位绿色产出补贴正相关；在绿色信贷补贴政策下，企业收益与绿色信贷利率负相关，与绿色信贷贴息率、环境损失系数正相关。当 $d < \dfrac{M_4-M_5}{2A_1A_3^2A_4}$，$\pi_s^* > \pi_\mu^*$；当 $\dfrac{M_4-M_5}{2A_1A_3^2A_4} < d < M_1$ 时，$\pi_s^* < \pi_\mu^*$。

证明：由式（11.11）、式（11.21）分别对 r、s、μ 求一阶条件，可得

$$\frac{\partial \pi_s^*}{\partial r} = -\frac{(a-c+s)^2b\theta^2}{2A_1^2} + B < 0$$

$$\frac{\partial \pi_s^*}{\partial s} = \frac{(a-c+s)(1+r)b}{A_1} > 0$$

$$\frac{\partial \pi_\mu^*}{\partial r} = -\frac{(a-c)^2b\theta^2}{2A_5} + B < 0$$

$$\frac{\partial \pi_\mu^*}{\partial \mu} = \frac{(a-c)^2b\theta^2}{2A_5} - B > 0$$

将式（11.14）代入式（11.11）可得 π_s^*，式（11.24）代入式（11.21）可得 π_μ^*，由 π_s^* 和 π_μ^* 对 d 求一阶条件，并将 π_s^* 和 π_μ^* 进行比较可得

$$\frac{\partial \pi_s^*}{\partial d} = -\frac{((a-c)(1+r)b-dA_3)A_1A_3}{(1+r)bA_2^2}$$

由于 $d < M_1$，则 $\dfrac{\partial \pi_s^*}{\partial d} < 0$。

$$\frac{\partial \pi_\mu^*}{\partial d} = \frac{(a-c)(2-\theta)\theta}{2A_4} - \frac{(a-c)(3(2b-\theta^2)+2b(2r-1))(2-\theta)\theta B}{b(3(a-c)\theta+2d(2-\theta))^2} > 0$$

$$\pi_s^* - \pi_\mu^* = \frac{\begin{pmatrix} (a-c)^2(1+r)^2 b^2(6(1+r)bA_2+\theta^4)+2A_2^2 A_4(1+r)b\mu^* B \\ -d(a-c)(1+r)b(2A_1 A_3 A_4 + A_2^2(2-\theta)\theta)+d^2 A_1 A_3^2 A_4 \end{pmatrix}}{2b(1+r)A_2^2 A_4}$$

将上式的分子看作关于 d 的一元二次方程，根据求根公式求解可得

当 $d < \dfrac{M_4 - M_5}{2A_1 A_3^2 A_4}$，$\pi_s^* > \pi_\mu^*$；当 $\dfrac{M_4 - M_5}{2A_1 A_3^2 A_4} < d < M_1$ 时，$\pi_s^* < \pi_\mu^*$。

命题 11.4 表明在两种补贴政策下，企业收益随着绿色信贷利率的增大而减少，随着单位绿色产出补贴和绿色信贷贴息率的增大而提高。在绿色产出补贴政策下，企业收益随着环境损失系数的增大而减少；而在绿色信贷补贴政策下，企业收益随着环境损失系数的增大而增加。当污染物排放对环境造成的损失较小时，绿色产出补贴政策下的企业收益大于绿色信贷补贴政策下的企业收益；当污染物排放对环境造成的损失较大时，绿色产出补贴政策下的企业收益小于绿色信贷补贴政策下的企业收益。

令 $M_6 = \dfrac{(a-c)(A_2+A_3)(1+r)^2 b^2}{A_3^2 A_4 - (2-\theta)^2(1+r)bA_2}$，得到命题 11.5。

命题 11.5：在绿色产出补贴政策下，企业排放量与绿色信贷利率、单位绿色产出补贴正相关，与环境损失系数负相关；在绿色信贷补贴政策下，企业排放量与绿色信贷利率正相关，与绿色信贷贴息率、环境损失系数负相关。当 $d < M_6$ 时，$e_s^* > e_\mu^*$；当 $M_6 < d < M_1$ 时，$e_s^* < e_\mu^*$。

证明：将式（11.9）、式（11.10）、式（11.19）和式（11.20）分别代入式 $e = q - x$ 可得 e_s^* 和 e_μ^*，由 e_s^* 和 e_μ^* 分别可对 r、s、μ 求一阶条件，可得

$$\frac{\partial e_s^*}{\partial r} = \frac{(a-c+s)(2-\theta)b\theta}{A_1^2} > 0$$

$$\frac{\partial e_s^*}{\partial s} = \frac{A_3}{A_1} > 0$$

$$\frac{\partial e_\mu^*}{\partial r} = \frac{(a-c)(2-\theta)b\theta}{A_5^2} > 0$$

$$\frac{\partial e_\mu^*}{\partial \mu} = -\frac{(a-c)(2-\theta)b\theta}{A_5^2} < 0$$

将式（11.14）、式（11.24）分别代入 e_s^* 和 e_μ^*，由 e_s^* 和 e_μ^* 对 d 求一阶条件，并将 e_s^* 和 e_μ^* 进行比较可得

$$\frac{\partial e_s^*}{\partial d} = -\frac{A_3^2}{(1+r)bA_2} < 0$$

$$\frac{\partial e_\mu^*}{\partial d} = -\frac{(2-\theta)^2}{A_4} < 0$$

$$e_s^* - e_\mu^* = \frac{(a-c)(1+r)^2 b^2 (A_2 + A_3) - d(A_3^2 A_4 - (2-\theta)^2 (1+r)bA_2)}{(1+r)bA_2 A_4}$$

当 $d < M_6$ 时，$e_s^* > e_\mu^*$；当 $M_6 < d < M_1$ 时，$e_s^* < e_\mu^*$。

命题 11.5 表明在绿色产出补贴政策下，企业的排放量均随着绿色信贷利率和单位绿色产出补贴的增大而增加，随着环境损失系数的增加而减少；而在绿色信贷补贴政策下，企业的排放量随着绿色信贷利率的增大而增加，随着绿色信贷贴息率和环境损失系数的增加而减少。当污染物排放对环境造成的损失较小时，绿色产出补贴政策下的企业排放量大于绿色信贷补贴政策下的企业排放量；当污染物排放对环境造成的损失较大时，绿色产出补贴政策下的企业排放量小于绿色信贷补贴政策下的企业排放量。

令 $M_7 = \dfrac{((a-c+s)(1+r)b - sA_1)(1+r)b}{A_1 A_3}$，

$M_8 = \dfrac{2A_5^3 B - (a-c)^2 (4b(1+r-2\mu) - \theta^2)b\theta^2}{2b\theta(a-c)(2-\theta)A_5}$，$M_9 = \dfrac{(a-c)(1+r-3\mu)b\theta}{(\theta-2)A_5}$，

$M_{10} = \dfrac{(a-c)((1+r)b(A_2 + A_3) - \sqrt{(1+r)bA_2 A_4})(1+r)b}{(2b(1+r)A_3 + (1+r)bA_2 - 3A_2)A_2 - b(1+r)(A_2 - A_3^2)}$，可得到命题 11.6。

命题 11.6：在绿色产出补贴政策下，社会总福利与绿色信贷利率、环境损失系数负相关；当 $d < M_7$ 时，社会总福利与单位绿色产出补贴正相关，当 $M_7 < d < M_1$ 时，社会总福利与单位绿色产出补贴负相关。在绿色信贷补贴政策下，社会总福利与环境损失系数负相关；当 $d < M_8$ 时，社会总福利与绿色信贷利率正相关，当 $M_8 < d < M_1$ 时，社会总福利与绿色信贷利率负相关；当 $d < M_9$ 时，社会总福利与绿色信贷贴息率正相关，当 $M_9 < d < M_1$ 时，社会总福利与绿色信贷贴息率负相关。当 $d < M_{10}$ 时，$SW_s^* > SW_\mu^*$；当 $M_{10} < d < M_1$ 时，$SW_s^* < SW_\mu^*$。

证明：由式（11.12）、式（11.22）分别对 r、s、μ 求一阶条件，可得

$$\frac{\partial SW_s^*}{\partial r} = -\frac{(a-c+s)((a-c)(2b(1+r) + A_1)\theta^2 + 2d\theta(2-\theta)A_1 + s\theta^4)b}{2A_1^3} + B < 0$$

$$\frac{\partial SW_s^*}{\partial s} = \frac{((a-c+s)(1+r)b - sA_1)(1+r)b - dA_1 A_3}{A_1^2}$$

当 $d < M_7$ 时，$\dfrac{\partial SW_s^*}{\partial s} > 0$；当 $M_7 < d < M_1$ 时，$\dfrac{\partial SW_s^*}{\partial s} < 0$。

$$\frac{\partial SW_\mu^*}{\partial r} = -\frac{(a-c)((a-c)(4b(1+r-2\mu)-\theta^2)\theta+2dA_5(2-\theta))b\theta}{2A_5^3}+B$$

当 $d < M_8$ 时，$\frac{\partial SW_\mu^*}{\partial r} > 0$；当 $M_8 < d < M_1$ 时，$\frac{\partial SW_\mu^*}{\partial r} < 0$。

$$\frac{\partial SW_\mu^*}{\partial \mu} = \frac{(a-c)((a-c)(1+r-3\mu)b\theta+dA_5(2-\theta))b\theta}{A_5^3}$$

当 $d < M_9$ 时，$\frac{\partial SW_\mu^*}{\partial \mu} > 0$；当 $M_9 < d < M_1$ 时，$\frac{\partial SW_\mu^*}{\partial \mu} < 0$。

将式（11.14）代入式（11.12）可得 SW_s^*，式（11.24）代入式（11.22）可得 SW_μ^*，由 SW_s^* 和 SW_μ^* 对 d 求一阶条件，并将 SW_s^* 和 SW_μ^* 进行比较可得

$$\frac{\partial SW_s^*}{\partial d} = -\frac{((a-c)(1+r)b-dA_3)A_3}{b(1+r)A_2}，由于 d < M_1，则 \frac{\partial SW_s^*}{\partial d} < 0。$$

$$\frac{\partial SW_\mu^*}{\partial d} = -\frac{d(2-\theta)^2}{A_4} < 0$$

$$SW_s^* - SW_\mu^* = \frac{\left(\begin{array}{l}(a-c)^2(1+r)^3b^3-2d(a-c)(1+r)^2b^2(A_2+A_3)\\ +d^2(A_3^2A_4-(2-\theta)^2(1+r)bA_2)\end{array}\right)}{2b(1+r)A_2A_4}$$

将上式的分子看作关于 d 的一元二次方程，根据求根公式求解可得

当 $d < M_{10}$ 时，$SW_s^* > SW_\mu^*$；当 $M_{10} < d < M_1$ 时，$SW_s^* < SW_\mu^*$。

命题 11.6 表明在绿色产出补贴政策下，社会总福利随着绿色信贷利率和环境损失系数的增大而减少；当污染物排放对环境造成的损失较小时，社会总福利随着单位绿色产出补贴的增大而增加，反之则相反。而在绿色信贷补贴政策下，社会总福利随着环境损失系数的增大而减少；当污染物排放对环境造成的损失较小时，社会总福利随着绿色信贷利率的增加而增加，反之则相反；当污染物排放对环境造成的损失较大时，社会总福利随着绿色信贷贴息率的增加而增加，反之则相反。命题 11.6 还表明当污染物排放对环境造成的损失较小时，绿色产出补贴政策下的社会总福利大于绿色信贷补贴政策下的社会总福利；当污染物排放对环境造成的损失较大时，绿色产出补贴政策下的社会总福利小于绿色信贷补贴政策下的社会总福利。

综上分析，绿色信贷利率、单位绿色产出补贴、绿色信贷贴息率与环境损失系数对两种补贴政策下各决策变量的影响，以及两种补贴政策下各决策变量最优解的比较情况，分别如表 11-2、表 11-3 所示。

表 11 – 2　　　　　　　r、s、μ、d 对两种补贴政策下各决策变量的影响

参数	增减方向	x		L		q	
		x_s^*	x_μ^*	L_s^*	L_μ^*	q_s^*	q_μ^*
r	↑	↓	↓	↑	↓	↓	↓
s	↑	↑		↑		↑	
μ	↑			↑	↑		
d	↑	↓	↓	↑	↑	↓	↓

参数	增减方向	π		e		SW	
		π_s^*	π_μ^*	e_s^*	e_μ^*	SW_s^*	SW_μ^*
r	↑	↓	↓	↑	↓		$d < M_8,\ ↑$ $M_8 < d < M_1,\ ↓$
s	↑	↑	↑	↑	↑	$d < M_7,\ ↑$ $M_7 < d < M_1,\ ↓$	
μ	↑	↑	↑		↓		$d < M_9,\ ↑$ $M_9 < d < M_1,\ ↓$
d	↑	↓	↓	↓	↓	↓	↓

注：↑表示参数增大，↓表示参数减小。

表 11 – 3　　　　　　　两种补贴政策下各决策变量最优解的比较

决策变量	取值大小比较	
x	若 $d < M_2$，则 $x_s^* > x_\mu^*$	若 $M_2 < d < M_1$，则 $x_s^* < x_\mu^*$
L	若 $d < M_2$，则 $L_s^* > L_\mu^*$	若 $M_2 < d < M_1$，则 $L_s^* < L_\mu^*$
q	若 $d < M_3$，则 $q_s^* > q_\mu^*$	若 $M_3 < d < M_1$，则 $q_s^* < q_\mu^*$
π	若 $d < \dfrac{(M_4 - M_5)}{2A_1 A_3^2 A_4}$，则 $\pi_s^* > \pi_\mu^*$	若 $\dfrac{(M_4 - M_5)}{2A_1 A_3^2 A_4} < d < M_1$，则 $\pi_s^* < \pi_\mu^*$
e	若 $d < M_6$，则 $e_s^* > e_\mu^*$	若 $M_6 < d < M_1$，则 $e_s^* < e_\mu^*$
SW	若 $d < M_{10}$，则 $SW_s^* > SW_\mu^*$	若 $M_{10} < d < M_1$，则 $SW_s^* < SW_\mu^*$

11.4　数值算例与分析

本节通过数值仿真更为直观地分析单位绿色产出补贴、绿色信贷贴息率、绿色信贷利率、单位污染物排放对环境造成的损害程度和对企业和政府决策的影

响，以验证本章的研究结论。根据哈鲁纳和高尔（Haruna and Goel，2017）[①]、王康等（2019）[②]、周永圣等（2020）[③]、蔡乌赶和李广培（2018）[④] 对仿真参数取值的设定，并参阅政府关于创新补贴和绿色贷款补贴的相关政策，假设 $a=200$，$c=3$，$b=8$，$\theta=1$，$B=100$，$d=110$，$0\leqslant r\leqslant 1$。改变各参数的取值进行数值仿真的敏感性分析，发现仿真结果虽然在数值上略有差异，但在趋势和规律上是一致的。

11.4.1　绿色信贷利率和政府补贴强度对企业和政府决策的影响

利用数值仿真分析单位绿色产出补贴 s、绿色信贷贴息率 μ、绿色信贷利率 r 对企业和政府决策的影响。

s 与 r、μ 与 r 对绿色研发努力 x、绿色信贷额 L、企业产量 q、企业收益 π 的影响，如图 11 -1 ~ 图 11 -8 所示。在两种补贴政策下，x、L、q、π 随着 r 的增加而减少，随着 s、μ 的增加而增加。

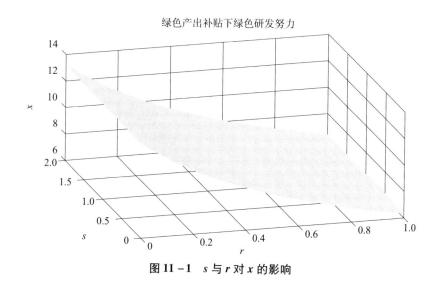

绿色产出补贴下绿色研发努力

图 11 -1　s 与 r 对 x 的影响

① Haruna S., Goel R. K. Output subsidies in mixed oligopoly with research spillovers [J]. *Journal of Economics and Finance*, 2017, 41 (2): 235 -256.

② 王康，钱勤华，周淑芬. 基于绿色金融贷款和成本分担下的供应链低碳减排机制研究 [J]. 金融理论与实践，2019 (1): 84 -92.

③ 周永圣，何菊，崔佳丽. 基于绿色金融贷款的新零售企业绿色供应链构建 [J]. 商业经济研究，2020 (9): 165 -168.

④ 蔡乌赶，李广培. 碳交易框架下企业生态创新策略研究 [J]. 中国管理科学，2018，26 (12): 168 -176.

绿色信贷补贴下绿色研发努力

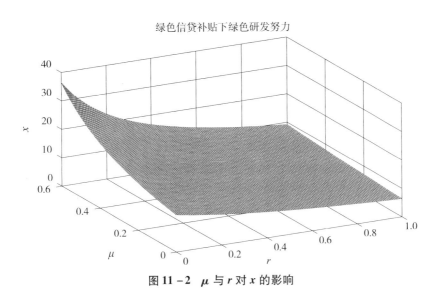

图 11 - 2　μ 与 r 对 x 的影响

绿色产出补贴下绿色信贷额

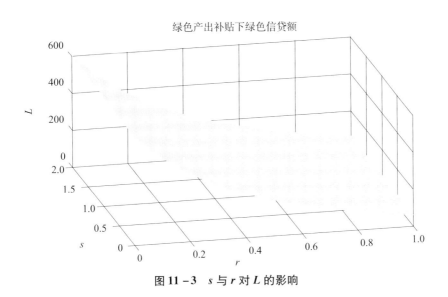

图 11 - 3　s 与 r 对 L 的影响

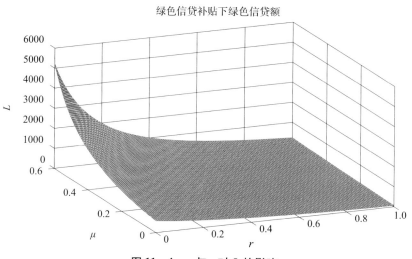

图 11-4 μ 与 r 对 L 的影响

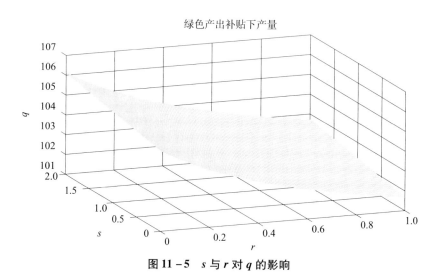

图 11-5 s 与 r 对 q 的影响

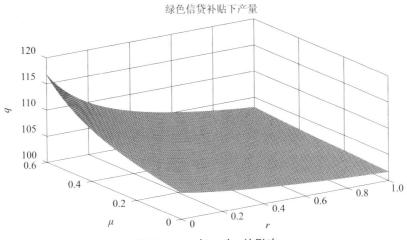

图 11 - 6　μ 与 r 对 q 的影响

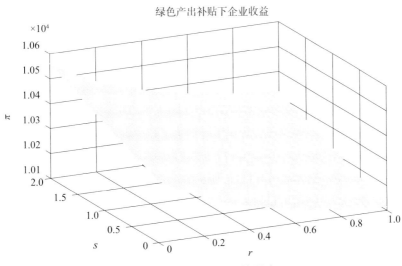

图 11 - 7　s 与 r 对 π 的影响

绿色信贷补贴下企业收益

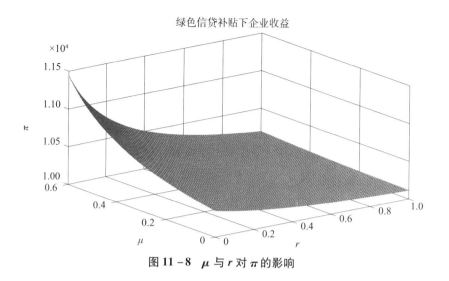

图 11 - 8 μ 与 r 对 π 的影响

　　s 与 r、μ 与 r 对企业排放量 e 的影响，如图 11 - 9 和图 11 - 10 所示。由图 11 - 9、图 11 - 10 可知，在绿色产出补贴政策下，e 随着 r、s 的增加而增加；而在绿色信贷补贴政策下，e 随着 r 的增加而增加，随着 μ 的增加而减少。这体现了绿色信贷补贴政策对促进企业减排的有效性。

绿色产出补贴下排放量

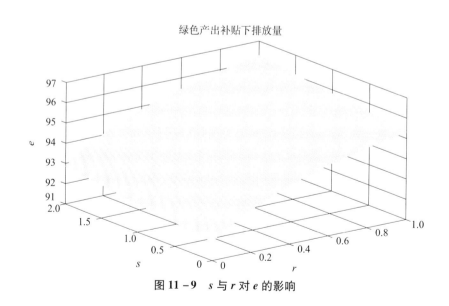

图 11 - 9 s 与 r 对 e 的影响

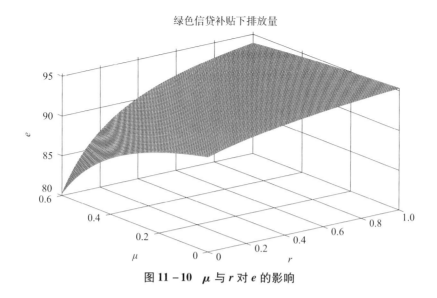

图 11 – 10　μ 与 r 对 e 的影响

　　s 与 r、μ 与 r 对社会总福利 SW 的影响，如图 11 – 11 和图 11 – 12 所示。由图 11 – 11、图 11 – 12 可知，在绿色产出补贴政策下，SW 随着 r 的增加而减少，随着 s 的增加先增加后减少；而在绿色信贷补贴政策下，SW 随着 r、μ 的增加先增加后减少。

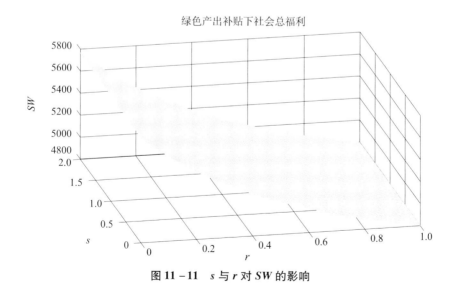

图 11 – 11　s 与 r 对 SW 的影响

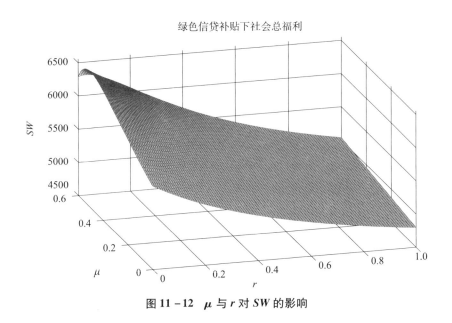

图 11 –12 μ 与 r 对 SW 的影响

11.4.2 环境损失系数对企业和政府决策的影响

参考中国人民银行公布的贷款市场报价利率公告，令 $r = 0.04$，利用数值仿真分析环境损失系数 d 对企业、政府决策的影响，由于 $d < M_1$，求得 d 的取值范围为 $[0, 223]$。

d 对绿色研发努力 x、绿色信贷额 L 的影响，如图 11 – 13 和图 11 – 14 所示。由图 11 – 13、图 11 – 14 可知，在绿色产出补贴政策下，x 的取值由 26.91 减少到 0，L 的取值由 2797.1 减少到 0；在绿色信贷补贴政策下，x 的取值由 19.51 增加到 34.38，L 的取值由 1423.8 增加到 4627.7。这说明随着单位污染物排放对环境造成的损失越大，享受绿色信贷补贴政策的企业的绿色研发投入增大，而享受绿色产出补贴政策的企业的绿色研发投入却减少，这凸显出绿色信贷补贴政策对企业绿色研发支持的有效性。当 d 大于 39.7 时，绿色信贷补贴政策下的 x、L 大于绿色产出补贴政策下的 x、L。

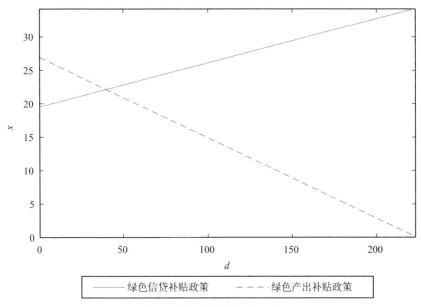

图 11 – 13　研发努力的对比

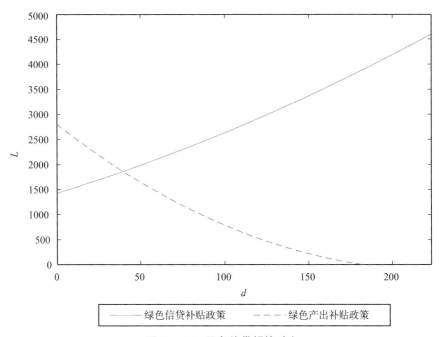

图 11 – 14　绿色信贷额的对比

d 对企业产量 q、排放量 e 的影响，如图 11 – 15 和图 11 – 16 所示。由图 11 – 15、图 11 – 16 可知，在绿色产出补贴政策下，q 的取值由 223. 91 减少到 0，e 的取值由 197 减少到 0；在绿色信贷补贴政策下，q 的取值由 108. 25 减少到 100. 83，e 的取值由 88. 74 减少到 81. 31。当 d 大于 119. 6 时，绿色信贷补贴政策下的 q 大于绿色产出补贴政策下的 q；当 d 大于 127. 9 时，绿色信贷补贴政策下的 e 大于绿色产出补贴政策下的 e。这说明在两种补贴政策的支持下，随着单位污染物排放对环境造成的损失加大，企业都会减少产量，绿色产出补贴政策下产量减少的幅度大于绿色信贷补贴政策下的减少幅度；随着单位污染物排放对环境造成的损失加大，企业都会减少排放量，但绿色产出补贴政策下污染物排放量减少的幅度大于绿色信贷补贴政策下的减少幅度。

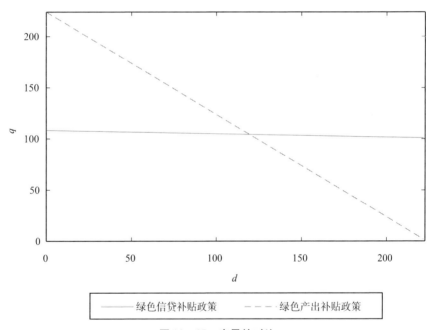

图 11 – 15 产量的对比

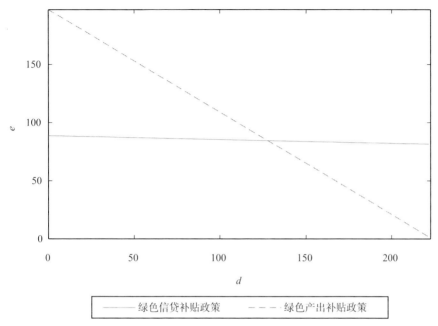

图 11 - 16 污染物排放量的对比

d 对企业收益 π、社会总福利 SW 的影响，如图 11 - 17 和图 11 - 18 所示。由图 11 - 17、图 11 - 18 可知，在绿色产出补贴政策下，π 的取值由 47128 减少到 5，SW 的取值由 22059 减少到 5；在绿色信贷补贴政策下，π 的取值由 10633 增加到 11337，SW 的取值由 15999 减少到 15163。这说明随着环境损失系数的增加，绿色产出补贴政策下的企业收益减少，且减少幅度很大，而绿色信贷补贴政策下的企业收益增加，但增加的幅度较小；在两种补贴政策下，社会总福利均减少，绿色产出补贴政策下的社会总福利减少幅度很大，绿色信贷补贴政策下的社会总福利减少幅度很小。当 d 大于 115.8 时，绿色信贷补贴政策下的 π 大于绿色产出补贴政策下的 π；当 d 大于 33.3 时，绿色信贷补贴政策下的 SW 大于绿色产出补贴政策下的 SW。这说明随着环境损失系数的增加，政府应先选择绿色产出补贴政策，再选择绿色信贷补贴政策。

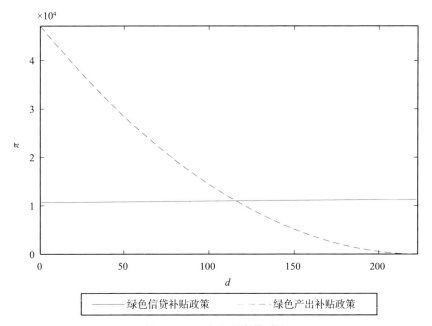

图 11 – 17　企业利润的对比

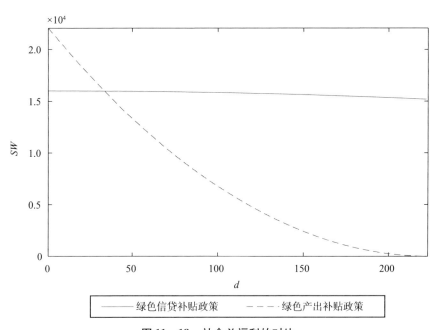

图 11 – 18　社会总福利的对比

11.5　研究结论与启示

本章构建三阶段动态博弈模型探讨绿色信贷支持企业绿色创新情境下，政府实行绿色产出补贴政策和绿色信贷补贴政策对企业决策的影响。研究表明：

（1）在绿色信贷补贴政策下，企业的绿色研发投入、绿色信贷额、收益随着环境损失系数的增大而增大，企业产量、企业污染物排放量、社会总福利随着环境损失系数的增大而减少。在绿色产出补贴政策下，企业的绿色研发投入、绿色信贷额、收益、产量、污染物排放量和社会总福利都随着环境损失系数的增大而减少。因此，随着单位污染物排放对环境造成损失的增大，政府实施绿色信贷补贴政策能够激励企业增加绿色研发投入和绿色信贷额，企业的收益也相应随之增加。

（2）在两种补贴政策下，绿色研发努力、绿色信贷额、企业产量和企业收益随着绿色信贷利率的增加而减少，随着单位绿色产出补贴与绿色信贷贴息率的增加而增加。这说明政府可通过降低绿色信贷利率、提高单位绿色产出补贴、提高绿色信贷贴息率等举措，提升企业的绿色研发努力、绿色信贷额、产量和收益。

（3）在绿色产出补贴政策下，企业污染物排放量随着绿色信贷利率和绿色产出补贴的增加而增加；而在绿色信贷补贴政策下，企业污染物排放量随着绿色信贷利率的增加而增加，随着绿色信贷贴息率的增加而减少。这说明降低绿色信贷利率和提高绿色信贷贴息率均可促进企业减少污染物排放，而绿色产出补贴则会激励企业增加产出，反而提高企业污染物排放量。在绿色产出补贴政策下，社会总福利随着绿色信贷利率的增加而减少；当环境损失系数较小时，社会总福利随着单位绿色产出补贴的增加而增加；当环境损失系数较大时，社会总福利随着单位绿色产出补贴的增加而减少。这说明政府实施绿色产出补贴政策时，可通过降低绿色信贷利率、环境损失系数较小时提高单位绿色产出补贴、环境损失系数较大时降低单位绿色产出补贴等举措提高社会总福利。而在绿色信贷补贴政策下，当环境损失系数较小时，社会总福利随着绿色信贷利率和绿色信贷贴息率的增加而增加；当环境损失系数较大时，社会总福利随着绿色信贷利率和绿色信贷贴息率的增加而减少。这说明政府实施绿色信贷补贴政策时，可通过环境损失系数较小时提高绿色信贷利率和绿色信贷贴息率、环境损失系数较大时降低绿色信贷利率和绿色信贷贴息率等举措提高社会总福利。

（4）当环境损失系数较小时，绿色产出补贴政策的激励效果比绿色信贷补贴政策更为突出，能够获得更高的企业收益和社会总福利；当环境损失系数较大时，绿色信贷补贴政策的激励效果优于绿色产出补贴政策。因此，当单位污染物排放对环境造成的损失较小时，政府应选择绿色产出补贴政策；当单位污染物排放对环境造成的损失较大时，政府应选择绿色信贷补贴政策。

参 考 文 献

［1］安同良，千慧雄．中国企业 R&D 补贴策略：补贴阈限、最优规模与模式选择［J］．经济研究，2021，56（1）：122－137．

［2］保尔森基金会绿色金融中心与清华大学绿色金融发展研究中心课题组．金融科技推动中国绿色金融发展：案例与展望［R］．北京：保尔森基金会绿色金融中心、清华大学绿色金融发展研究中心，2020．

［3］蔡海静，汪祥耀，谭超．绿色信贷政策、企业新增银行借款与环保效应［J］．会计研究，2019（3）：88－95．

［4］蔡乌赶，李广培．碳交易框架下企业生态创新策略研究［J］．中国管理科学，2018，26（12）：168－176．

［5］曹斌斌，肖忠东，祝春阳．考虑政府低碳政策的双销售模式供应链决策研究［J］．中国管理科学，2018，26（4）：30－40．

［6］曹鸿杰，卢洪友，潘星宇．地方政府环境支出行为的空间策略互动研究——传导机制与再检验［J］．经济理论与经济管理，2020（1）：55－68．

［7］曹廷求，张翠燕，杨雪．绿色信贷政策的绿色效果及影响机制——基于中国上市公司绿色专利数据的证据［J］．金融论坛，2021，26（5）：7－17．

［8］陈贵梧．策略性企业社会责任行为决策的"三圈模型"：一个概念性框架［J］．暨南学报（哲学社会科学版），2019，41（6）：119－132．

［9］陈德湖，蒋馥．环境治理中的道德风险与激励机制［J］．上海交通大学学报，2004（3）：466－469．

［10］陈立峰，郑健壮．绿色信贷政策能否促进企业绿色创新？——基于730家中国创业板上市公司的研究［J］．浙江大学学报（人文社会科学版），2023，53（8）：42－62．

［11］陈朋．重大突发事件治理中的横向府际合作：现实景象与优化路径［J］．中国社会科学院研究生院学报，2020（4）：109－116．

［12］陈伟光，胡当．绿色信贷对产业升级的作用机理与效应分析［J］．江西财经大学学报，2011（4）：12－20．

[13] 陈小亮，李三希，陈彦斌．地方政府激励机制重构与房价调控长效机制建设 [J]．中国工业经济，2018（11）：79 - 97．

[14] 褚添有．地方政府生态环境治理失灵的体制性根源及其矫治 [J]．社会科学，2020（8）：64 - 75．

[15] 崔广慧，姜英兵．环境规制对企业环境治理行为的影响——基于新《环保法》的准自然实验 [J]．经济管理，2019，41（10）：54 - 72．

[16] 崔晶．中国城市化进程中的邻避抗争：公民在区域治理中的集体行动与社会学习 [J]．经济社会体制比较，2013（3）：167 - 178．

[17] 崔松虎，金福子．京津冀环境治理中的府际关系协同问题研究——基于 2014 - 2019 年的政策文本数据 [J]．甘肃社会科学，2020（2）：207 - 213．

[18] 戴璐，支晓强．影响企业环境管理控制措施的因素研究 [J]．中国软科学，2015（4）：108 - 120．

[19] 丹尼尔·F. 史普博著．管制与市场 [M]．余晖，何帆，钱家骏，周维富，译．上海：上海人民出版社，1999．

[20] 党秀云，郭钰．跨区域生态环境合作治理：现实困境与创新路径 [J]．人文杂志，2020（3）：105 - 111．

[21] 邓忠奇，高廷帆，庞瑞芝，杨彩琳．企业"被动合谋"现象研究："双碳"目标下环境规制的福利效应分析 [J]．中国工业经济，2022（7）：122 - 140．

[22] 丁杰，胡蓉．区域性环境规制与绿色信贷政策的有效性——基于重污染企业信贷融资视角 [J]．软科学，2020，34（12）：61 - 67．

[23] 丁杰，李仲飞，黄金波．绿色信贷政策能够促进企业绿色创新吗？——基于政策效应分化的视角 [J]．金融研究，2022（12）：55 - 73．

[24] 丁杰．绿色信贷政策、信贷资源配置与企业策略性反应 [J]．经济评论，2019（4）：62 - 75．

[25] 丁志刚，许惠玮，徐琪．绿色信贷支持下供应链低碳技术采纳决策研究 [J]．软科学，2020，34（12）：74 - 80．

[26] 董娟．府际关系研究：理念、视角与路径 [J]．岭南学刊，2014（2）：35 - 42．

[27] 范如国，曹敏，孙佳勤．企业学习效应和公平偏好对节能激励机制的影响 [J]．技术经济，2019，38（5）：117 - 125．

[28] 范如国，李玉龙，杨维国．基于多任务目标的企业低碳发展动态激励契约设计 [J]．软科学，2018，32（2）：38 - 43．

［29］费广胜，杨龙．中国地方政府独特的竞争模式：一种经验性分析框架——兼论规范地方政府竞争的途径［J］．行政论坛，2010，17（5）：19－23．

［30］高建，白天成．京津冀环境治理政府协同合作研究［J］．中共天津市委党校学报，2015（2）：69－73．

［31］高凯，赵华擎，王玲．董事高管责任保险与制造业企业绿色创新——基于内部控制的中介效应［J］．华东经济管理，2022，36（2）：119－128．

［32］高明，郭施宏，夏玲玲．大气污染府际间合作治理联盟的达成与稳定——基于演化博弈分析［J］．中国管理科学，2016，24（8）：62－70．

［33］高旭阔，席子云．组合措施下政府与企业排污行为演化博弈［J］．中国环境科学，2020，40（12）：5484－5492．

［34］龚梦琪，尤喆，刘海云，成金华．环境规制对中国制造业绿色全要素生产率的影响——基于贸易比较优势的视角［J］．云南财经大学学报，2020，36（11）：15－25．

［35］郭爱君，张娜，邓金钱．财政纵向失衡、环境治理与绿色发展效率［J］．财经科学，2020（12）：72－82．

［36］郭本海，黄良义，刘思峰．基于"政府—企业"间委托代理关系的节能激励机制［J］．中国人口·资源与环境，2013，23（8）：160－164．

［37］郭斌．跨区域环境治理中地方政府合作的交易成本分析［J］．西北大学学报（哲学社会科学版），2015（1）：160－165．

［38］郭钰．跨区域生态环境合作治理中利益整合机制研究［J］．生态经济，2019，35（12）：159－164．

［39］韩丰霞，肖汉杰，彭定洪，霍姝宇．经济新常态下绿色金融发展动力问题探究——基于政府、银行和企业三方博弈关系［J］．经济与管理评论，2017，33（5）：88－94．

［40］何爱平，安梦天．地方政府竞争、环境规制与绿色发展效率［J］．中国人口·资源与环境，2019，29（3）：21－30．

［41］何凌云，梁宵，杨晓蕾，钟章奇．绿色信贷能促进环保企业技术创新吗［J］．金融经济学研究，2019，34（5）：109－121．

［42］何奇龙，唐娟红，罗兴，等．政企农协同治理农业面源污染的演化博弈分析［J］．中国管理科学，2023，31（7）：202－213．

［43］和苏超，黄旭，陈青．管理者环境认知能够提升企业绩效吗——前瞻型环境战略的中介作用与商业环境不确定性的调节作用［J］．南开管理评论，2016，19（6）：49－57．

［44］洪祥骏，林娴，陈丽芳．地方绿色信贷贴息政策效果研究——基于财政与金融政策协调视角［J］．中国工业经济，2023（9）：80-97.

［45］胡鞍钢，周绍杰．绿色发展：功能界定、机制分析与发展战略［J］．中国人口·资源与环境，2014，24（1）：14-20.

［46］胡久凯，王艺明．地方政府竞争模式转变与碳排放绩效——来自地级市政府工作报告的经验证据［J］．经济学家，2022（6）：78-87.

［47］花雪莹．大都市环境治理——基于地方政府合作的视角［J］．南方论刊，2014（4）：39-41.

［48］黄庆华，胡江峰，陈习定．环境规制与绿色全要素生产率：两难还是双赢？［J］．中国人口·资源与环境，2018，28（11）：140-149.

［49］黄仁辉，高明．考虑奖惩分配激励机制的环境污染第三方治理演化博弈［J］．中国环境科学，2023，43（4）：2069-2080.

［50］黄喆．跨界环境治理中政府合作的软法规制［J］．湖北警官学院学报，2015，28（1）：48-52.

［51］季宇，姜金涵，宋兰旗．绿色信贷对低碳技术进步的影响研究——基于中国省级面板数据的实证检验［J］．云南财经大学学报，2021，37（9）：97-110.

［52］贾明，童立，张喆．高管激励影响公司环境污染行为吗？［J］．管理评论，2016，28（2）：149-165.

［53］江轩宇．政府放权与国有企业创新——基于地方国企金字塔结构视角的研究［J］．管理世界，2016（9）：120-135.

［54］姜雅婷，杜焱强．中央生态环保督察如何生成地方生态环境治理成效？——基于岱海湖治理的长时段过程追踪［J］．管理世界，2023，39（11）：133-152.

［55］蒋德权，姜国华，陈冬华．地方官员晋升与经济效率：基于政绩考核观和官员异质性视角的实证考察［J］．中国工业经济，2015（10）：21-36.

［56］焦建玲，陈洁，李兰兰，李方一．碳减排奖惩机制下地方政府和企业行为演化博弈分析［J］．中国管理科学，2017，25（10）：140-150.

［57］金太军，唐玉青．区域生态府际合作治理困境及其消解［J］．南京师大学报（社会科学版），2011（9）：17-18.

［58］科尔曼著．生态政治：建设一个绿色社会［M］．梅俊杰，译．上海：上海译文出版社，2006.

［59］李泂旭，王贤文，刘兰剑．府际合作有助于提升区域环境治理绩效吗？——基于结构差异视角的分析［J］．经济体制改革，2022（2）：18-25.

［60］李俊成，彭俊超，王文蔚．绿色信贷政策能否促进绿色企业发展？——基于风险承担的视角［J］．金融研究，2023（3）：112－130.

［61］李平，黄嘉慧，王玉乾．公司治理影响环境绩效的实证研究［J］．管理现代化，2015，35（2）：81－83.

［62］李强，陈山漫．绿色信贷政策、融资成本与企业绿色技术创新［J］．经济问题，2023（8）：67－73.

［63］李强，杨东杰，刘倩云．增长期权创造视角下高管股权激励的效果检验［J］．管理科学，2018，31（1）：116－128.

［64］李德山，苟晨阳．绿色信贷对"两高一剩"企业绿色创新的影响效果及其机制研究［J］．产经评论，2022，13（1）：48－64.

［65］李守伟，李光超，李备友．农业污染背景下农业补贴政策的作用机理与效应分析［J］．中国人口·资源与环境，2019，29（2）：97－105.

［66］李维安，衣明卉．非国有股东委派董事对国有企业绿色技术创新的影响研究［J/OL］．外国经济与管理：1－16［2024－01－08］．https：//doi. org/10. 16538/j. cnki. fem. 20230615. 101.

［67］李新功，朱艳平．绿色信贷政策对重污染企业债务成本的影响——基于 PSM－DID 模型的实证研究［J］．会计之友，2021（3）：41－47.

［68］李智超，刘博嘉．官员激励、府际合作与城市群环境治理绩效——基于三大城市群的实证分析［J］．上海行政学院学报，2023，24（3）：69－84.

［69］梁雁茹，徐建中．企业生态创新驱动系统激励政策优化研究［J/OL］．中国管理科学：1－11［2024－01－09］．https：//doi. org/10. 16381/j. cnki. issn1003－207x. 2021. 2118.

［70］刘伯凡，吴莉昀．财政分权理论中的环境污染治理问题——地方政府规制选择视角下的研究评述［J］．经济问题探索，2019（8）：181－190.

［71］刘凤良，吕志华．经济增长框架下的最优环境税及其配套政策研究——基于中国数据的模拟运算［J］．管理世界，2009（6）：40－51.

［72］刘海英，王殿武，尚晶．绿色信贷是否有助于促进经济可持续增长——基于绿色低碳技术进步视角［J］．吉林大学社会科学学报，2020，60（3）：96－105.

［73］刘宏笪，于丽英．基于多任务委托代理模型的绿色创新管理契约设计［J］．上海大学学报（自然科学版），2022，28（6）：1051－1062.

［74］刘鸿雁，宁小欢，孔峰．多目标规划在代理人激励研究中的应用［J］．系统科学与数学，2016，36（12）：2431－2443.

［75］刘剑民，夏琴，徐玉德，等．产业技术复杂性、政府补助与企业绿色技术创新激励［J/OL］．南开管理评论：1－21［2024－01－10］．http：//kns．cnki．net/kcms/detail/12.1288.F.20220907.1425.003.html.

［76］刘婧宇，夏炎，林师模，吴洁，范英．基于金融CGE模型的中国绿色信贷政策短中长期影响分析［J］．中国管理科学，2015，23（4）：46－52.

［77］刘强，王伟楠，陈恒宇．《绿色信贷指引》实施对重污染企业创新绩效的影响研究［J］．科研管理，2020，41（11）：100－112.

［78］刘兴成．区域合作治理：重塑府际关系的新趋向——基于近年来国内相关文献的研究述评［J］．学习论坛，2020（2）：54－62.

［79］刘亚娜，杨翠．跨域环境治理中地方政府合作模式问题研究［J］．东北师大学报（哲学社会科学版），2023（6）：29－36.

［80］刘伊生．绿色低碳发展概论［M］．北京：北京交通大学出版社，2014.

［81］刘媛媛，黄正源，刘晓璇．环境规制、高管薪酬激励与企业环保投资——来自2015年《环境保护法》实施的证据［J］．会计研究，2021（5）：175－192.

［82］柳瑞禹，秦华．基于公平偏好和长期绩效的委托代理问题研究［J］．系统工程理论与实践，2015，35（10）：2708－2720.

［83］卢良栋，徐正健，魏玖长，等．纵向府际关系视角下的政府生态治理态度与注意力配置［J］．资源科学，2023，45（4）：706－720.

［84］陆菁，鄢云，王韬璇．绿色信贷政策的微观效应研究——基于技术创新与资源再配置的视角［J］．中国工业经济，2021（1）：174－192.

［85］陆旸．中国的绿色政策与就业：存在双重红利吗？［J］．经济研究，2011，46（7）：42－54.

［86］罗冬林，陈文喆，蔡伟．跨域环境治理中地方政府协同网络信任的稳定性——基于黄河中游工业数据的实证［J］．管理学刊，2020，33（6）：13－25.

［87］罗森布鲁姆，克拉夫兵克．公共行政学：管理、政治和法律的途径［M］．张成福，译．北京：中国人民大学出版社，2022.

［88］马骏，安国俊，刘嘉龙．构建支持绿色技术创新的金融服务体系［J］．金融理论与实践，2020（5）：1－8.

［89］马茜，任晓松，张红兵，等．碳交易政策、研发创新与污染性企业碳绩效［J］．科研管理，2023，44（7）：114－123.

［90］马妍妍，俞毛毛．绿色信贷能够降低企业污染排放么？——基于双重差分模型的实证检验［J］．西南民族大学学报（人文社科版），2020，41（8）：116－127.

［91］马妍妍，俞毛毛，岳中刚．绿色信贷政策对企业出口的影响研究［J］．经济经纬，2022，39（5）：56－66.

［92］曼瑟尔·奥尔森．集体行动的逻辑［M］．陈郁，郭宇峰，李崇新，译．上海：格致出版社，2019.

［93］毛春梅，曹新富．区域环境府际合作治理的实现机制［J］．河海大学学报（哲学社会科学版），2021，23（1）：50－56.

［94］蒙大斌，于莹莹．双重环境规制、创新生态与绿色技术创新——对"波特假说"的再探讨［J］．软科学，2022，36（10）：47－54.

［95］孟科学，严清华．绿色金融与企业生态创新投入结构优化［J］．科学学研究，2017，35（12）：1886－1895.

［96］德内拉·梅多斯，乔根·兰德斯，丹尼斯·梅多斯．增长的极限［M］．李涛，王智勇，译．北京：机械工业出版社，2013.

［97］牛海鹏，张夏羿，张平淡．我国绿色金融政策的制度变迁与效果评价——以绿色信贷的实证研究为例［J］．管理评论，2020，32（8）：3－12.

［98］牛晓琴，谢琨，顾海，李秉祥．代理人公平偏好下的长短期业绩目标与薪酬激励契约研究［J］．系统工程理论与实践，2019，39（2）：372－386.

［99］潘峰，李英杰，王琳．垂直管理体制下地方环境治理相关主体策略行为优化研究［J］．运筹与管理，2023，32（4）：86－92.

［100］潘峰，西宝，王琳．中国地方政府环境规制激励机制研究［J］．中国经济问题，2015（6）：26－36.

［101］庞明礼．地方政府竞争的约束与激励：一个拓展研究［J］．中南财经政法大学学报，2007（5）：37－41.

［102］彭彦强．长三角区域地方政府合作与资源的跨行政区配置［J］．经济体制改革，2012（4）：37－41.

［103］彭彦强．论区域地方政府合作中的行政权横向协调［J］．政治学研究，2013（4）：40－49.

［104］钱易．努力实现生态优先、绿色发展［J］．环境科学研究，2020，33（5）：1069－1074.

［105］让·雅克·拉丰，大卫·马赫蒂摩．激励理论（第一卷）委托—代理模型［M］．陈志俊，李艳，单萍萍，译．北京：中国人民大学出版社，2002.

［106］让·雅克·拉丰，让·梯若尔．政府采购与规制中的激励理论［M］．石磊，王永钦，译．上海：格致出版社，2014.

［107］沈璐，廖显春．绿色金融改革创新与企业履行社会责任——来自绿色金融改革创新试验区的证据［J］．金融论坛，2020，25（10）：69－80.

［108］盛明科，李代明．生态政绩考评失灵与环保督察——规制地方政府间"共谋"关系的制度改革逻辑［J］．吉首大学学报（社会科学版），2018，39（4）：48－56.

［109］石磊，王永钦．评拉丰、梯若尔著《政府采购与规制中的激励理论》［J］．经济学（季刊），2004（2）：779－784.

［110］石佑启，邓骞．论法治化视野下行政权力纵向上的合理配置［J］．南京社会科学，2015（11）：92－94.

［111］宋妍，陈赛，张明．地方政府异质性与区域环境合作治理——基于中国式分权的演化博弈分析［J］．中国管理科学，2020，28（1）：201－211.

［112］苏冬蔚，连莉莉．绿色信贷是否影响重污染企业的投融资行为？［J］．金融研究，2018（12）：123－137.

［113］苏佳璐，李明星，马志强，等．政府环保补助下企业机会主义行为治理机制研究［J］．运筹与管理，2023，32（5）：219－225.

［114］孙超，武普照，丁文文．政府环境治理对区域创新的影响研究［J］．南开经济研究，2022（12）：187－208.

［115］孙文远，杨琴．环境规制与企业最优决策：基于混合寡占模型的研究［J］．商业研究，2017（10）：145－152.

［116］孙早，席建成．中国式产业政策的实施效果：产业升级还是短期经济增长［J］．中国工业经济，2015（7）：52－67.

［117］孙自愿，葛翠翠，张维维，等．异质性视角下企业漂绿治理的动态演化博弈研究［J/OL］．系统工程：1－17［2024－01－10］．http：//kns. cnki. net/kcms/detail/43. 1115. N. 20230228. 1546. 008. html.

［118］唐勇军，李鹏．董事会特征、环境规制与制造业企业绿色发展——基于2012—2016年制造业企业面板数据的实证分析［J］．经济经纬，2019，36（3）：73－80.

［119］田超，肖黎明．绿色信贷会促进重污染企业技术创新吗？——基于《绿色信贷指引》的准自然实验［J］．中国环境管理，2021，13（6）：90－97.

［120］王爱国，刘洋，隋敏．企业绿色发展绩效评价指标体系的构建与应用——以山东钢铁股份有限公司为例［J］．财会月刊，2019（10）：61－68.

［121］王丹丹，菅利荣，付帅帅．城市生活垃圾分类回收治理激励监督机制研究［J］．中国环境科学，2020，40（7）：3188 – 3195.

［122］王京，范明珠，林慧．高管股权激励的环境治理效应："名副其实"抑或"虚有其表"——基于我国 A 股高污染企业的经验证据［J］．财经研究，2023，49（11）：50 – 64.

［123］王康，钱勤华，周淑芬．基于绿色金融贷款和成本分担下的供应链低碳减排机制研究［J］．金融理论与实践，2019（1）：84 – 92.

［124］王立平，丁辉．基于委托—代理关系的低碳技术创新激励机制研究［J］．山东大学学报（哲学社会科学版），2015（1）：73 – 80.

［125］王丽丽，刘琪聪．区域环境治理中的地方政府合作机制研究［J］．大连理工大学学报（社会科学版），2014（3）：113 – 118.

［126］王丽霞，陈新国，姚西龙．环境规制政策对工业企业绿色发展绩效影响的门限效应研究［J］．经济问题，2018（1）：78 – 81.

［127］王敏．中国经济增长的政治经济学——读《转型中的地方政府：官员激励与治理》（第二版）［J］．公共管理评论，2018（1）：144 – 156.

［128］王颀，陈科霖．我国纵向府际关系失序现象及其内在逻辑［J］．学术论坛，2016，39（6）：25 – 30.

［129］王韶华，林小莹，张伟，等．绿色信贷对中国工业绿色技术创新效率的影响研究［J］．统计与信息论坛，2023，38（4）：88 – 102.

［130］王绍光，胡鞍钢．中国国家能力报告［M］．沈阳：辽宁人民出版社，1993：168.

［131］王雯．地区间外溢性公共品供给研究——以环境治理为例［M］．北京：经济科学出版社，2017.

［132］王馨，王营．绿色信贷政策增进绿色创新研究［J］．管理世界，2021，37（6）：173 – 188.

［133］王旭，王非．无米下锅抑或激励不足？政府补贴、企业绿色创新与高管激励策略选择［J］．科研管理，2019，40（7）：131 – 139.

［134］王旭，王兰．绩效差距与企业绿色创新——基于"穷则思变"决策惯例的权变思考［J］．上海财经大学学报，2020，22（1）：18 – 33.

［135］王旭，徐向艺，褚旭，赵岩．绿色金融：均衡发展还是择善而从？——权利博弈视角下基于电力企业的实证研究［J］．经济与管理研究，2018，39（1）：93 – 104.

［136］王艳丽，类晓东，龙如银．绿色信贷政策提高了企业的投资效率

吗？——基于重污染企业金融资源配置的视角 ［J］. 中国人口·资源与环境，2021，31（1）：123 - 133.

［137］王遥，潘冬阳，彭俞超，梁希. 基于 DSGE 模型的绿色信贷激励政策研究 ［J］. 金融研究，2019（11）：1 - 18.

［138］王莒，范西明. 低碳城市试点政策增进绿色创新研究 ［J］. 金融论坛，2023，28（1）：20 - 29.

［139］王玉明. 暴力环境群体性事件的成因分析——基于对十起典型环境冲突事件的研究 ［J］. 四川行政学院学报，2012（3）：62 - 65.

［140］王志刚. 《政府采购与规制中的激励理论》书评 ［J］. 中国政府采购，2014（11）：6 - 9.

［141］魏思超，范子杰. 中国高质量发展阶段最优环境保护税率研究 ［J］. 中国人口·资源与环境，2020（1）：57 - 66.

［142］吴昊旻，张可欣. 长计还是短谋：战略选择、市场竞争与企业环境责任履行 ［J］. 现代财经（天津财经大学学报），2021，41（7）：19 - 38.

［143］吴建祖，王碧莹. 地方政府环境竞争、环境注意力与环境治理效率——基于地级市面板数据的实证研究 ［J］. 东北大学学报（社会科学版），2022，24（6）：33 - 40.

［144］吴健，潘若曦，徐上. 地方政府竞争、差别环境税（费）与污染治理 ［J］. 中国环境科学，2023，43（5）：2640 - 2651.

［145］吴德军，黄丹丹. 高管特征与公司环境绩效 ［J］. 中南财经政法大学学报，2013（5）：109 - 114.

［146］吴瑞明，胡代平，沈惠璋. 流域污染治理中的演化博弈稳定性分析 ［J］. 系统管理学报，2013，22（6）：797 - 801.

［147］吴晟，武良鹏，吕辉. 绿色信贷对企业生态创新的影响机理研究 ［J］. 软科学，2019，33（4）：53 - 56.

［148］吴晟，赵湘莲，武良鹏. 绿色信贷制度创新研究——以推动企业生态创新为视角 ［J］. 经济体制改革，2020（1）：36 - 42.

［149］夏能礼. 府际权力配置运行与纵向府际关系治理——基于 A、B、C 三县市的案例比较 ［J］. 中国行政管理，2020（11）：25 - 31.

［150］肖汉杰，于法稳，唐洪雷，彭定洪，周建华. 低碳环境友好技术政产学研金协同创新演化博弈研究 ［J］. 运筹与管理，2021，30（10）：39 - 46.

［151］肖红军，阳镇，凌鸿程. 企业社会责任具有绿色创新效应吗 ［J］. 经济学动态，2022（8）：117 - 132.

［152］肖条军．博弈论及其应用［M］．上海：上海三联书店，2004．

［153］肖小虹，潘也．董事高管责任保险与企业绿色创新：激励工具还是自利手段［J］．科技进步与对策，2022，39（13）：94－104．

［154］肖小虹，潘也，王站杰．企业履行社会责任促进了企业绿色创新吗？［J］．经济经纬，2021，38（3）：114－123．

［155］解学梅，朱琪玮．合规性与战略性绿色创新对企业绿色形象影响机制研究：基于最优区分理论视角［J］．研究与发展管理，2021，33（4）：2－14．

［156］熊文钊．大国地方—中央与地方关系的法治化研究［M］．北京：中国政法大学出版社，2012：445－447．

［157］徐宁，吴皞玉，王帅．动力抑或负担？高管声誉双重治理效用研究述评与展望［J］．外国经济与管理，2017，39（10）：102－113．

［158］亚琨，罗福凯，王京．技术创新与企业环境成本——"环境导向"抑或"效率至上"？［J］．科研管理，2022，43（2）：27－35．

［159］杨宏山．府际关系论．总序［M］．北京：中国社会科学出版社，2005．

［160］杨柳勇，张泽野．绿色信贷政策对企业绿色创新的影响［J］．科学学研究，2022，40（2）：345－356．

［161］杨仁发，李娜娜．环境规制与中国工业绿色发展：理论分析与经验证据［J］．中国地质大学学报（社会科学版），2019，19（5）：79－91．

［162］杨小云．试论协调中央与地方关系的路径选择［J］．中国行政管理，2002（3）：63－64．

［163］杨小云，张浩．省级政府间关系规范化研究［J］．政治学研究，2005（4）：50－57．

［164］杨新春，程静．跨界环境污染治理中的地方政府合作分析——以太湖蓝藻危机为例［J］．改革与开放，2007（9）：15－18．

［165］杨旭，高光涵．跨域环境治理的组合式协同机制与运作逻辑——长三角生态绿色一体化示范区的个案研究［J］．河海大学学报（哲学社会科学版），2023，25（5）：95－109．

［166］杨雪锋．跨域性环境邻避风险：尺度政治与多层治理［J］．探索，2020（5）：26－40．

［167］杨志，牛桂敏，兰梓睿．左右岸跨界水污染治理演化博弈与政策路径研究［J］．中国环境科学，2021，41（11）：5446－5456．

［168］叶强生，武亚军．转型经济中的企业环境战略动机：中国实证研究

[J]. 南开管理评论, 2010, 13 (3): 53 – 59.

[169] 于波. 绿色信贷政策如何影响重污染企业技术创新? [J]. 经济管理, 2021, 43 (11): 35 – 51.

[170] 于连超, 张卫国, 毕茜. 环境税对企业绿色转型的倒逼效应研究 [J]. 中国人口·资源与环境, 2019, 29 (7): 112 – 120.

[171] 郁建兴, 刘殷东. 纵向政府间关系中的督察制度: 以中央环保督察为研究对象 [J]. 学术月刊, 2020, 52 (7): 69 – 80.

[172] 詹姆斯·M. 布坎南. 民主财政论 [M]. 穆怀朋, 译. 北京: 商务印书馆, 2002.

[173] 占华. 绿色信贷如何影响企业环境信息披露——基于重污染行业上市企业的实证检验 [J]. 南开经济研究, 2021 (3): 193 – 207.

[174] 张彩云. 科技标准型环境规制与企业出口动态——基于清洁生产标准的一次自然实验 [J]. 国际贸易问题, 2019 (12): 32 – 45.

[175] 张冬梅, 钟尚宏. 绿色信贷政策促进企业绿色技术创新了吗? [J/OL]. 大连理工大学学报 (社会科学版): 1 – 14. https://doi.org/10.19525/j.issn1008 – 407x.2024.01.002.

[176] 张芳, 于海婷. 绿色信贷政策驱动重污染企业绿色创新了吗?——基于企业生命周期理论的实证检验 [J/OL]. 南开管理评论: 1 – 22. http://kns.cnki.net/kcms/detail/12.1288.f.20230323.1725.006.html.

[177] 张海波, 孙健慧. 政银企三方博弈下绿色金融发展策略研究 [J]. 金融理论与实践, 2019 (7): 24 – 33.

[178] 张华. 京津冀协同发展视角下的低碳物流发展对策探析 [J]. 改革与战略, 2016, 32 (9): 118 – 120.

[179] 张可, 汪东芳, 周海燕. 地区间环境治理投入与污染排放的内生策略互动 [J]. 中国工业经济, 2016 (2): 68 – 82.

[180] 张令荣, 彭博, 程春琪. 基于区块链技术的低碳供应链政府补贴策略研究 [J]. 中国管理科学, 2023, 31 (10): 49 – 60.

[181] 张三峰, 卜茂亮. 环境规制、环保投入与中国企业生产率——基于中国企业问卷数据的实证研究 [J]. 南开经济研究, 2011 (2): 129 – 146.

[182] 张世秋. 环境经济学研究: 历史、现状与展望 [J]. 南京工业大学学报 (社会科学版), 2018, 17 (1): 71 – 77.

[183] 张同斌, 张琦, 范庆泉. 政府环境规制下的企业治理动机与公众参与外部性研究 [J]. 中国人口·资源与环境, 2017 (2): 36 – 43.

［184］张文彬，张理芃，张可云．中国环境规制强度省际竞争形态及其演变——基于两区制空间 Durbin 固定效应模型的分析［J］．管理世界，2010（12）：34－44.

［185］张彦波，佟林杰，孟卫东．政府协同视角下京津冀区域生态治理问题研究［J］．经济与管理，2015，29（3）：23－26.

［186］张颖，吴桐．绿色信贷对上市公司信贷融资成本的影响——基于双重差分模型的估计［J］．金融与经济，2018（12）：8－12.

［187］张玉卓，刘舒，赵红云．图卢兹学派代表人物让·梯若尔经典著作导读与评述［J］．天津商业大学学报，2016，36（4）：29－37.

［188］张跃胜．地方政府跨界环境污染治理博弈分析［J］．河北经贸大学学报，2016，37（5）：96－101.

［189］赵来军．湖泊流域跨界水污染转移税协调模型［J］．系统工程理论与实践，2011，31（2）：364－370.

［190］赵丽，胡植尧．环境治理是否促进了地方官员晋升？——基于中国地级市样本的实证研究［J］．经济学报，2023，10（2）：153－174.

［191］赵树迪，周显信．区域环境协同治理中的府际竞合机制研究［J］．江苏社会科学，2017（6）：159－165.

［192］周波，刘晶．环境规制、绿色金融发展与工业企业创新——基于长江经济带 11 个省市的实证研究［J］．安徽师范大学学报（人文社会科学版），2023，51（5）：123－134.

［193］周晖，邓舒．高管薪酬与环境绩效——基于上市公司外部治理环境的视角［J］．上海财经大学学报，2017，19（5）：27－39.

［194］周黎安．晋升博弈中政府官员的激励与合作——兼论我国地方保护主义和重复建设问题长期存在的原因［J］．经济研究，2004（6）：34－36.

［195］周权雄．政府干预、共同代理与企业污染减排激励——基于二氧化硫排放量省际面板数据的实证检验［J］．南开经济研究，2009（4）：109－130.

［196］周文兴，林新朗．多任务委托代理模型下排污企业污染治理研究［J］．商业研究，2011（6）：178－182.

［197］周业安．地方政府治理：分权、竞争与转型［J］．人民论坛·学术前沿，2014（4）：14－23.

［198］周永圣，何菊，崔佳丽．基于绿色金融贷款的新零售企业绿色供应链构建［J］．商业经济研究，2020（9）：165－168.

［199］周永圣，梁淑慧，刘淑芹，王珏．绿色信贷视角下建立绿色供应链的

博弈研究 [J]. 管理科学学报, 2017, 20 (12): 87 – 98.

[200] 朱桂龙, 杨小婉, 许治. 责任与利益: 基础研究政策的府际关系演化 [J]. 中国科技论坛, 2019 (6): 9 – 16.

[201] 朱丽, 于伟咏. 基于博弈论视角的绿色信贷参与主体利益分析 [J]. 南方农业学报, 2011, 42 (8): 1025 – 1028.

[202] 竺效, 丁霖. 绿色发展理念与环境立法创新 [J]. 法制与社会发展, 2016, 22 (2): 179 – 192.

[203] 邹伟进, 裴宏伟, 王进. 基于委托代理模型的企业环境行为研究 [J]. 中国人口·资源与环境, 2014, 24 (S1): 51 – 54.

[204] Alesina A., Tabellini G. Bureaucrats or politicians? Part Ⅱ: Multiple policy tasks [J]. *Journal of Public Economics*, 2008, 92: 426 – 447.

[205] Alonso P., Lewis G. B. Public service motivation and job performance: Evidence from the public sector [J]. *American Review of Public Administration*, 2001, 31 (4): 363 – 381.

[206] Arrow K. J. *Social Choice and Individual Values* [M]. New York: Wiley & Sons, 1951.

[207] Čater T., Prašnikar J., Čater B. Environmental strategies and their motives and results in Slovenian business practice [J]. *Economic and Business Review*, 2009, 11 (1): 55 – 74.

[208] Axelrod R., Hamilton W. D. The evolution of cooperation [J]. *Science*, 1981, 4489 (221): 1390 – 1396.

[209] Baah C., Opoku-Agyeman D., Acquah I. S. K., Issau K. Understanding the influence of environmental production practices on firm performance: A proactive versus reactive approach [J]. *Journal of Manufacturing Technology Management*, 2021, 32 (2): 266 – 289.

[210] Bai Y., Song S., Jiao J., et al. The impacts of government R&D subsidies on green innovation: Evidence from Chinese energy-intensive firms [J]. *Journal of Cleaner Production*, 2019, 233: 819 – 829.

[211] Barnett H. J., Morse C. *Scarcity and Growth* [M]. Baltimore: Johns Hopkins University Press, 1963.

[212] Baum D., Yagüe-Blanco J. L., Escobar J. Capacity development strategy empowering the decentralized governments of Ecuador towards local climate action [J]. *Journal of Cleaner Production*, 2021, 285: 125320.

［213］ Becker E. , Lindsay C. M. Does the Government Free Ride? ［J］. *Journal of Law and Economics*, 1994, 37 （1）: 277 – 296.

［214］ Benabou R. , Tirole J. Intrinsic and extrinsic motivation ［J］. *Review of Economic Studies*, 2003, 70: 489 – 520.

［215］ Bergson A. A Reformulation of Certain Aspects of Welfare Economics ［J］. *The Quarterly Journal of Economics*, 1938, 52 （2）: 310 – 334.

［216］ Biglari S. , Beiglary S. , Arthanari T. Achieving sustainable development goals: Fact or Fiction? ［J］. *Journal of Cleaner Production*, 2022, 332, 130032.

［217］ Biswas N. Sustainable Green Banking Approach: The Need of the Hour ［J］. *Business Spectrum*, 2011, 1 （1）: 32 – 38.

［218］ Black D. *The Theory of Committees and Elections* ［M］. London: Cambridge University Press, 1958.

［219］ Bo S. Environmental regulations, political incentives and local economic activities: Evidence from China ［J］. *Oxford Bulletin of Economics and Statistics*, 2021, 83 （3）: 812 – 835.

［220］ Boyne G. A. , Chen A. A. Performance targets and public service improvement ［J］. *Journal of Public Administration Research and Theory*, 2007, 17 （3）: 455 – 477.

［221］ Brauchli K. , Killingback T. , Doebeli M. Evolution of cooperation in spatially structured populations ［J］. *Journal of Theoretical Biology*, 1999, 200 （4）: 405 – 417.

［222］ Buchanan J. M. , Tullock G. *The Calculation of Consent: The Logical Foundation of Constitutional Democracy* ［M］. Ann Arbor: The University of Michigan Press, 1962.

［223］ Buysse K. , Verbeke A. Proactive environmental strategies: a stakeholder management perspective ［J］. *Strategic Management Journal*, 2003, 24 （5）: 453 – 470.

［224］ Cabrales A. Stochastic replicator dynamics ［J］. *International Economic Review*, 2000, 41 （2）: 451 – 481.

［225］ Calza F. , Profumo G. , Tutore I. Corporate ownership and environmental proactivity ［J］. *Business Strategy and the Environment*, 2016, 25 （6）: 369 – 389.

［226］ Cao X. , Kostka G. , Xu X. Environmental political business cycles: the case of PM2. 5 air pollution in Chinese prefectures ［J］. *Environmental Science & Poli-*

cy, 2019, 93: 92 – 100.

[227] Chan R. Y. K., Lai J. W. M., Kim N. Strategic motives and performance implications of proactive versus reactive environmental strategies in corporate sustainable development [J]. *Business Strategy and the Environment*, 2022, 31 (5): 2127 – 2142.

[228] Chen S., Huang Z., Drakeford B. M., et al. Lending Interest Rate, Loaning Scale, and Government Subsidy Scale in Green Innovation [J]. *Energies*, 2019, 12 (23): 4431.

[229] Chen W., Hu Z. H. Using evolutionary game theory to study governments and manufacturers' behavioral strategies under various carbon taxes and subsidies [J]. *Journal of Cleaner Production*, 2018, 201: 123 – 141.

[230] Chen Y. J., Li P., Lu Y. Career concerns and multitasking local bureaucrats: evidence of a target-based performance evaluation system in China [J]. *Journal of Development Economics*, 2018, 133: 84 – 101.

[231] Claussen J. C., Traulsen A. Non-gaussian fluctuations arising from finite populations: Exactresults for the evolutionary Moran process [J]. *Physical Review*, 2005, 71 (2): 025101.

[232] Clawson M., Knetsch J. L. *Economics of Outdoor Recreation* [M]. Baltimore: Johns Hopkins University Press, 1966.

[233] Coase R. H. *The Problem of Social Cost* [M]. New York: John Wiley & Sons Ltd, 2007.

[234] Collett P., Miles G. Corporate social responsibility and executive compensation: Exploring the link [J]. *Social Responsibility Journal*, 2013, 9 (1): 76 – 90.

[235] Cong Y., Freedman M. Corporate governance and environmental performance and disclosures [J]. *Advances in Accounting*, 2011, 27 (2): 223 – 232.

[236] Cressman R., Vickers G. T. Spatial and density effects in evolutionary game theory [J]. *Journal of Theoretical Biology*, 1997, 184 (4): 359 – 370.

[237] Cumberland J. H. Interregional Pollution Spillovers and Consistency of Environmental Policy [A]. in H. Siebert et al. *Regional Environmental Policy: the Economic Issue* [C]. New York: New York University Press, 1979: 255 – 291.

[238] Dale O. H. Executive Pay Determination and Firm Performance-Empirical Evidence from a Compressed Wage Environment [J]. *The Manchester School*, 2012, 80 (3): 355 – 376.

[239] Dixit A. Incentives and organizations in the public sector: An interpretative review [J]. *Journal of Human Resources*, 2002, 37 (4): 696 – 727.

[240] Domazlicky B. R. , Weber W. L. Does environmental protection lead to slower productivity growth in the chemical industry? [J]. *Environmental and Resource Economics*, 2004, 28 (3): 301 – 324.

[241] Dong Q. , Wen S. , Liu X. Credit Allocation, Pollution, and Sustainable Growth: Theory and Evidence from China [J]. *Emerging Markets Finance and Trade*, 2020, 56 (12): 2793 – 2811.

[242] Duan J. , Niu M. The paradox of green credit in China [J]. *Energy Procedia*, 2011, 5: 1979 – 1986.

[243] Eaton S. , Kostka G. Authoritarian environmentalism undermined? local leaders' time horizons and environmental policy implementation [J]. *China Quarterly*, 2014, 218: 359 – 380.

[244] Eaton S. , Kostka G. Central protectionism in China: The "central SOE problem" in environmental governance [J]. *China Quarterly*, 2017, 231: 685 – 704.

[245] Edin M. Remaking the Communist party-state: The cadre responsibility system at the local level in China [J]. *China-An International Journal*, 2003, 1 (1): 1 – 15.

[246] Fan H. C. , Peng Y. C. , Wang H. H. , Xu Z. W. Greening Through Finance [J]. *Journal of Development Economics*, 2021, 152 (9): 1 – 17.

[247] Feichtinger G. , Lambertini L. , Leitmann G, et al. R&D for green technologies in a dynamic oligopoly: Schumpeter, arrow and inverted-U's [J]. *European Journal of Operational Research*, 2016, 249 (3): 1131 – 1138.

[248] Francis J. K. R. , Malbon K. , Braun-Courville D. , Linares L. O. Political selection in China: The complementary roles of connections and performance [J]. *Journal of the European Economic Association*, 2015, 13 (4): 631 – 668.

[249] Fredriksson P. , Millimet D. Strategic interaction and the determinants of environmental policy across US states [J]. *Journal of Urban Economics*, 2002, 51 (1): 101 – 122.

[250] Fudenberg D. , Nowak M. A. , Taylor C. , et al. Evolutionary game dynamics infinite populationith strong selection and weak mutation [J]. *Theoretical Population Biology*, 2006, 70 (3): 352 – 363.

[251] Gabel H. L. , Sinclair D. B. Managerial incentives and environmental com-

pliance [J]. *Journal of Environmental Economics and Management*, 1993, 24 (3): 229 – 240.

[252] Gilley B. Authoritarian environmentalism and China's response to climate change [J]. *Environmental Politics*, 2012, 21 (2): 287 – 307.

[253] Gintis H. *Game Theory Evolving* [M]. Princeton: Princeton University Press, 2000: 15 – 30.

[254] Goldsmith P. D., Basak R. Incentive contracts and environmental performance indicators [J]. *Environmental & Resource Economics*, 2001, 20 (4): 259 – 279.

[255] Greenstone M., He G., Jia R., Liu T. Can technology solve the principal-agent problem? evidence from China's war on air pollution [J]. *American Economic Review: Insights*, 2022, 4 (1): 54 – 70.

[256] Greenstone M., List A. J., Syverson C. The Effects of Environmental Regulation on the Competitiveness of U. S. Manufacturing [R]. Natural Bureau of Economic Research, 2012.

[257] Grossman G., Krueger A. Environmental impacts of a North American free trade agreement [R]. National Bureau of Economic Research, 1991.

[258] Gyimah P., Appiah K. O., Appiagyei K. Seven years of United Nations' sustainable development goals in Africa: A bibliometric and systematic methodological review [J]. *Journal of Cleaner Production*, 2023, 395, 136422.

[259] Haruna S., Goel R. K. Output subsidies in mixed oligopoly with research spillovers [J]. *Journal of Economics and Finance*, 2017, 41 (2): 235 – 256.

[260] Harvey B. Ethical Banking: The Case of the Co-operative Bank [J]. *Journal of Business Ethics*, 1995, 14 (12): 1005 – 1013.

[261] Heberer T., Senz A. Streamlining local behavior through communication, incentives and control: A case study of local environmental policies in China [J]. *Journal of Current Chinese Affairs*, 2011, 40 (3): 77 – 112.

[262] Heinrich C. J., Marschke G. Incentives and their dynamics in public sector performance management systems [J]. *Journal of Policy Analysis and Management*, 2010, 29 (1): 183 – 208.

[263] He L., Zhang L., Zhong Z., Wang D., Wang F. Green Credit, Renewable Energy Investment and Green Economy Development [J]. *Journal of Cleaner Production*, 2019, 208: 363 – 372.

［264］ Hering L. , Poncet S. Environmental policy and exports: Evidence from Chinese cities ［J］. *Journal of Environmental Economics and Management*, 2014, 68 (2): 296 – 318.

［265］ Hofbauer J. , Sigmund K. Evolutionary game dynamics ［J］. *Bulletion of the American Mathematical Society*, 2003, 40 (4): 479 – 519.

［266］ Hofbauer J. , Sigmund K. *Evolutionary Games and Population Dynamics* ［M］. Cambridge: Cambridge University Press, 1998: 159 – 179.

［267］ Holmstrom B. , Milgrom P. Aggregation and linearity in the provision of intertemporal incentives ［J］. *Econometrica*, 1987, 55 (2): 303 – 328.

［268］ Holmstrom B. , Milgrom P. Multi-task principal-agent analyses: incentive contracts, asset ownership and job design ［J］. *Journal of Law, Economics and Organization*, 1991, 7: 24 – 52.

［269］ Holmstrom B. Moral Hazard and Observability ［J］. *The Bell Journal of Economics*, 1979, 10 (1): 74 – 91.

［270］ Hood C. Public service management by numbers: Why does it vary? where has it come from? what are the gaps and the puzzles? ［J］. *Public Money Management*, 2007, 27 (2): 95 – 102.

［271］ Huang Z. , Liao G. , Li Z. Loaning scale and government subsidy for promoting green innovation ［J］. *Technological Forecasting & Social Change*, 2019, 144: 148 – 156.

［272］ Hurwicz L. On information decentralized systems ［R］. In: Radner & MeGuire (eds), Decision and Organization, North Holland, 1972: 297 – 336.

［273］ Hutson V. C. L. , Vickers G. T. Travelling waves and dominance of ESS ［J］. *Journal of Mathematical Biology*, 1992, 30 (5): 457 – 471.

［274］ Jaffe A. B. , Palmer K. Environmental Regulation and Innovation: A Panel Data Study ［J］. *Review of Economics and Statistics*, 1997, 79 (4): 610 – 619.

［275］ Jensen M. C. , Meckling W. Theory of the Firm: Managerial Behavior, Agency Costs and Ownership Structure ［J］. *Journal of Financial Economics*, 1976, 3 (4): 305 – 360.

［276］ Jiang K. , You D. M. , Merrill R. , et al. Implementation of a multiagent environmental regulation strategy under Chinese fiscal decentralization: An evolutionary game theoretical approach ［J］. *Journal of Cleaner Production*, 2019, 214: 902 – 915.

［277］ Jia R. Pollution for promotion ［E/OL］. 21st Century China Center Research Paper, No. 2017 – 05, 2017. http: //dx. doi. org/10. 2139/ssrn. 3029046.

[278] Jutze A. , Gruber W. Establishment of an Intercommunity Air Pollution Control Program [J]. *Journal of the Air Pollution Control Association*, 2012, 12 (4): 192 – 194.

[279] Kartadjumena E. , Rodgers W. Executive compensation, sustainability, climate, environmental concerns, and company financial performance: Evidence from Indonesian commercial banks [J]. *Sustainability*, 2019, 11 (6): 1673 – 1694.

[280] Khanna M. , Quimio W. R. H. , Bojilova D. Toxics Release Information: A Policy Tool for Environmental Protection [J]. *Journal of Environmental Economics and Management*, 1998, 36 (3): 243 – 266.

[281] Kneese A. V. , Bower B. T. *Managing Water Quality: Economics, Technology, Institutions* [M]. Baltimore: Johns Hopkins University Press, 1968.

[282] Kneese A. V. *Water Pllution: Economic Aspects and Research Needs* [M]. Washington D C: Resources for the Future, 1962.

[283] Kostka G. Barriers to the implementation of environmental policies at the local level in China [J/OL]. World Bank Policy Research Working Paper No. 7016, 2014. https: //ssrn. com/abstract = 2487614.

[284] Kostka G. , Hobbs W. Embedded interests and the managerial local state: The political economy of methanol fuel-switching in China [J]. *Journal of Contemporary China*, 2013, 22 (80): 204 – 218.

[285] Kostka G. , Hobbs W. Local energy efficiency policy implementation in China: bridging the gap between national priorities and local interests [J]. *The China Quarterly*, 2012, 211: 765 – 785.

[286] Kostka G. , Mol A. P. J. Implementation and participation in China's local environmental politics: challenges and innovations [J]. *Journal of Environmental Policy & Planning*, 2013, 15 (1): 3 – 16.

[287] Krutilla J. V. Conservation Reconsidered [J]. *American Economic Review*, 1967, 57: 777 – 786.

[288] Kumar S. , Shetty S. Corporate participation in voluntary environmental programs in India: determinants and deterrence [J]. *Ecological Economics*, 2018, 147: 1 – 10.

[289] Kung J. K. , Chen S. The tragedy of the nomenklatura: Career incentives and political radicalism during China's Great Leap famine [J]. *American Political Sci-*

ence Review, 2011, 105 (1): 27 – 45.

[290] Kuznets S. Economic Growth and Income inequality [J]. *American Economic Review*; *Papers and Proceedings*, 1955, 45 (1): 28.

[291] Laffont J. J. , Martimort D. *The Theory of Incentives*: *The Principal-agent Model* [M]. Princeton: Princeton university press, 2009.

[292] Laffont J. J. , Tirole J. Using cost observation to regulate firms [J]. *Journal of Political Economy*, 1986, 94 (3): 614 – 641.

[293] Laffont J. , Martimort D. Collusion and Delegation [J]. *The Rand Journal of Economics*, 1998, 29 (2): 280 – 305.

[294] Lambertini L. , Poyago-Theotoky J. , Tampieri A. Cournot competition and "green" innovation: An inverted-U relationship [J]. *Energy Economics*, 2017, 68: 116 – 123.

[295] La Nauze A. , Mezzetti C. Dynamic incentive regulation of diffuse pollution [J]. *Journal of Environmental Economics and Management*, 2019, 93 (1): 101 – 124.

[296] Leal Filho W. , Trevisan L. V. , Rampasso I. S. , et al. When the alarm bells ring: Why the UN sustainable development goals may not be achieved by 2030 [J]. *Journal of Cleaner Production*, 2023, 407, 137108.

[297] Lemmon M. , Roberts M. R. The response of corporate financing and investment to changes in the supply of credit [J]. *Journal of Financial and Quantitative Analysis*, 2010, 45 (3): 555 – 587.

[298] Lengyel A. Spatial perspectives on sustainability priorities: Key stakeholders' insights [J]. *Journal of Cleaner Production*, 2023, 420: 138341.

[299] Liang J. , He P. , Qiu Y. L. Energy transition, public expressions, and local officials' incentives: Social media evidence from the coal-to-gas transition in China [J]. *Journal of Cleaner Production*, 2021, 298: 126771.

[300] Liang J. , Langbein L. Performance management, high-powered incentives, and environmental policies in China [J]. *International Public Management Journal*, 2015, 18 (3): 346 – 385.

[301] Liang J. Who maximizes (or satisfices) in performance management? An empirical study of the effects of motivation-related institutional contexts on energy efficiency policy in China [J]. *Public Performance & Management Review*, 2014, 38 (2): 284 – 315.

[302] Li G. , Masui T. Assessing the impacts of China's environmental tax using a dynamic computable general equilibrium model [J]. *Journal of Cleaner Production*, 2019, 208: 316 – 324.

[303] Li H. , Zhou L. A. Political turnover and economic performance: the incentive role of personnel control in China [J]. *Journal of Public Economics*, 2005, 89 (9 – 10): 1743 – 1762.

[304] Lin B. , Xu C. Does environmental decentralization aggravate pollution emissions? Microscopic evidence from Chinese industrial enterprises [J]. *Science of the Total Environment*, 2022, 829: 154640.

[305] Liu J. , Xia Y. , Fan Y. , et al. Assessment of a green credit policy aimed at energy-intensive industries in China based on a financial CGE model [J]. *Journal of Cleaner Production*, 2017, 163: 293 – 302.

[306] Liu W. , Sun F. Study on long-term mechanism for government to encourage enterprises on low-carbon development-analysis based on enterprises' capacity variance and task difficulty [J]. *Energy Procedia*, 2012, 14: 1786 – 1791.

[307] Liu X. H. , Wang E. X. , Cai D. Green Credit Policy, Property Rights and Debt Financing: Quasi-natural Experimental Evidence from China [J]. *Finance Research Letters*, 2019, 29: 129 – 135.

[308] Liu Z. , Qian Q. S. , Hu B. , Shang W. L. , Li L. L. , Zhao Y. J. , Zhao Z. , Han C. J. Government regulation to promote coordinated emission reduction among enterprises in the green supply chain based on evolutionary game analysis [J]. *Resources, Conservation and Recycling*, 2022, 182, 106290.

[309] Li X. , Yang X. , Wei Q. , Zhang B. Authoritarian environmentalism and environmental policy implementation in China [J]. *Resources Conservation and Recycling*, 2019, 145: 86 – 93.

[310] Li Y. , Tong Y. , Ye F. , et al. The choice of the government green subsidy scheme: innovation subsidy vs. product subsidy [J]. *International Journal of Production Research*, 2020, 58 (16): 4932 – 4946.

[311] Li Z. , Liao G. , Wang Z. , et al. Green loan and subsidy for promoting clean production innovation [J]. *Journal of Cleaner Production*, 2018, 187: 421 – 431.

[312] Loeb M. , Magat W. A. A Decentralized Method for Utility Regulation [J]. *Journal of Law and Economics*, 1979, 22 (2): 399 – 404.

［313］ Lo K. How authoritarian is the environmental governance of China? ［J］. *Environmental Science & Policy*, 2015, 54: 152 – 159.

［314］ Marcel J. *Sustainable Finance and Banking: The Financial Sector and the Future of the Planet* ［M］. London: Earthscan Publications Ltd, 2001, 256.

［315］ Marshall A. *Principles of Economics: An Introductory Volume* ［M］. London: Macmillan Company, 1920.

［316］ Meng H., Huang X., Yang H., et al. The influence of local officials' promotion incentives on carbon emission in Yangtze River Delta, China ［J］. *Journal of Cleaner Production*, 2019, 213: 1337 – 1345.

［317］ Mirrles J. *Notes on Welfare Economics, Information and Uncertainty* ［M］. In Essays on Equilibrium Behavior under Uncertainty, eds. Balch M, McFadden D, and Wu S, North-Holland, 1974: 243 – 261.

［318］ Mäler K-G. *Environmental Economics: A Theoretical Inquiry* ［M］. Baltimore: Johns Hopkins University Press for Resources for the Future, 1974.

［319］ Nanda R., Nicholas T. Did bank distress stifle innovation during the great depression? ［J］. *Journal of Financial Economics*, 2014, 114 (2): 273 – 292.

［320］ Neumann J. L. V., Morgenstern O. V. *The Theory of Games and Economic Behavior* ［M］. Princeton: Princeton university press, 1944.

［321］ Nie P. Y., Wang C., Yang Y. C. Comparison of energy efficiency subsidies under market power ［J］. *Energy Policy*, 2017, 110: 144 – 149.

［322］ Nowak M. A. *Evolutionary Dynamics: Exploring the Equations of Life* ［M］. Cambridge: Harvard University Press, 2006: 30 – 42.

［323］ Nowak M. A., Sigmund K. *Evolutionary Dynamics of Biological Games* ［J］. *Science*, 2004, 5659 (303): 793.

［324］ OECD. *Towards Green Growth: Monitoring Progress: OECD Indicators* ［M］. OECD Green Growth Studies, OECD Publishing, Paris.

［325］ Ohtsuki H., Hauert C., Lieberman E. A simple rule for the evolution of cooperation ongraphs and social networks ［J］. *Nature*, 2006, 7092 (441): 502 – 505.

［326］ Panayotou T. *Environmental Degradation at Different Stages of Economic Development* ［M］. Beyond RioLondon: Palgrave Macmillan UK, 1995: 13 – 36.

［327］ Pan J. *Lucid Waters and Lush Mountains Are Invaluable Assets* ［M］. In: China's global vision for ecological civilization, Springer, Singapore, 2021.

［328］ Pigou A. C. *The Economics of Welfare* ［M］. London： Macmillan Company，1920： 128 – 135.

［329］ Pondeville S. ， Swaen V. ， Rongé Y. D. Environmental management control systems： The role of contextual and strategic factors ［J］. *Management Accounting Research*，2013，24 （4）： 317 – 332.

［330］ Porter M. E. America's green strategy ［J］. *Scientific American*，1991，264 （4）： 193 – 246.

［331］ Potrich L. ， Cortimiglia M. N. ， de Medeiros J. F. A systematic literature review on firm-level proactive environmental management ［J］. *Journal of Environmental Management*，2019，243： 273 – 286.

［332］ Pu Z. ， Fu J. Economic growth，environmental sustainability and China mayors' promotion ［J］. *Journal of Cleaner Production*，2018，172： 454 – 465.

［333］ Qi G. ， Zeng S. ， Tam C. M. ， et al. Stakeholders' influences on corporate green innovation strategy： A case study of manufacturing firms in China ［J］. *Corporate Social Responsibility and Environmental Management*，2013，20 （1）： 1 – 14.

［334］ Rainey H. G. *Understanding and Managing Public Organizations* （4th ed. ） ［M］. San Francisco： Jossey-Bass，2009.

［335］ Ran R. Perverse incentive structure and policy implementation gap in China's local environmental politics ［J］. *Journal of Environmental Policy & Planning*，2013，15 （1）： 17 – 39.

［336］ Ran R. Understanding blame politics in China's decentralized system of environmental governance： actors，strategies and context ［J］. *China Quarterly*，2017，231： 634 – 661.

［337］ Rasul I. ， Rogger D. Management of bureaucrats and public service delivery： evidence from the Nigerian civil service ［J］. *Economic Journal*，2018，128 （608）： 413 – 446.

［338］ Russell C. S. ， Harrington W. ， Vaughn W. J. *Enforcing Pollution Control Laws* ［M］. Routledge： RFF Press，2013.

［339］ Salvia A. L. ， Leal Filho W. ， Brandli L. L. ， et al. Assessing research trends related to Sustainable Development Goals： Local and global issues ［J］. *Journal of Cleaner Production*，2019，208： 841 – 849.

［340］ Samuelson P. A. The Pure Theory of Public Expenditure ［J］. *The Review of Economics and Statistics*，1954，36 （4）： 387 – 389.

［341］Schreifels J. , Fu Y. , Wilson E. Sulfurdioxide control in China: Policy evolution during the 10th and 11th Five-Year Plans and lessons for the future ［J］. *Energy Policy*, 2012, 28: 779 – 789.

［342］Seroka-Stolka O. , Fijorek K. Enhancing corporate sustainable development: proactive environmental strategy, stakeholder pressure and the moderating effect of firm size ［J］. *Business Strategy and the Environment*, 2020, 29 (6): 2338 – 2354.

［343］Shen W. , Jiang D. Makingauthoritarian environmentalism accountable? understanding China's new reforms on environmental governance ［J］. *Journal of Environment & Development*, 2021, 30 (1): 41 – 67.

［344］Sheriff G. Optimal environmental regulation of politically influential sectors with asymmetric information ［J］. *Journal of Environmental Economics and Management*, 2008, 55 (1): 72 – 89.

［345］Shrestha R. K. Menus of price-quantity contracts for inducing the truth in environmental regulation ［J］. *Journal of Environmental Economics and Management*, 2017, 83 (5): 1 – 7.

［346］Simmons A. J. *Moral Principles and Political Obligations* ［M］. Princeton: Princeton University Press, 1979: 61.

［347］Smith M. J. , Price G. R. The logic of animal conflicts ［J］. *Nature*, 1973, 246: 15 – 18.

［348］Smith M. J. The theory of games and the evolution of animal conflict ［J］. *Journal of Theory Biology*, 1974, 47: 209 – 212.

［349］Stoker G. Intergovernmental relations ［J］. *Public Administration*, 1995, 73 (1): 101 – 122.

［350］Strandholm J. C. , Espínola-Arredondo A. , Munoz-Garcia F. Regulation, free-riding incentives, and investment in R&D with spillovers ［J］. *Resource and Energy Economics*, 2018, 53: 133 – 146.

［351］Sullivan H. , Skelcher C. *Working Across Boundaries: Collaboration in Public Services* ［M］. Basingstoke: Palgrave Macmillan, 2002.

［352］Sun X. L. , Zhang R. , Yu Z. F. , Zhu S. C. , Qie X. T. , Wu J. X. , Li P. P. Revisiting the porter hypothesis within the economy-environment-health framework: Empirical analysis from a multidimensional perspective ［J］. *Journal of Environmental Management*, 2024, 349, 119557.

［353］Sureshchandra-shah P. *Policy Implementation as Principal-Agent Problem*:

The Case of Kenya Wildlife Service [M]. In Onyango G, Hyden G (eds) Governing Kenya, New York: Palgrave Macmillan, 2021. https://doi.org/10.1007/978 – 3 – 030 – 61784 – 4_8.

[354] Tang X., Liu Z., Yi H. Performance ranking and environmental governance: an empirical study of the mandatory target system [J]. *Review of Policy Research*, 2018, 35 (5): 750 – 772.

[355] Taylor C., Iwasa Y., Nowak M. A. A symmetry of fixation times in evolutionary dynamics [J]. *Journal of Theoretical Biology*, 2006, 243 (2): 245 – 251.

[356] Taylor P. D., Jonker I. B. Evolutionarily stable strategies and game dynamics [J]. *Levines Working Paper Archive*, 1978, 40 (12): 145 – 156.

[357] Tian Z., Tian Y., Chen Y., Shao S. The economic consequences of environmental regulation in China: From a perspective of the environmental protection admonishing talk policy [J]. *Business Strategy and the Environment*, 2020, 29 (4): 1723 – 1733.

[358] Tilt B. Industrial pollution and environmental health in rural China: risk, uncertainty and individualization [J]. *China Quarterly*, 2013, 214: 283 – 301.

[359] Traulsen A., Christoph H. Stochastic evolutionary game dynamics. Reviews of Nonlinear [J]. *Dynamics and Complexity*, 2009 (2): 25 – 61.

[360] Traulsen A., Claussen J. C. Similarity-based cooperation and spatial segregation [J]. *Physical Review*, 2004, 70 (4): 46128.

[361] Ulph A. Harmonization and optimal environmental policy in a federal system with asymmetric information [J]. *Journal of Environmental Economics and Management*, 2000, 39 (2): 224 – 241.

[362] UNEP, FAO, IMO, UNDP, IUCN, WorldFish Center, GRID-Arendal. Green economy in a blue world: Synthesis report [Z]. Monographs, The WorldFish Center working paper, No. 39611, 2012.

[363] Valencia V. S., Buddlemeyer H., Coelli M., et al. Corporate Governance and Innovation [J]. *Atlantic Economic Journal*, 2017, 47 (2): 397 – 413.

[364] Van Rooi J. B., Zhu Q., Li N., Wang Q. Centralizing trends and pollution law enforcement in China [J]. *China Quarterly*, 2017, 231: 583 – 606.

[365] Vlastimil K. Beyond replicator dynamics: From frequency to density dependent models of evolutionary games [J]. *Journal of Theoretical Biology*, 2018, 455 (10): 232 – 248.

［366］ Vogel D. Trading up and governing across: Transnational governance and environmental protection ［J］. *Journal of European Public Policy*, 1997, 4 (4): 556 – 571.

［367］ Wang A. Thesearch for sustainable legitimacy: Environmental law and bureaucracy in China ［J］. *Harvard Environmental Law Review*, 2013, 37: 367 – 440.

［368］ Wang C., Nie P., Peng D., et al. Green insurance subsidy for promoting clean production innovation ［J］. *Journal of Cleaner Production*, 2017, 148: 111 – 117.

［369］ Wang L., Milis K., Poelmans S. Study on pollution cost control model under asymmetric information based on principal agent ［J］. *Journal of Systems Science and Information*, 2021, 9 (5): 549 – 557.

［370］ Wang Q., Fu Q., Shi Z., Yang X. Transboundary water pollution and promotion incentives in China ［J］. *Journal of Cleaner Production*, 2020, 261: 121120.

［371］ Wang W., Sun X., Zhang M. Does the central environmental inspection effectively improve air pollution? An empirical study of 290 prefecture-level cities in China ［J］. *Journal of Environmental Management*, 2021, 286: 112274.

［372］ Wang X., Lei P. Does strict environmental regulation lead to incentive contradiction? Evidence from China ［J］. *Journal of Environmental Management*, 2020, 269: 110632.

［373］ Wang Y., Lei X., Long R., et al. Green Credit, Financial Constraint, and Capital Investment: Evidence from China's Energy-intensive Enterprises ［J］. *Environmental Management*, 2020, 66 (6): 1059 – 1071.

［374］ Wang Y., Shen N. Environmental regulation and environmental productivity: The case of China ［J］. *Renewable and Sustainable Energy Reviews*, 2016, 62 (9): 758 – 766.

［375］ Waterman R. W., Meier K. J. Principal-agent Models: An Expansion ［J］. *Journal of Public Administration Research and Theory*, 1998, 8 (2): 173 – 202.

［376］ Whiting S. H. *The Cadre Evaluation System at the Grass Roots: The Paradox of Party Rule* ［M］. In Critical readings on the Communist Party of China (4 Vols. Set), Leiden: Brill Press, 2017: 461 – 478.

［377］ Woods N. Interstate competition and environmental regulation: A test of the race-to-the-bottom thesis ［J］. *Social Science Quarterly*, 2006, 87 (1): 174 – 189.

［378］Wu H., Li Y., Hao Y., Ren S., Zhang P. Environmental decentralization, local government competition, and regional green development: evidence from China [J]. *Science of the Total Environment*, 2020, 708: 135085.

［379］Wu J., Deng Y. H., Huang J., Morck R, Yeung B. Incentives and Outcomes: China's environmental policy [J/OL]. NBER Working Paper, No. 18754, 2013. http://dx.doi.org/10.3386/w18754.

［380］Wu M., Cao X. Greening the career incentive structure for local officials in China: Does less pollution increase the chances of promotion for Chinese local leaders? [J]. *Journal of Environmental Economics and Management*, 2021, 107: 102440.

［381］Xia L., Gao S., Wei J., Ding Q. Government subsidy and corporate green innovation——Does board governance play a role? [J]. *Energy Policy*, 2022, 161: 112720.

［382］Xin F., Zhang J., Zheng W. Does credit market impede innovation? Based on the banking structure analysis [J]. *International Review of Economics & Finance*, 2017, 52: 268 – 288.

［383］Xu C. The fundamental institutions of China's reforms and development [J]. *Journal of Economic Literature*, 2011, 49: 1076 – 1151.

［384］Xu X., Li J. Asymmetric impacts of the policy and development of green credit on the debt financing cost and maturity of different types of enterprises in China [J]. *Journal of Cleaner Production*, 2020, 264, 121574.

［385］Yalabik B., Fairchild R. J. Customer, regulatory, and competitive pressure as drivers of environmental innovation [J]. *International Journal of Production Economics*, 2011, 131 (2): 519 – 527.

［386］Yang D., Chen Z., Yang Y., et al. Green financial policies and capital flows [J]. *Physica A*, 2019, 522 (15): 135 – 146.

［387］Yang G., Tang W., Zhao R. Impact of outside option on managerial compensation contract and environmental strategies in polluting industries [J]. *Journal of the Operational Research Society*, 2021, 72 (1): 109 – 129.

［388］Yang X., Yan J., Tian K., Yu Z., Li R. Y., Xia S. Centralization or decentralization? the impact of different distributions of authority on China's environmental regulation [J]. *Technological Forecasting and Social Change*, 2021, 173: 121 – 172.

［389］Yu W., Han R. Coordinating a two-echelon supply chain under carbon tax

[J]. *Sustainability*, 2017, 9 (12): 2360.

[390] Yu X., Dong Z., Zhou D., Sang X., Chang C., Huang X. Integration of tradable green certificates trading and carbon emissions trading: How will Chinese power industry do? [J]. *Journal of Cleaner Production*, 2021, 279, 123485.

[391] Zhang B., Yang Y., Bi J. Tracking the implementation of green credit policy in China: Top-down perspective and bottom-up reform [J]. *Journal of Environmental Management*, 2011, 92 (4): 1321 – 1327.

[392] Zhang C., Huang L., Long H. Environmental regulations and green innovation of enterprises: Quasi-experimental evidence from China [J]. *Environmental Science and Pollution Research*, 2023, 30 (21): 60590 – 60606.

[393] Zheng S., Kahn M. E., Sun W., Luo D. Incentives for China's urban mayors to mitigate pollution externalities: the role of the central government and public environmentalism [J]. *Regional Science and Urban Economics*, 2014, 47: 61 – 71.

[394] Zhu J., Chertow M. R. Authoritarian but responsive: Local regulation of industrial energy efficiency in Jiangsu, China [J]. *Regulation & Governance*, 2019, 13 (3): 384 – 404.

[395] Zou H. L., Zeng S. X., Lin H., et al. Top executives' compensation, industrial competition, and corporate environmental performance: Evidence from China [J]. *Management Decision*, 2015, 53 (9): 2036 – 2059.